発話型英文法の教え方・学び方

中村 捷

開拓社

はじめに

　本書は英文法の主要項目について，教授上および学習上の要点を提示したものである．題名を『発話型英文法の教え方・学び方』としたが，その意図するところは，英文法を「教える」ときには英文法の要点を簡潔に分かりやすく学生に伝える必要があり，「学ぶ」ときには英文法の要点を習得し，それを活用できるようになることが大切であり，教授と学習は「表裏一体」だからである．したがって，教授上の要点は同時に学習上の要点でもあるので，本書が扱っている内容は「教え方」についてであると同時に「学び方」についてでもある．「発話型」としたのは従来の解釈型の5文型を廃して，発話型の基本文型を提案し，文法事項の説明も規則の運用を可能にする「発話型」の説明になっているからである．

　「教える」ことと「学ぶ」ことの内容はこのように表裏一体の関係にあるが，「教える」ために必要な情報もあるし，「学ぶ」ために必要な活動もある．

　英文法を「教える」ためには知識の量は多ければ多いほどよいと言ってよい．このように考える理由は，教える側の知識量の違いが教授において提示される知識の質に違いを生むと考えるからである．一般論として，大きな知識の革袋から引き出される知識のほうが小さい革袋から引き出される知識よりも優れていると言えるであろう．「教える」側に立つ人は常に知識の革袋の内容をより豊かにする努力が求められる．そのために「さらなる情報」の項目を設定し，文法に関わるより高度な説明や実例の追加を行っている．

　「学ぶ」側に立つ学生は，教授内容の理解に加えて，その内容を運用できるようにならなければならない．そして，学習内容の定着には学習内容を直ちに運用してみることがきわめて有効である．そのために英文解釈と口頭和文英訳の2種類の練習問題が設定してある．練習問題をこの2種類に限定するのは，言語活動にはこの2種類しかないからである．英語を聞いてあるいは読んで理解すること，表現したいこと（日本語の内容）を英語で表現すること，この2つの活動しかない．このような視点から，「学ぶ」ための活動として，練習問題は英文解釈と口頭和文英訳に限定してある（この考え方は Saito Hidesaburo（齋藤秀三郎）(1893) *English Conversation-Grammar*『新版英会話文法』齋藤秀三郎著，松田福松編（吾妻書房）に基づくものである）．口頭和文英訳は我々日本人が，少なくとも運用練習の初期の段階では，英語で口頭伝達活動

iii

を行うときに（頭の中で）常に行う作業であり，その訓練としてはきわめて効果的で最も簡単に実行できる学習活動である．話法の転換や穴埋め問題や不定詞の用法の説明などの練習問題は言語活動とは無縁である．

本書の特色を述べておこう．
1. 文法事項の説明にその事項の成り立ち（生成過程）を明示していること，それによって文法事項の活用（運用）が可能となり「発話型」の文法知識を得られること．
2. 構文の特性を生成文法的視点から説明することにより，単に特殊な構文として記憶するのではなく，応用力が養われること．
3. 動詞の記述が充実していること，従来の 5 文型を廃して発話型の基本文型を提示していること．
4. 学習内容の確認と定着のための練習問題と豊富な実例があること．

Part I は文法事項を扱う．各章の構成は，「教材」「教授内容」「文法項目の説明」「練習問題」「さらなる情報」となっている．「教材」では文法事項を提示し，その事項の文中における役割を理解する．次にその文法項目の要点を「教授内容」としてまとめる．この要点が，その文法事項について，教授あるいは習得すべき基本事項であり，これが目標となる．次いで生成文法的視点からその文法事項の説明を提示する．学習内容は，教えただけ，学んだだけでは定着しないので，学習内容が運用のレベルにまで達しているかどうかを確認するのが「練習問題」（特に口頭和文英訳）である．口頭和文英訳は当該事項の運用の確認をするためのものであるので，当該事項以外の単語や表現法で困ることのないように適宜情報が盛り込んである．「さらなる情報」には主として英文法に関わる多少専門的な情報が盛り込まれている．

Part II は基本文型を扱う．基本文型は，言い換えれば，動詞の使用法である．言語の中心は動詞であって，動詞を中心にそれが必要とする要素が配置されて文が構成される．したがって，最も重要な要素は動詞である．しかし従来の学習文法の動詞の章では，5 文型，自動詞と他動詞の区別，目的語と補語の説明などがあるだけで，動詞そのものの体系的説明は皆無に近い．不定詞をとる動詞は不定詞の説明に組み込まれ，動名詞をとる動詞は動名詞の説明に組み込まれているのが通例であって，動詞の体系的説明がない．これは重大な不備である．近年の研究では動詞の意味とそれがとる要素との間には相関関係があって，動詞の意味からその用法が推測できるようになっている．このような

情報は学習英文法に取り込むべき有益な情報である．本書が動詞の説明に多くの頁を割いているのはこのような理由による．学習者はぜひ第 II 部を活用してほしい．また，教授においても動詞を的確に使用できるように指導をすることを要請しておきたい．動詞が的確に使用できなければ言語の運用はできない．

本書はどこから読み始めてもよいが，第 4 章「不定詞節」，第 5 章「動名詞節」，第 6 章「分詞節」を読む前には第 3 章「時制のある文と時制のない文」を必ず読んでいただきたい．また，学生には Part II の「動詞の型」をぜひ通読していただきたい．教授においては動詞の用法をすでに既知の知識であるとみなして解釈だけで終わることなく，各動詞の用法を丁寧に教授してほしい．基礎動詞が自由に運用できれば，運用能力が格段に進歩するはずだからである．

本書が対象としているのは，高校の教員および高校生，大学の一般英語担当の教員と大学生である．英語教師には英語学を専門に勉強した人ばかりでなく，英文学，米文学，英語教育，その他の学問領域を勉強した後に英語教育に携わっている先生も多いと思う．そのような方々にも理解しやすいような説明に努めたつもりである．学習者である高校生，大学生は本文のみを読み「さらなる情報」を読む必要はない．英文和訳問題の解答の和文を英文に戻す練習をすれば，より進んだ和文英訳の練習となる．さらに用例の和文訳を英文に戻す練習をするのもよい．

英語教育の危機をいくら叫んでも解決にはならない．危機を克服するためには，よりよい教材の提供，よりよい指導方式の提示，よりよい語学教育に対する理念と目標の明確化が必要である．新しい視点からの文法説明が広く活用されることを希望したい．

本書の出版に際しては，開拓社の川田賢氏に原稿の段階から出版に至るまですべての段階で大変お世話になった．また，教材に関して版権の関係で入れ替えの必要が生じた際に新しい教材提供の労を執っていただいた．記して心より感謝申し上げる．

2018 年 6 月

中村　捷

目　次

はじめに　　iii

Part I　文法事項

第1章　強調構文 ··· 2
1. 強調構文の成り立ち ·· 2

第2章　予備の it ··· 6
1. 主語位置の予備の it ·· 6
2. 目的語位置の予備の it ··· 9

第3章　時制のある文と時制のない文 ··· 13
1. 埋め込み節 ·· 13
2. 不定詞節，動名詞節，分詞節の形 ··· 14
   2.1. 不定詞節 ·· 14
   2.2. 動名詞節 ·· 15
   2.3. 分詞節 ··· 16
3. 小さな節 ··· 16

第4章　不定詞節 ··· 18
1. 不定詞節の基本形 ··· 18
2. 不定詞節の主語 ·· 19
3. 不定詞節の否定 ·· 21
4. 不定詞節の「時」の表し方 ·· 21
5. 不定詞関係節 ··· 23
6. 不定詞節の特殊用法 ·· 25
   6.1. 「〜するために」の意味を表す用法 ································ 25
   6.2. 結果を表す不定詞節 ·· 26
   6.3. 判断の基準を表す不定詞節 ··· 26

vi

第5章　動名詞節 ……………………………………… 29
1. 動名詞節の基本形 ……………………………………… 29
2. 動名詞節の主語 ………………………………………… 30
3. 動名詞節の否定 ………………………………………… 32
4. 動名詞節の「時」の表し方 …………………………… 32
5. 名詞的動名詞 …………………………………………… 33

第6章　分詞節 ………………………………………… 36
1. 分詞節の基本形 ………………………………………… 36
2. 分詞節の主語 …………………………………………… 37
3. being の省略 …………………………………………… 38
4. 分詞節の否定 …………………………………………… 39
5. 分詞節の「時」の表し方 ……………………………… 39
6. 分詞節の表す意味 ……………………………………… 40
7. 付帯状況を表す with …………………………………… 41

第7章　関係節 ………………………………………… 44
1. 関係節の成り立ち ……………………………………… 44
2. 関係代名詞の種類 ……………………………………… 45
3. 関係代名詞の長距離移動 ……………………………… 46
4. 関係代名詞の省略 ……………………………………… 48
5. 関係節の移動 …………………………………………… 49
6. 前置詞を伴う関係代名詞 ……………………………… 50
7. 非制限用法 ……………………………………………… 51
   7.1.　二種類の関係節 ………………………………… 52
   7.2.　非制限関係節の表す意味 ……………………… 52
   7.3.　関係代名詞が他の要素を伴う場合 …………… 53
   7.4.　文を先行詞とする場合 ………………………… 53

第8章　先行詞を含む関係代名詞 …………………… 60
1. what ……………………………………………………… 60
2. whatever ………………………………………………… 62
3. what の形容詞用法 …………………………………… 64
4. whoever, whichever …………………………………… 64

第 9 章　関係副詞 …… 68

1. when …… 69
   1.1. when 節の成り立ち …… 69
   1.2. when の用法 …… 69
   1.3. 叙述用法 …… 71
2. where …… 72
   2.1. where 節の成り立ち …… 72
   2.2. where の用法 …… 72
   2.3. 叙述用法 …… 74
3. how …… 75
4. why …… 76

第 10 章　情報の流れと倒置 …… 80

1. 情報の順序を整え，主語を強調する倒置 …… 80
2. up, down, away, here などの副詞要素の前置に伴う倒置 …… 82

第 11 章　受動文 …… 85

1. 受動文の成り立ち：受動文と能動文の関係 …… 85
2. 受動文が用いられる理由 …… 87
3. 様々な文型の受動文 …… 88
   3.1. V + NP$_1$ + NP$_2$ 型の受身文 …… 88
   3.2. V + NP + XP 型の受動文 …… 88
   3.3. V + PP の受動文 …… 89
   3.4. It is believed/expected/said that 節 …… 90
   3.5. John is believed/expected/said to 不定詞 …… 91
4. 受動文の意味 …… 93
   4.1. 動作受動文と状態受動文 …… 93
   4.2. get 受動文 …… 93

第 12 章　省略構文 …… 98

1. 動詞句省略 …… 99
2. 間接疑問文縮約 …… 100
3. 動詞を含む中間部の省略 …… 102
4. 名詞句における省略 …… 103
5. その他の省略 …… 105

第 13 章　比較構文 ······· 108

- 1. 同等比較 ······· 108
  - 1.1. 同等比較の基本 ······· 108
  - 1.2. 副詞の同等比較 ······· 109
  - 1.3. 数・量の同等比較 ······· 110
  - 1.4. as 以下の省略 ······· 111
  - 1.5. 性質の同等性 ······· 111
- 2. 比較級による比較 ······· 112
  - 2.1. 比較構文の基本 ······· 113
  - 2.2. 比較構文における省略 ······· 114
  - 2.3. than 以下の省略 ······· 115
  - 2.4. less による比較 ······· 115
  - 2.5. 絶対比較級 ······· 116
- 3. 最上級の用法 ······· 117
  - 3.1. 形容詞の限定用法の場合 ······· 117
  - 3.2. 形容詞の叙述用法の場合 ······· 117
  - 3.3. 副詞の最上級 ······· 118
  - 3.4. その他の留意点 ······· 118

第 14 章　否定文 ······· 123

- 1. 否定の基本（文否定） ······· 123
- 2. 部分否定 ······· 124
- 3. 否定辞前置 ······· 129

第 15 章　完了形 ······· 133

- 1. 現在完了形 ······· 133
  - 1.1. 現在完了形の用法 ······· 134
  - 1.2. 現在完了形と副詞 ······· 136
- 2. 過去完了形 ······· 139

第 16 章　仮定法 ······· 144

- 1. 仮定法過去 ······· 144
  - 1.1. 条件文 ······· 145
  - 1.2. 仮定法過去 ······· 145
  - 1.3. 仮定法未来 ······· 147
- 2. 仮定法過去完了 ······· 148

3. 倒置による仮定表現 …………………………………………………… 150

第 17 章　助動詞 …………………………………………………… 154
1. will と shall ………………………………………………………… 155
　1.1. I will, You will, He will と I shall, You shall, He shall ………… 155
　1.2. Shall I?, Shall you?, Shall he? と Will I?, Will you?, Will he? … 158
2. can の用法 …………………………………………………………… 163
3. may の用法 …………………………………………………………… 166
4. must の用法 ………………………………………………………… 170
5. need の用法 ………………………………………………………… 176
6. would と should …………………………………………………… 178
　6.1. would の用法 …………………………………………………… 179
　6.2. should の用法 ………………………………………………… 180

Part II　基本文型

第 1 章　動詞の型 ………………………………………………… 186
0. 基本文型 ……………………………………………………………… 186
1. NP-V（基本文型 1）………………………………………………… 188
　1.1. 自動詞と他動詞 ………………………………………………… 188
　1.2. 自動詞にも他動詞にも用いられる動詞 ……………………… 188
2. NP-V-C（基本文型 2）……………………………………………… 192
　2.1. 補語をとる動詞 ………………………………………………… 192
　2.2. 補語をとる動詞の意味の違い ………………………………… 193
3. NP-V-NP/PP/Sn（基本文型 3）…………………………………… 195
　3.1. V-NP（1）（動詞＋名詞句）…………………………………… 196
　　3.1.1. 動詞と目的語の関係（影響性）…………………………… 196
　　3.1.2. 「動詞＋目的語」と「動詞＋前置詞句」の意味上の違い … 197
　　3.1.3. kiss her on the cheek と kiss her cheek ………………… 198
　3.2. V-NP（2）（心理動詞）………………………………………… 198
　3.3. V-PP（動詞＋前置詞句）……………………………………… 201
　　3.3.1. 動詞＋前置詞句 …………………………………………… 201
　　3.3.2. 前置詞選択の規則性 ……………………………………… 202
　　3.3.3. 2 つの前置詞句をとる場合 ……………………………… 203
　3.4. V-Sn ……………………………………………………………… 204
　　3.4.1. V-that 節/wh 節 …………………………………………… 205

3.4.1.1.　think + that 節タイプ ………………………………… 205
　　　3.4.1.2.　say + that 節タイプ …………………………………… 207
　　　3.4.1.3.　know + that 節/wh 節タイプ ………………………… 209
　　　3.4.1.4.　acknowledge + that 節タイプ ………………………… 212
　　　3.4.1.5.　wonder + wh 節タイプ ………………………………… 214
　　3.4.2.　V-不定詞節 ……………………………………………………… 216
　　3.4.3.　V-動名詞節 ……………………………………………………… 220
4.　V-NP-XP（基本文型 4）……………………………………………………… 226
　4.1.　V-NP$_1$-NP$_2$ (1)（二重目的語）………………………………………… 227
　　4.1.1.　授与動詞 ………………………………………………………… 227
　　4.1.2.　獲得動詞 ………………………………………………………… 229
　4.2.　V-NP$_1$-NP$_2$ (2)（call・appoint タイプ）………………………………… 233
　4.3.　NP-V-NP-PP ………………………………………………………………… 235
　　4.3.1.　移動動詞 ………………………………………………………… 235
　　4.3.2.　供給・贈与動詞 ………………………………………………… 236
　　4.3.3.　除去動詞 ………………………………………………………… 237
　　4.3.4.　交換・差し替え・代用の動詞 ………………………………… 238
　4.4.　NP-V-NP-AP/NP/PP（= 補語）…………………………………………… 239
　4.5.　V-NP-VP（XP = VP（原形動詞，現在分詞，過去分詞））…………… 243
　　4.5.1.　知覚動詞 ………………………………………………………… 244
　　4.5.2.　使役動詞 ………………………………………………………… 245
　4.6.　V-NP-to VP（XP = to 不定詞節）………………………………………… 250
　　4.6.1.　V + [$_{Sn}$ NP + to VP]（Ⅰ型）……………………………………… 250
　　4.6.2.　V + NP + to VP（Ⅱ型）……………………………………………… 256
　4.7.　V-NP-that 節/wh 節 ………………………………………………………… 261
5.　V-PP-Sn（基本文型 5）……………………………………………………… 264
　5.1.　V + PP + that 節/wh 節（suggest タイプ）……………………………… 265
　5.2.　V + PP + 不定詞節（wait for タイプ）…………………………………… 266
6.　there 構文の動詞 …………………………………………………………… 269
7.　it ... that 構文の動詞 ……………………………………………………… 273

第 2 章　形容詞の型 ………………………………………………………… 279

1.　限定用法と叙述用法 ………………………………………………………… 279
2.　形容詞の型 …………………………………………………………………… 280
3.　形容詞 + 前置詞句・不定詞節・that 節 …………………………………… 281
　3.1.　NP + be + 形容詞 + 前置詞句 …………………………………………… 281
　3.2.　NP + be + 形容詞 + that 節 ……………………………………………… 283
　3.3.　NP + be + 形容詞 + 不定詞節 …………………………………………… 285

4. It + is + 形容詞 + that 節・不定詞節 ……………………………………… 288
　4.1. It + is + 形容詞 + that 節 ……………………………………………… 288
　4.2. It + is + 形容詞 + 不定詞節 …………………………………………… 292

第 3 章　名詞の型 …………………………………………………… 298
1. 名詞句と文の関係 …………………………………………………………… 298
2. 名詞の型 ……………………………………………………………………… 299
　2.1. 名詞形 + 前置詞句 ……………………………………………………… 300
　2.2. 名詞形 + 不定詞節 ……………………………………………………… 303
　2.3. 名詞形 + that 節 ………………………………………………………… 304
　2.4. 同格の場合 ……………………………………………………………… 305
　2.5. 疑問節をとる名詞 ……………………………………………………… 306
　2.6. It is a pity that 節 ………………………………………………………… 307
　2.7. The fact is that 節 ………………………………………………………… 307

第 4 章　発話型の基本文型，解釈型の 5 文型 …………………… 312

参考文献 ……………………………………………………………………… 317
索　　引 ……………………………………………………………………… 321

Part

文法事項

第1章　強調構文

〈教　材〉

Pliny escaped death, and ***it was Pliny who*** was to write how terrible the disaster was. Two thousand people were killed in Pompeii, and the city was covered with ash and mud. Pliny's history remained, but over the centuries the city of Pompeii was to remain completely hidden under the ash and mud.　　　　　　　　　　　　　　　　("The People of Pompeii")

（プリニ（プリニウス））は死を免れた．そしてその災害がどれほど悲惨なものであったかを書くことになったのはプリニであった．ポンペイでは二千人の人々が亡くなり，街は灰と泥に覆われた．プリニの記録は残ったが，ポンペイの街は数世紀にわたって灰と泥の下に完全に覆い隠されることになった）

[Pliny は 1 世紀ローマの政治家，著述家]

〈授業内容〉
① 強調構文の成り立ちを理解する．
② 強調構文の意味（強調されている部分（焦点）と前提）を理解する．
③ It is A that ... は「それは A です，... であるのは」というように解釈する．

1. 強調構文の成り立ち

文中のある特定の要素を選び出して強調するためには，It is/was A that ... という文型を用います．A が強調される要素です．この文型の成り立ちを考えてみましょう．

(1)　John cleaned the bathroom yesterday.
　　　(a)　　　　　　(b)　　　　　(c)

(2) a.　***It was John that*** ∧ cleaned the bathroom yesterday.
　　b.　***It was the bathroom that*** John cleaned ∧ yesterday.
　　c.　***It was yesterday that*** John cleaned the bathroom ∧.

(1) の要素 (a)–(c) を強調した文が (2a–c) です．∧は強調される要素がもと

あった位置を示しています．(2b) を例にとってその作り方を見ましょう．

(3)　***It was*** ___ ***that*** John cleaned *the bathroom* yesterday.

このように，強調構文は強調される要素を that 節の中から it is/was の直後の位置に移動して作ります．したがって，that 節の中に強調要素に対応する空所が必ず存在します．それを (2) では∧で示してあり，この位置から強調される要素が移動しています．

強調構文の注意点をまとめると次のようになります．

(a)　強調される要素に強勢が置かれて強く発音される．
(b)　現在の事柄には it is が，過去の事柄には it was が用いられる．
(c)　強調される要素が人であるときには，that の代わりに who が用いられることがある．

この文を解釈（理解）するときには，英語の語順にしたがって

(4)　***It is God that*** has made us as we are.

「それは神である，私たちが今あるような状態にしたのは」のように it を解釈して，その後で it の内容を that 以下で補足するように解釈しましょう．（日本語の訳として書き表すときは別ですが）返り訳的な解釈の方法は避けましょう．英文を作るときも同様に It is/was … と強調する要素をまず考えて，その後に that 節を従えるようにしましょう．

練習問題1　下線部を強調する文を作り，上で述べた解釈方法に従って解釈を言いなさい．
1. I wanted to buy a video game.
2. This school will go coed next spring. [go coed（共学になる）]
3. John was sent to Sri Lanka to give medical help to injured people.
   [medical help（医療援助），injured（傷ついた）]

練習問題2　口頭で英語に直しなさい．
1. 私が通りで会ったのは太郎です．
2. 彼が窓を壊したのはハンマーによってだ．
3. その事故が起こったのは昨日です．

さらなる情報

　強調構文は，背後に疑問文があってその答えを強調して述べる構文であると考えると理解しやすい．そうすると，that 以下の部分は，背後にある疑問文ですでに述べられている旧情報であり，**前提**を表している．その前提を満たすための答えが it is/was の直後の位置に置かれている．この要素は新情報であり**焦点**と呼ばれる．

(1)　What did John clean yesterday?
(2)　It was ***the bathroom*** that John cleaned yesterday.
　　　　　　　（焦点）　　　　　　　（前提）

かつて学校文法では，この構文について強調構文の枠組み（it is ... that ...）は「とりはずし自由」というような説明がなされていた．しかし，このような説明ではこの構文の成り立ちが理解できず，この構文を応用的に使用することはできない．さらに，この説明が不適切であることは，(2) の文の枠組みを取り外すと The bathroom John cleaned yesterday. という学生には馴染みのない話題化文となることからも明らかである．また，pattern practice では It was X that John broke. の X にいろいろな名詞を入れ替えて練習するが，It was X that John broke. の型を覚えても，この型以外には応用が利かない．この問題は pattern practice の欠点をよく表している．この訓練法のもう 1 つの欠点として，創造性がなく退屈である点があげられる．それに対して，文の成り立ちを利用する生成文法的説明方法は生成的であり応用がきく．

　この構文は，もとの文が現在の事柄であれば it is を，過去の事柄であれば it was を用いる．強調されている要素が人であるときには who も用いられる．

(3)　a.　***It is the wife that*** decides.（決めるのは妻だ）
　　　b.　***It is you who*** are to blame.（非難されるべきは君だ）

焦点に生じる要素は，名詞句と前置詞句（副詞節などを含む）に限られる．補語を強調することはできない．

(4)　*It is a genius that John is.

日本語の「...であるのは A だ」に対応する英語の強調文は "what ... is A" の型である．この型では主語の what ... の部分が前提を表し，be 動詞の後の A が焦点である．この型の強調文の焦点の位置には名詞句も補語も動詞句も

生じることができる．

(5) a. ***What*** I wanted to buy ***was*** *a TV set.* （私が買いたかったのはテレビだ）
    b. ***What*** John took a picture of ***was*** *his son.*
       （ジョンが写真を撮ったのは息子だ）
    c. ***What*** John did ***was*** *break the window.*
       （ジョンがしたのは窓を壊すことだ）
    d. ***What*** John is ***is*** *a genius.* （ジョンはまさに天才だ）

《実　例》

1. *It is* in this field *that* Germans have done so much pioneer work.
   （ドイツ人が非常に多くの先駆的研究をしたのはこの分野においてです）
2. *It was* what happened mentally *that* mattered.
   （重要なのは心の中で（精神的に）何が起こったかです）
3. *It is* a beautiful country *that* is being devastated by a disease which can be stopped.
   （防ぐことができる病気によって壊滅されつつあるのは美しい国なのです）
4. *It is* in this respect *that* British has a vital role.
   （イギリスが重要な役割を担っているのはこの点においてです）
5. *It is* with great regret *that* I see so many students laboring day after day in the factory. （来る日も来る日も非常に多くの学生が工場で働いているのを見るのはとても残念なことです）

【解　答】

練習問題1　1. It was a video game that I wanted to buy.
（それはテレビゲームだった，私が買いたかったのは）
2. It is next spring that this school will go coed.
（それは来春である，この学校が共学になるのは）
3. It was to Sri Lanka that John was sent to give medical help to injured people.
（それはスリランカへであった，ジョンが傷ついた人々に医療援助を行うために派遣されたのは）

練習問題2　1. It was Taro that I saw/met on the street.
2. It was with a hammer that he broke the window.
3. It was yesterday that the accident happened.

第2章　予備の it

1. 主語位置の予備の it

〈教　材〉

It is true he had on a clean white coat, so smooth and shining that it looked as if it had been newly starched and ironed, and inside of this, he hugged two stout packages.　("The Bean and the Stone"（エンドウ豆の話))

（なるほど彼は汚れのない白い上着を着ていた．それはとてもすべすべして輝いていたのであたかも新しく糊掛けとアイロン掛けをしたように見えたが，その上着の内側に彼は2つのがっしりした包みを抱きしめていた）

［he は「エンドウ豆」を指す．package（(豆の入っている）さや），have on = wear, starched and ironed（のり掛けとアイロン掛けされた），and = but, stout（がっしりした）］

〈授業内容〉

① it is true that A の成り立ちを教える．
② この文の自然な訳は「なるほど A である（がしかし ...)」であって，「A というのは本当である（がしかし ...）」ではない．その理由を説明する．
③ It ~ that 節 / 不定詞節 / wh 疑問節の文型にも言及する．
④ 予備の it は指示詞とみなす．

　It + be + 形容詞 + that 節の文型は that 節を主語とする文型と書き換え関係にあります．(Part II 第2章4節 (p. 288) 参照）

(1) a. ***That there is enough land*** is true.（土地が十分にあることは本当だ）
　　 b. ***It*** is true ***that there is enough land***.（なるほど（実際）土地は十分にある）

(1a) の文は主語が長くて形がよくありません．そこで that 節を文末に移動して，空になった主語の位置に予備の it を入れたものが (1b) です．この文では重い要素が文末にきているので安定した形になっています．この予備の it は，もと that 節があった位置に挿入されて主語の働きをし，that 節の内容を

指します.

　それでは (1a) と (1b) はまったく同じ意味かというとそうではありません. (1a) の主語の that 節は, 聞き手にすでに分かっている旧情報を表していて, 「土地が十分にあることは君も知っていると思いますが, それは本当です」の意味です. これに対して (1b) では that 節は聞き手にとって新情報です. したがって, that 節が意味上は主節のようになり, it is true の部分が修飾語のようになって, 「なるほど土地は十分にあります」の意味になります. このことは It is true が単に True ... となり that 節が主節となる表現 (下記 (2b)) があることからも分かります. なお, it is true that ... の後には but がきて「なるほど ... だがしかし ...」となることがよくあります.

(2) a. ***It is true that*** he had high ideals, ***but*** his personality was flawed.
（なるほど彼は高い理想をもっていたが, 人格に欠けているところがあった）
b. ***True***, he had not appeared for breakfast, ***but*** I didn't worry because I knew he liked to get up late.
（なるほど彼は朝食に現れなかったが, 私は心配していなかった, というのも彼が遅起きであるのを知っていたから）

次の例でこの文型の意味を理解しましょう.

(3) a. ***It is strange that*** John has not come home yet.
（奇妙なことにジョンはまだ帰宅していない）[it is strange = strangely]
b. ***It is certain that*** prices will go up in the near future.
（きっと近いうちに物価が上がるでしょう）[it is certain = certainly]
c. ***It is probable that*** he will be the president.
（おそらく（十中八九）彼が社長になるだろう）[it is probable = probably]
d. ***It was unfortunate that*** he had an accident on the way back.
（不幸なことに彼は帰途事故に会った）[it is unfortunate = unfortunately]

予備の it を主語にもつ文型は, that 節だけでなく, 不定詞節, 動名詞節, wh 節, if 節の場合もあります. ただし if 節が主語に現れることはありません.

(4) a. ***It is wrong to*** tell a lie. （嘘をつくのは悪いことだ）
b. ***It*** would ***be a mistake to*** ignore your parents' advice.
（両親の忠告を無視するのは間違いでしょう）
(5) a. ***It is no use being*** alive if one doesn't feel that.

（それを感じないようなら生きていても仕方がない）
- b. ***It** might **be quite nice seeing** him now, she thought.*
 （いま彼に会えれば好都合だと彼女は思った）
(6) a. ***It is doubtful whether*** the train will arrive on time.
 （列車が時間通りに到着するかどうか疑わしい）
- b. ***It** does not **matter what** we believe; **it matters how** we behave.*
 （我々が何を信じているかは重要ではない．どのように振る舞うかが重要だ）
(7) a. ***It** would **be helpful if** you repeated the announcement again.*
 （もう一度アナウンスをしてくれると助かります）
- b. ***It** would **be ironic if** our species were to become extinct because of the very technology that gave us success.*
 （我々に成功をもたらしたまさにその科学技術のために，万一人類が亡びるようなことになれば，皮肉なことだ）

予備の it を形式主語と呼んで，意味のない虚辞とする考え方もありますが，この文型を解釈するときには，文頭から訳し下げる形で解釈し「それは間違っている，嘘をつくのは」のように it を指示詞として訳して，「それ」が後ろにくる不定詞や that 節や疑問節を指すというように理解しましょう．それが英語の流れに沿っているのです．

練習問題 1 日本語に直しなさい．
1. It is true that she was not academic; this was part of her charm for Lewis. [academic（学究的な）]
2. It is probable that he was aware of what was going on. [aware of（に気がついて）]
3. It is certain that if a child is not learning good English, he is learning bad English, and probably bad habits of thought. [habits of thought（思考習慣）]

練習問題 2 口頭で英語に直しなさい．
1. なるほど彼女は頭が良いかもしれないが賢くはない．(it is true, smart, wise)
2. 明らかに彼はほんとうのことを話している．(it is clear, speak/tell the truth)
3. 幸運なことに怪我をした人はいませんでした．(it is fortunate, injured)
4. なぜその知らせがそんなに遅く彼に届いたのかが問題だ．(it matters, news,

reach)
5. 明らかにジョンはメアリーが好きだ．(it is obvious)

2. 目的語位置の予備の it

> 〈教　材〉
> Western societies have also ***made it possible*** (though not easy) ***for*** one parent ***to*** raise a child or several children alone, by providing income subsidies, health care, education, and other benefits at public expense.
>
> （金沢大学（2005）入試問題）
>
> （西洋社会では，親が独りで 1 人あるいは数人の子どもを育てることが（容易ではないが）可能にもなっている．それは，収入補助金，医療補助，教育補助，その他の手当を公費で支給することによってそうなっている）
>
> [income subsidy（収入補助金：所得の低い人に支給される補助金），benefit（手当，給付金），at public expense（公的費用で）]
>
> 〈授業内容〉
> ① make it possible ＋ 不定詞節/that 節の成り立ちを教える．
> ② この文を理解するときに it を指示詞として理解させ，「それ」が that 節や不定詞節の内容を指すというように指導する．
> ③ make it ~ wh 疑問節の文型にも言及する．

この文型の基本形は make A possible/clear（A を可能・明らかにする）です．(1a) では make と clear の間に that 節があり不格好で，文として成り立ちません．その問題を解消するために that 節の位置に予備の it をおいて，that 節を文末に移動した文が (1b) です．

(1) a.　I made [*that he was wrong*] clear.
　　b.　I made *it* clear [***that he was wrong***]．（私は彼が間違っているとはっきり言った）

この文型は make A C（A を C にする）の動詞や think A C（A を C と思う）タイプの動詞に見られます（Part II 第 1 章 4.4 節（p. 239）参照）．

(2) a. Make *it* clear *that* you intend to cooperate with him.
（彼と協力するつもりであるとはっきり言いなさい）
　　b. The Prince made *it* clear *that* it was Elizabeth's mind that attracted him.（王子は彼を引きつけたのはエリザベスの心であったとはっきりと述べた）
　　c. They made *it* clear *that* children in Syria were exposed to serious danger.（彼らはシリアの子供たちが深刻な危機にさらされていることを明らかにした）

(3) a. I think *it* clear *that* he is innocent.
（私は彼が無実であることははっきりしていると思う）
　　b. He seems to take *it* for granted *that* everyone would do what he told them.
（誰もが自分が言ったことをするのが当然だと彼は思っているようだ）
　　c. I find *it* interesting *that* in his later years Wordsworth regarded himself as a statesman as much as a poet.
（晩年ワーズワースは自分のことを詩人であると同程度に政治家でもあると考えていたことは面白いと思う）

it が不定詞節や wh 節を指す場合：

(4) a. The wind made *it* easier *to* keep the glider straight.
（その風でグライダーを水平に保つのがより容易になった）
　　b. I make *it* a rule never *to* mix business with pleasure.
（私は仕事と遊びを決して混同しないようにしている）
　　c. I think *it* wrong *to* waste money.（お金の無駄使いは間違いだと思う）
　　d. If you find *it* difficult *to* stop drinking altogether, try to cut down as much as possible.（もし全面禁酒がむずかしいなら、できるだけ飲む量を減らすように努めなさい）

(5) a. I think *it* doubtful *whether* he will join us.
（彼が我々に加わるかどうかは疑わしいと思う）
　　b. We should make *it* clear *what* we want.
（我々が何を望んでいるかを明確にするのがよい）
　　c. After a long investigation they found *it* unclear *why* this had happened.（長期調査の後、この事がなぜ起こったのかははっきりしないことが分かった）

第 2 章　予備の it　　11

|練習問題3|　口頭で英語に直しなさい．
1. 彼は自分自身の計画はもってないとはっきり言った．(make it clear, have no plan of his own)
2. 彼はフルートを吹くのは難しいと分かった．(find, play the flute)
3. 母親たちは子どもにビタミン剤を飲ませるのはよいと考えている．(consider, give vitamins)
4. 私は独りでその山に登るのは危険だと思う．(think, dangerous, climb, alone)
5. 私は夜早く寝ることにしている．(make it a rule, go to bed)

さらなる情報

1. 予備の it は意味のない虚辞であると教えられているが，it を指示詞として「それ」と訳し，「それ」が指示する要素が後ろに出てくると指導するのがよい．このほうが英文を返り読みしないことにつながるからである．（この方法がおそらく母語話者が実際にこの型の文を解釈するときに行っている理解の過程であると思われる）

2. make it clear that ~ は「that 節の内容を明らかにする，はっきりさせる」という意味だが，文脈によっては that 節の内容を「はっきりと言う・表明する」という日本語が当てはまる．

【解　答】

|練習問題1|　1. なるほど彼女にはアカデミック（学究的）なところがなかったが，それがルイスにとっては彼女の魅力の一部であった．(：は「しかし」の意味)
2. おそらく彼は何が起こっているかに気付いていたことでしょう．
3. 確かにもし子どもがよい英語を学んでいないのなら，よくない英語に加えておらくよくない思考習慣を学んでいることになるでしょう．

|練習問題2|　1. It is true that she may be smart, but she isn't wise.
2. It is clear that he is telling/speaking the truth.
3. It is fortunate that no one has been injured (nobody was injured).
4. It matters why the news reached him so late.
5. It is obvious that John loves Mary.

|練習問題3|　1. He made it clear that he had no plan of his own.

2. He found it hard to play the flute.
3. Mothers consider it good to give their children vitamins.
4. I think it dangerous to climb the mountain alone.
5. I make it a rule to go to bed early at night.

第3章 時制のある文と時制のない文

1. 埋め込み節

　文は主部（主語）+ 述部で構成されています．逆の言い方をすれば，**主語と述部があるものは文です**．文には時制を持つものと持たないものがあります．独立文や that 節は時制をもつのに対して，不定詞節，動名詞節，分詞節（分詞構文）は時制をもちません．

(1) a. 時制のある文：**独立分，that 節**など
　　b. 時制のない文：**不定詞節，動名詞節，分詞節**

　従来の学習文法では，不定詞，動名詞，分詞構文をそれぞれ異なる特殊なものとして扱ってきました．そのことがこれらの構文が難しいものであるという印象を学習者に与えていたように思います．しかしこれらの節はすべて独立文の時制の部分が変形したものに過ぎません．

　that 節では started = start + -ed のように動詞に時制を表す要素 -ed をつけて過去形を表します．これに対して，不定詞節では時制要素の代わりに to が用いられ to + start（to + 動詞の原形）となります．動名詞節では動詞の時制要素の代わりに名詞語尾の -ing がついて starting となります．分詞節では時制要素の代わりに現在分詞語尾の -ing がついて分詞形の starting となります．したがって，that 節，不定詞節，動名詞節，分詞節は時制の部分が異なっているに過ぎません．

　これに加えて，主語と述部からなり，述語動詞がない文を**小さな節**（small clause）と呼ぶことにしましょう．学習文法では出てこない用語ですが，文を分析するときには大切な概念です．文を「主部と述部からなる」と定義すると，I think [John honest] の括弧の部分は主部 John と述部 honest があるので節を構成しているということができます．この「小さな節」も加えて節の種類をまとめると次のようになります．

節の種類と形式

節の種類	接続詞	主語	動詞の形
that 節	that	主格主語	動詞 + 時制要素
不定詞節	for	目的格主語	to + 動詞の原形
動名詞節		属格主語	動詞 + -ing（名詞語尾）
分詞節		主格主語	動詞 + -ing（現在分詞語尾）
小さな節		目的格主語	述部（動詞なし）

(1) (I think) *that* John **started** soon ［that 節：start + -ed］

(2) (It is necessary) *for* John **to start** soon ［不定詞節：to + start］

(3) (I like) John's **starting** soon ［動名詞節：start + -ing］

(4) John **starting** soon, (Mary expected ...) ［分詞節：start + -ing］

(5) I think John **intelligent**. ［小さな節：主部 + 述部］

これらはすべて独立文ではなく文中に埋め込まれた文なので，**埋め込み節**と呼ぶことにします．that 節は独立文と同じ形をしていますが，それ以外の埋め込み節は，that 節の**時制要素**（現在や過去を表す要素）が欠けていて，それに伴って多少形が変わっているにすぎません．時制のない文のこの特徴をしっかりと理解しましょう．

2. 不定詞節，動名詞節，分詞節の形

これらの節の本質を理解するには，that 節と比較して that 節のどの要素が欠けているかを見るのが最もよい方法です．

2.1. 不定詞節

that 節の動詞には時制があり，(1) のように go の過去形 went は go + ed とみなされます．不定詞節では，(2) のように時制の要素 -ed の代わりに to が用いられ to + go となります．時制がなくなるので**動詞の原形**が用いられます．さらに接続詞の that が for に変わります．

(1) [*that* [John *go* + *ed* there]] (go + ed = went)

(2) [*for* [John *to go* there]] (go + to = to + go)

したがって，不定詞節の基本形は (3a) となりますが，この基本形からいくつ

かの要素が欠けた変化形 (3b-d) があります．

(3) 不定詞節の4つの型：(△は意味上の主語)
    a. [*for* + 主語 + *to* + 動詞の原形] (基本形)
       (It is necessary [***for** John **to go** there*].)
    b. [＿＿主語 + *to* + 動詞の原形] (for がない)
       (I want [＿＿*John **to go** there*].)
    c. [＿＿主語 + ＿＿ + 動詞の原形] (for, to がない)
       (I saw [＿＿*John* ＿＿*go* there].)
    d. [＿＿△ + *to* + 動詞の原形] (for, 主語がない)
       (John wants [＿＿△ ***to go*** there].)

どの型の不定詞をとるかは動詞や形容詞によって決まります．to のない不定詞を原形不定詞と呼ぶことがあります．

2.2. 動名詞節

次に that 節と動名詞節の関係について見ましょう．

(1)   [that [John *go* + *ed* there]]   (that 節)
(2)   [*John's go* + *ing* there]   (動名詞節)

動名詞節では，that 節の動詞の時制要素（-ed）の代わりに名詞要素の -ing が付きます．これは日本語の「～すること」の「こと」に相当すると考えてよいでしょう．動名詞は名詞ですから，主語は John's のように所有格で表します．「ジョンがそこに行くこと」の意味で名詞として働きます．これが動名詞節の基本形です．これに加えて主語を目的格で表すものと主語がないものの2つがあります．名詞ですから接続詞はありません．

(3) 動名詞節の3つの型：(△は意味上の主語)
    a. [主語's (所有格) + 動詞 + -ing] (基本形)   (***John's going*** there)
    b. [主語 (目的格)   + 動詞 + -ing] ('s がない)   (***John going*** there)
    c. [△   + 動詞 + -ing] (主語がない)   (△ ***going*** there)

「動名詞」の呼び名から分かるように，動名詞は動詞と名詞の性質の両方をもっています．例えば，John's writing a letter quickly で，主語が所有格で表されることは名詞の特徴（John's book）です．一方，目的語（a letter）をとることや副詞（quickly）による修飾が可能であることは動詞の特徴です．した

がって，動名詞は動詞の性質と名詞の性質を合わせ持っています．

2.3. 分詞節

分詞節と that 節を比較してみましょう．分詞節は従来分詞構文と呼ばれていたものです．

(1) 　[that [John *go*＋*ed* there]]　（that 節）
(2) 　[*John go*＋*ing* there]　（分詞節）

that 節の go＋ed の -ed の代わりに分詞を表す -ing が用いられます．主語は主格のままです．これが分詞節の基本形です．分詞節の主語が主節の主語と同じときには省略されます．

(3) 　分詞節の型：(△は意味上の主語)
　　　a.　[主語＋動詞＋-ing]　（基本形）　　(***John going*** there, …)
　　　b.　[△ ＋動詞＋-ing]　（主語なし）　(△ ***going*** there, John …)

分詞節と主節の意味関係は両者の意味から「〜なので」「〜しながら」「〜するとき」「〜ならば」「〜であるけれども」「そして〜」などに決まります．したがって接続詞はありません．例えば，Being tired, he went to bed early. の文の意味関係は，He was tired. と He went to bed early. の2つの文の間の意味関係から容易に推測できます．分詞節は書き言葉で多く用いられ，口語的ではありません．

以上から明らかなように，不定詞節，動名詞節，分詞節は独立文の時制要素の代わりに不定詞節では to が，動名詞節では名詞語尾 -ing が，分詞節では現在分詞語尾 -ing が用いられていること，主語の省略が可能であること，が独立文と違うところです．

3. 小さな節

文は主部と述部から成り立っています．逆の言い方をすると，主部と述部があればそれは文です．次の文を比較してみましょう．

(1) a.　I think [John to be kind]. (私はジョンを親切だと思う)
　　b.　I think [***John kind***].

(1b) の [John kind] の部分には動詞がありませんが，主部・述部の関係があ

ることは (1a) から明らかです．したがって，この部分は節を構成しています．このような節を「小さな節」と呼びます．この名称自体は覚える必要はありませんが，この部分が節と同じ資格を持っていることは記憶しておいて下さい．これは従来 SVOC と呼ばれていた構造です．この文型に関しては，従来「O は V の目的語であるが，C の S である」というような理解しにくい説明がなされていました．この文型は実は SV [OC] の構造をしていて，O は V の目的語ではなく C の主部（主語）です．つまり，[OC] の部分が「小さな節」を構成していて，O と C には主部・述部の関係があるのです．さらに，V と O の間には普通の目的語と動詞の関係はありません．それは (1b) の think と John の間に「目的語関係」を見出すことができないことからも明らかでしょう．think の「目的語」は O ではなくて [OC] の部分の「小さな節」です．これは think が [OC] に対応する that 節を目的語にとることからも支持されます．

さらなる情報

　これらの埋め込み節を教えるときには，必ず that 節（つまり文としてのすべての要素が揃っている完全文 (full sentence)）との関係を軸に，時制要素の代わりに to が用いられているのが不定詞節，名詞語尾 -ing が用いられているのが動名詞節，分詞語尾 -ing が用いられているのが分詞節である，というように，時制のない文を「体系的」に説明することが重要で，それによってこれらの節の本質が理解できると思われる．単にこれらの節の形式を独立に教えるのでは理解は深まらない．

　ついでながら，時制のない文を非定形文 (nonfinite sentence)，時制のある文を定形文 (finite sentence) と呼ぶ．定形と呼ぶのは，時制がある場合には三人称単数主語があるとき現在形の動詞が -s を伴うように，主語によって形が定まるからである．ただし，形が固定しているのは非定形文のほうなので，この伝統的な名称は不適切な感じがする．

第4章　不定詞節

〈教　材〉
　He ***likes to boil*** eggs with the hired man in the hot sap; he ***likes to roast*** potatoes in the ashes, and he would live in the camp day and night if he were permitted. ***To sleep*** there with the men, and ***awake*** in the night and ***hear*** the wind in the trees, and ***see*** the sparks fly up to the sky, is a perfect realization of all the stories of adventures he has ever read.
　　　　　("Making Maple Sugar"（メープルシロップを作った少年の頃の思い出))
　(彼は雇用人と一緒に熱い汁の中で卵を煮たい，また灰の中でポテトを焼きたい，許されれば昼も夜もキャンプで暮らしたいのである．大人たちと一緒にキャンプで寝て，夜眼を覚ますと木々の間を吹く風の音が聞こえ，空には火花が舞い上がるのを見るなんて，彼がこれまでに読んだ冒険物語のすべてが完全に現実のものとなっているようである)
　[sap（メープルの樹液），the men（大人たち)]

〈授業内容〉
① 不定詞節の4つの形を学習する．どの形をとるかは動詞や形容詞によって決まる．
② 不定詞節の意味上の主語は主動詞の意味によって決まる．
③ 不定詞の否定，時制，不定詞関係節について学ぶ．

1.　不定詞節の基本形

　不定詞節は動詞の時制要素の代わりに to が用いられたものです．時制をもっている that 節と比較してみましょう（→第3章）．

(1)　[*that* [John *start* + *-ed* soon]]　　(start + -ed = started)
(2)　[*for* [John *to start* soon]]　　　　(start + -ed が to + start に代わる)

that 節の動詞は時制要素 -ed をもっていて，started は start + -ed と分析されます．この時制要素 -ed が to に代わると不定詞の to + start (to + 動詞の原形) になります．そして接続詞が that から for に代わります．したがって，不定

詞節の基本形は次のようになります．

(3) 　*for*＋主語＋*to*＋動詞の原形（不定詞節の基本形）

この基本形からいくつかの要素が欠けた変化形があり，不定詞節には4つの形があります．

(4) a. 　[_Sn_ for＋主語＋to＋動詞の原形] 　（基本形）
 　　　　 (It is necessary [*for* John *to go* there].)
 　　b. 　[_Sn_ ＿＿主語＋to＋動詞の原形] 　（for がない）
 　　　　 (I want [John *to go* there].)
 　　c. 　[_Sn_ ＿＿主語＋＿＿＋動詞の原形] 　（for と to がない）
 　　　　 (I saw [John *go* there].)
 　　d. 　[_Sn_ ＿＿△＋to＋動詞の原形] 　（for と主語がない）
 　　　　 (John wants [△ *to go* there].) 　（△＝意味上の主語）

2.　不定詞節の主語

(**a**)　基本形の場合（for＋主語＋to＋動詞の原形）

　(1a) が主語をもつ**基本形**です．これに対して主語が現れない (1b) のような文もあります．

(1) a. 　It is necessary [*for John to be* economical].
 　　　　（ジョンは倹約する必要がある）
 　　b. 　It is necessary [△ *to be* economical].
 　　　　（(一般に) 倹約することが必要です）

この場合，意味上の主語 (△) は一般の人々を指します．

(2) a. 　It is surprising [*for John to beat* his dog].
 　　　　（ジョンが自分の犬をぶつとは驚きだ）
 　　b. 　It is surprising [△ *to beat* his dog]. 　（彼の犬をぶつとは驚きだ）

(2a) の不定詞節では主語は John と明示されていますが，(2b) では意味から考えて意味上の主語を一般の人々と考えることはできず，文脈から特定の人が意味上の主語であると解釈されます．このように，意味上の主語が指す要素が文中にないときには，主語は一般の人々であるか，あるいは文脈から推測され

(**b**)　［主語＋to＋動詞の原形］の場合

この形の不定詞節をとる動詞には want タイプや believe タイプの動詞があります．(→ Part II 第 1 章 4.6 節 (p. 250))

(3)　a.　Her mother *wants* [***her to go*** to college]．［want タイプ］
　　　　　（彼女の母親は彼女が大学に行くことを望んでいる）
　　　b.　I *believe* [***John to be*** honest]．［believe タイプ］
　　　　　（私はジョンが正直者だと思っている）

(**c**)　［主語＋動詞の原形］の場合

これは一般に原形不定詞と呼ばれるものです．(→ Part II 第 1 章 4.5 節 (p. 243))

(4)　a.　I *saw* [***him run*** away]．［知覚動詞］
　　　　　（私は彼が走り去るのを見た）
　　　b.　I *made* [***him go*** out of the room]．［使役動詞］
　　　　　（私は彼を部屋から追い出した）

(**d**)　［△＋to＋動詞の原形］の場合

意味上の主語△が何を指すかはその動詞や形容詞の意味によって決まります．次の例では意味上の主語は主文の主語を指します．(→ Part II 第 1 章 3.4.2 節 (p. 216)，第 2 章 3.3 節 (p. 285))

(5)　a.　He *tried **to do*** his best．(彼はベストを尽くした)［try タイプ］
　　　b.　I *want **to eat*** lunch．(昼食を食べたい)［want タイプ］
　　　c.　I *agreed **to accept*** the offer．
　　　　　(その申し出を受け入れることに同意した)［agree タイプ］
　　　d.　She *began **to sing***．(彼女は歌い始めた)［begin タイプ］
　　　e.　He was *angry **to hear*** that．(彼はそれを聞いて怒った)［angry タイプ］
　　　f.　He is *eager **to see*** her．(彼は彼女に会いたがっている)［eager タイプ］

次の例では，意味上の主語が指すことのできる要素が主語と目的語の 2 つあります．

(6)　a.　I told John [△ ***to go*** out of the room]．
　　　　　（私はジョンに部屋を出るように言った）

b.　I promised John [△ *to help* him]. （私はジョンに手伝うと約束した）
　　c.　I waited for John [△ *to come* out]. （私はジョンが出てくるのを待った）

日本語からも分かるように，不定詞節の意味上の主語は，(6a) では目的語の John, (6b) では主節主語の I, (6c) では John です．このことは動詞の意味から容易に分かります．

3.　不定詞節の否定

　不定詞節で否定を表すときには，**否定辞の not を to の前に置く**のが原則です．

(1)　a.　John did***n't*** eat lunch.　［独立文］
　　　　（ジョンは昼食を食べませんでした）
　　b.　It is really unusual [for John ***not to eat*** lunch].
　　　　（ジョンが昼食を食べないのは本当に異常だ）
(2)　a.　I tried ***not to think*** about it.
　　　　（それについて考えないようにした）
　　b.　Be careful ***not to do*** anything stupid.
　　　　（馬鹿げたことはしないように注意しなさい）
　　c.　It is important ***never to fall*** into routine. ［routine（マンネリ化した日常）］（ルーティーンに決して陥らないことが重要です）
　　d.　She told me ***never to call*** her at this time of the night again.
　　　　（彼女は夜のこんな時間に決して二度と電話をしてこないようにと私に言った）

4.　不定詞節の「時」の表し方

〈教　材〉
　On the program, one woman was said ***to have caught*** two fine salmon with her bare hands. Another was announced ***to have got*** into trouble with her husband, because he did not like to eat fish.
　　　　　　　　("April Fish"（エイプリル・フールにおけるラジオ番組の話））
　（その番組では，素手で素晴らしいサーモンを二匹捕まえた女の人がいたとか，ご主人が魚を食べるのが好きではなくて，ご主人とトラブルになった女性がいたと報じた）

〈授業内容〉
① 主節と「同時」あるいは主節よりも「未来」のことは「to＋動詞の原形」で表す．
② 主節より「以前」のことは「have＋過去分詞」で表す．

不定詞節では時制を表す要素が to に代わっているので時制を直接表すことはできません．不定詞節の表す「時」は主文の動詞が表す「時」によって決まります．

(1) a. I *saw **John swim*** across the river.
（私はジョンが川を泳ぎ切るのを見た）
b. John *seems **to be*** sick.（ジョンは病気であるらしい）
c. John *was* said ***to be*** the best man for the job.
（ジョンはその仕事に最適な人だと言われていた）

意味から分かるように，これらの不定詞節の表す「時」は主文の動詞の「時」と「同時」です．

(2) a. I *wanted **John to help*** us.
（私はジョンが我々を援助してくれると望んでいた）
b. John *agreed **to pay*** the money.
（ジョンはそのお金を払うことに同意した）
c. I *expected **John to win*** the race.
（私はジョンがレースに勝つと期待した）

これらの例では不定詞節の表す「時」は主文の動詞が表す「時」よりも「未来」を示しています．これは主動詞の意味から明らかです．

この2つの事実から「主節と「同時」あるいは主節よりも「**未来**」のことは「**to＋動詞の原形**」で表す」ということになります．

これに対して，主文の動詞が表す「時」よりも「**以前**」（過去）のことを表すためには**完了不定詞**（**to＋have＋過去分詞**）の形を用います．これが過去形の代用となるわけです．

(3) a. John *seems **to be*** ill.（彼は病気のようだ）
(It *seems* that he *is* ill.)
b. John *seems **to have been*** ill.（彼は病気だったらしい）

(It *seems* that John *was* ill.)

(4) a. Many people *are* believed *to be* injured.
(多数のけが人がいると思われる)

b. Many people *are* believed *to have been* injured.
(多数のけが人がいたと思われる)

(3b) の書き換えから分かるように，不定詞で過去を表すためには完了不定詞を使います．

(5) a. We *seem to have got* it wrong.
(我々はそれを誤解していたらしい)

b. The castle *is* believed *to have been built* in the 1080s.
(その城は 1080 年代に建てられたと思われる)

c. He *is* said *to have refused* most offers of help.
(彼は援助の申し出のほとんどを断ったと言われている)

d. The system *is* known *to have been used* in England in eighth century.
(そのシステムは 18 世紀にイギリスで使われていたことが分かっている)

もとが完了形であるとそのまま完了不定詞の形が用いられます．

(6) a. Human beings *are* said *to have lived* for several millions of years.
(*It is* said that human beings *have lived* for several millions of years.)
(人類は数百万年も続いていると言われている)

b. He *is* known *to have had* some architectural experience.
(It *is* known that he *has had* some architectural experience.)
(彼はこれまでに建築に関わる経験をもっていたことが分かっている)

完了不定詞が完了の意味を表すのか過去の意味を表すのかは文脈から判断されます．

5. 不定詞関係節

従来不定詞の形容詞用法と呼ばれていたものを見ましょう．

(1) a. I want *something to drink*. (何か飲み物がほしい)

b.　I have *nothing **to do*** today.（今日はすることが何もない）

これらの不定詞は直前の名詞を修飾しているので形容詞用法と呼ばれているものですが，単に something to drink や nothing to do を熟語のように覚えているだけでは，この不定詞節の重要な点を見落としていることになります．この不定詞では，something, nothing は不定詞の動詞 drink, do の目的語になっています．このことは次のような例でもっとはっきりします．

　(2)　a.　He is looking for *a pen **to write a letter with***.
　　　　　　（彼は手紙を書くためのペンを探している）
　　　b.　The child wants *a toy car **to play with***.
　　　　　　（その子どもは遊ぶためのおもちゃの車を欲しがっている）

これらの例ではもともと前置詞 with の後に何かがあってそれがなくなっていると考えざるを得ません．このような空所が存在するのは，形容詞用法の不定詞節が関係節だからです．

　(3)　I want [something [to drink *which*]].　→　which が不定詞節の先頭
　　　　　　　　　　　　　　　　　　　　　　　　　に移動
　　　I want [something [*which* to drink ＿＿]].　→　which を削除
　　　I want [something to drink ＿＿].

これを普通の関係節と比べてみると，性質が同じであることが分かります．

　(4)　I want [something [I drink *which*]].　→　which を関係節の先頭に移動
　　　I want [something [*which* I drink ＿＿]].　→　which を削除
　　　I want [something I drink ＿＿].

普通の関係節と不定詞関係節の違う点は，不定詞関係節では必ず関係代名詞が省略されることです．つまり，something [which to drink] のような形は許されません（ただし下記 (6) 参照）．不定詞節の形容詞用法が不定詞関係節であることが分かれば，(2) でなぜ前置詞の後に空所があるかは明らかでしょう．不定詞関係節の例をいくつかあげておきます．

　(5)　a.　We need someone [＿＿ *to support* us]．［主語位置に空所］
　　　　　　（我々を支えてくれる人を必要としている）
　　　b.　He has a large family [*to support* ＿＿].
　　　　　　（彼には養うべき大家族がある）

  c. He has a lot of friends [*to talk with* ___].
   （彼には話し相手の友人がたくさんいる）
  d. It's nothing [*to be proud of* ___], just a fact.
   （それは自慢することではありません，ただの事実です）

これが不定詞関係節であることは，次のように in which, on which のような形で関係詞代名詞が残る文があることから一層はっきりします．

 (6) a. I want to have a house *in which to live* (= a house to live in).
   （住む家がほしい）
  b. Give me a chair *on which to sit* (= a chair to sit on).
   （座る椅子をください）

練習問題 1 日本語に直しなさい．
1. The change is known to have happened before the end of the war.
2. This problem seems to have been little discussed. [little（ほとんどない）]
3. Well, it's nothing to get upset about. [get upset（うろたえる）]
4. Years seem to have passed between Sunday and now.

練習問題 2 口頭で英語に直しなさい．
1. 私はそれについて何も言うことはありません．(have nothing)
2. 彼らは同じ結論に至り着いたらしい．(seem, reach the same conclusion)
3. 彼が事の真相を解明したと言われている．(be said to, find out the truth of the matter)
4. テレビのレポーターがその悪戯をやろうと提案したと思われている．(suggest playing the trick)

6.　不定詞節の特殊用法

不定詞節には特別な意味を表す用法があります．これらは慣用表現として覚えましょう．

6.1.　「～するために」の意味を表す用法

この意味を表すのには *to do* の形を用います．特に明確に目的の意味を強調するときには *in order to do, so as to do* の形を用います（従来の副詞用法）．

(1) a. He needed a good education (*in order*) *to* fulfill his wish.
　　　　（彼は望みを叶えるためによい教育を受ける必要があった）
　　b. I have to earn a lot of money *to go* to college.
　　　　（私は大学に行くためにたくさんお金を稼ぐ必要がある）
　　c. I started home early *to get* a good seat at the ballpark.
　　　　（私は球場でよい席をとるために家を早く出た）

6.2. 結果を表す不定詞節

不定詞節にはある行為の結果を表す用法があります．*only to do* のように only が付く場合もありますが，多くの場合は文脈から判断します．

(1) a. These days most Japanese children grow up *to be* taller than their parents.
　　　　（最近日本の子供たちのほとんどは成長して両親よりも背が高くなる）
　　b. Mendel did not live *to see* that his report was the truth.
　　　　（メンデルは生きて研究報告が真実であることを見ることはなかった）
　　c. I went to see my friend, *only to find* that he was out.
　　　　（私は友人に会いに行ったが，留守でした）
　　d. In 1903 he went to Spain *never to return*.
　　　　（1903 年に彼はスペインに渡って，それきり帰らなかった）

6.3. 判断の基準を表す不定詞節

(1) a. He must be mad *to do* such a thing.
　　　　（そんなことをするとは彼は気が変にちがいない）
　　b. He is foolish *to buy* such a thing.
　　　　（あんな物を買うなんて彼はばかだ）

この不定詞節は，kind クラスの形容詞（Part II 第 2 章 4.2 節（c）（p. 294））に見られる判断を表す不定詞節と同じものです．

第4章　不定詞節

さらなる情報

　不定詞節の用法の区別は無駄な情報である．学校文法では，従来，不定詞の名詞用法，形容詞用法，副詞用法などの区別が教えられていてその練習問題まであることがある．しかしこのような情報は無駄な情報であって，英語学習上何の役にも立たない．現在の英語教育において改善が必要な点である．
　次の文を提示して生徒が適切に解釈できたとしよう．

(1) a.　To collect stamps is my hobby.（切手収集が私の趣味です）
　　 b.　I was surprised to hear that.（それを聞いて私は驚いた）
　　 c.　He jumped into the river to save the boy.
　　　　（彼はその少年の救助のために川に飛び込んだ）
　　 d.　I have nothing to say.（言うことは何もありません）

そうであれば，その生徒は (1a) の不定詞節が主語であること，surprised と不定詞節の意味関係，(1c) の不定詞節は目的の意味であること，(1d) では nothing が意味上 say の目的語であることを知っている．これらの文に関して必要な情報はこれで十分である．しかるに，現在の英語教育では，(1a) は「名詞用法」，(1b, c) は「副詞用法」，(1d) は「形容詞用法」などと教え，練習問題まで与えられている場合がある．これらの情報は上記の文の解釈や運用に何の役にも立たないもので，生徒に不必要な負担を負わせているに過ぎない．このような区別を主張する人たちは次の不定詞を何用法と説明するのであろうか．

(2) a.　John seems to be rich.（彼は金持ちらしい）
　　 b.　I happened to be there.（私はたまたまそこにいました）

《実　例》

(**a**)　不定詞節の否定
1. It was too late to begin and too late *not to begin*.
　（始めるのに遅すぎ，始めないのにも遅すぎた）
2. He taught me *never to look* first at the things you want to buy.
　（彼は私に決して買いたいものを最初に見てはいけないと教えた）
3. They tend *not to get* involved in any politics.
　（彼らはどんな政治活動にも関与しない傾向があります）
4. I had orders *not to take* in tea until half past ten.
　（私は10時半までお茶を飲まないように言いつかった）

実際の用例には to not ~ の型も見られます．

5. Is it worse *to not* have enough drinking water, or *to not* have a job to make ends meet? [make ends meet（何とかやりくりする）]
（十分な飲み水がないこと，あるいは何とか生計をたてられる仕事がないことのほうが，一層ひどいことですか）

(b) 不定詞節の時制
1. Very few people are known *to have been killed* directly by the explosions.（その爆発が直接の原因で死んだ人はほとんど知られていない）
2. Only 500 copies are said *to have been printed*.
（500 部だけ印刷されたと言われている）
3. The last years of his life seem *to have been* largely *given* over to this task.（彼の晩年はほとんどこの仕事に捧げられたらしい）
4. They seem *to have had* a splendid time talking over a tea.
（彼らはお茶を飲みながらお喋りをして素晴らしい時間を過ごしたらしい）
5. We used to have lots of friends but they all seem *to have gone* now.
（我々にはかつてたくさんの友人がいたが，いまではすべていなくなったようだ）
（= It seems that they all have gone now.［現在完了形に対応する場合］）

【解　答】

練習問題1　1. その変化は戦争の終わる前に起こったことが分かっている．
2. この問題はこれまでほとんど議論されたことがなかったらしい．（完了不定詞が現在完了形に対応する場合）この問題は（過去に）ほとんど議論されなかったらしい．（過去形に対応する場合）
3. さて，それはうろたえるようなことではありません．
4. 日曜日から今日までに何年も経ってしまったような気がする．

練習問題2　1. I have nothing to say about it.
2. They seem to have reached the same conclusion.
3. He is said to have found out the truth of the matter.
4. A television reporter is believed to have suggested playing the trick.

第5章　動名詞節

〈教　材〉

"Father," said Lucy. "I have been reading today that Sir Isaac Newton was led to make a great discovery, by *seeing* an apple fall from a tree. What was there wonderful about *the apple falling*?"

"Nothing very wonderful in that," replied her father; "but it set him to *thinking* of what made it fall."　　　　　　　　　　　　("Why an Apple Falls")

(ルーシーは言った「お父さん，今日本を読んでいたらアイザック・ニュートン卿がリンゴが木から落ちるのを見て一大発見をしたと書いてあったわ．リンゴが落ちることに何か不思議なことがあるの」．父親は答えた「そのことに何も不思議はないさ，だがそのことがニュートンにリンゴが落ちるようにさせるものは何だろうと考えさせたのさ」) [set one to ~ing (人に～するようにさせる)]

〈授業内容〉
① 動名詞は独立文の動詞の時制要素の代わりに名詞語尾の -ing が付いたものである．
② 動名詞節の主語は所有格で表すのが基本形だが，これに加えて目的格で表すものと，主語がないものの3つの型がある．
③ 動名詞節の否定と「時」の表し方．
④ 動名詞は動詞と名詞の性質を合わせ持っている．

1. 動名詞節の基本形

　動名詞節の要点は，動詞の時制要素の代わりに名詞要素の -ing がついて名詞と同じ働きをすることです．that 節と動名詞節を比較してみましょう．

(1)　[that [John *start*＋*ed* soon]]　　[that 節]
(2)　[*John's start*＋*ing* soon]　　　　[動名詞節]

動名詞節では，that 節の動詞の時制要素（-ed）の代わりに名詞要素の -ing がついています．-ing は reading とか speaking のように動詞から名詞をつくる語尾です．これは日本語の「～すること」の「こと」に相当します．動名詞は

29

名詞ですから，主語はJohn'sのように所有格で表します．これが動名詞節の基本形です．これに加えて主語を目的格で表すものと主語がないものの2つがあります．名詞ですから接続詞はありません．

(3) 動名詞節の3つの型：（△は意味上の主語）
  a. 主語's（所有格）+動詞+-ing（基本形） (*John's starting* soon)
  b. 主語（目的格）+動詞+-ing （'sがない） (*John starting* soon)
  c. △+動詞+-ing   （主語がない） (△ *starting* soon)

基本形の例をあげましょう．

(4) ***Chris's quickly writing up the paper*** surprised everybody.
  （クリスが論文をすばやく書き上げたことがだれもを驚かせた）

動名詞節は全体としては名詞ですから，名詞のJohn's bookと同じように，主語は所有格の形で表します．一方，動名詞は目的語（the paper）をとり，副詞（quickly）によって修飾されることからも分かるように動詞の性質も保持しています．動名詞節は，その名が示すように，動詞と名詞の性質を合わせ持っています．

2. 動名詞節の主語

動名詞節では主語を所有格で表すのが基本です．

(1) a. I do not doubt ***your being*** able to do it.
    （私は君にそれができる能力があることを疑いません）
  b. I was looking at ***her talking***.（私は彼女が話すのを見ていた）
  c. There is no hope of ***his passing*** the examination.
    （彼が試験に合格する見込みはない）
  d. ***Your being*** a Catholic doesn't matter.
    （あなたがカトリック教徒であることは問題ではありません）

次のように主語が目的格で表される場合もあります．目的格を用いるほうが口語的です．

(2) a. He is proud of ***his father being*** a rich man.
    （彼は父親が金持ちであることを自慢している）

第 5 章　動名詞節

- b. I have no objection to ***him going*** with us.
  （私は彼が我々と一緒に行くことに異論はありません）
- c. You don't mind ***me being*** like this?
  （私がこんなふうであることが嫌ではありませんか）
- d. Nowadays, people are not surprised at ***women doing*** a variety of "men's work." （今日では人々は女性がさまざまな「男仕事」をすることに驚きません）

動名詞の主語が無生物であるときには，目的格が好まれます．

(3) a. Mother complained of ***the kitchen being*** too small.
    （母は台所が狭すぎると不平を言った）
- b. Is there anything wonderful about ***the bird flying***?
    （鳥が飛ぶことに何か不思議なことがありますか）

主語が示されていない場合には**意味上の主語**があります．意味上の主語は一般の人々を指す場合と文中の主語あるいは目的語を指す場合があります．

(a) 意味上の主語が一般の人々を表す場合

(4) a. ***Collecting stamps*** is a nice hobby.
    （切手収集はよい趣味です）
- b. ***Writing well*** is more difficult than ***writing readily***.
    （上手に書くことは筆まめに書くよりもむずかしい）
- c. ***Writing about literature*** has nothing to do with ***liking it***.
    （文学について書くことは文学が好きであることとは無関係である）

(b) 意味上の主語が指すものが文中にある場合

(5) a. She suddenly stopped [△ ***singing***] and jumped to her feet.
    （△ = she）（彼女は突然歌うのを止めてさっと立ち上がった）
- b. I don't like [△ ***being*** a burden on people like this]. （△ = I）
    （私はこのように人々の負担になるのを好みません）
- c. He blamed me for [△ ***neglecting*** to write]. （△ = me）
    （彼は手紙を書かなかったといって私を責めた）
- d. They accused him of [△ ***stealing*** a watch]. （△ = him）
    （彼らは時計を盗んだ罪で彼を告訴した）

(5a, b) では動名詞節の主語は主文の主語を指します．(5c, d) では目的語を指します．これは主動詞の意味から容易に分かります．

3. 動名詞節の否定

動名詞節では否定語の not や never を動名詞形（-ing 形）の直前におきます．

(1) a. He scolded me for ***not cleaning*** my room.
   （彼は部屋を掃除しないことで私を叱った）
   b. Being healthy is more than a question of ***not being*** ill.
   （健康であるということは病気ではないという問題にとどまらない）
   c. ***A mother not being*** understood by her child is particularly sad.
   （母親が子どもに理解されないことは特にさみしいことです）

4. 動名詞節の「時」の表し方

動名詞節は主動詞の表す「時」における出来事や事実，一般的事柄を表します．それより以前の事柄を表すためには**完了形の動名詞形**を用います．動名詞節の完了形は，文脈によって，過去，現在完了，過去完了に対応します．

(1) a. He is sorry for ***having been*** idle.
   (＝He is sorry that he *was* or *has been* idle.)
   （彼は怠けたことを（これまで怠けていたことを）後悔している）
   b. He was sorry for ***having been*** idle in his youth.
   (＝He was sorry that he *had been* idle in his youth.)
   （彼は若い頃怠けていたことを後悔した）

前後関係から過去の事象であることが明瞭である場合には完了形を用いずに単純形を用いることがあります．

(2) a. I remember ***meeting*** him in Sendai.
   （仙台で彼に会ったのを覚えている）
   b. I'll never forget ***seeing*** him with tears in his eyes.
   （彼が眼に涙を浮かべていたのを見たことを決して忘れないでしょう）
   c. He was accused of ***stealing*** a purse.

(彼は財布を盗んだ罪で告発された)

これらの例では過去のことを表していますが，完了形よりも単純形のほうが好まれます．

5. 名詞的動名詞

これまで動詞と名詞の性質を合わせ持つ動名詞（これを動詞的動名詞と呼びましょう）について見ましたが，名詞的性質だけをもつ名詞的動名詞もあります．2つの動名詞を比較してみましょう．

(1) Chris's *quickly* writing up the paper surprised everybody.
［動詞的動名詞］
(2) Chris's *quick* writing *up* of the paper surprised everybody.
［名詞的動名詞］

動詞的動名詞 (1) では副詞による修飾や直接に目的語をとることなどの動詞的性質が見られますが，名詞的動名詞 (2) では形容詞による修飾や目的語を of によって示すなどの名詞的性質が見られます．次の例に示すように，動名詞に冠詞が付いた表現もありさらに一層名詞的になっているものもあります．

(3) a. ***The shooting of tigers*** is illegal. (トラの狩猟は違法です)
   b. He was waked by ***a constant knocking on his door***.
   (彼は執拗なドアのノックによって目を覚まされた)

名詞化が進むと抽象名詞になり，さらに進むと普通名詞の用法になります．

(4) 抽象名詞：learning（学問），reading（読書），writing（著述，習字），painting（画法）
(5) 普通名詞：a drawing（スケッチ，図面），a painting（絵画），a building（建物）

練習問題1　日本語に直しなさい．
1. They don't mind mixing with others of a lower class. [mix with（交わる）]
2. His hunger-strike resulted in his falling coma.
   [hunger-strike（ハンスト），fall coma（昏睡状態に陥る）]
3. You stop leaving doors open behind you as you come into the house.
   [leave doors open（ドアを開け放したままにしておく）]
4. It originally appeared in the magazine before being made into a book in 1975. [be made into a book（本として作られる）]

練習問題2　口頭で英語に直しなさい．
1. 彼女と一緒に行くのはいやではありません．(mind)
2. 彼がそんな金持ちだとは気がつきませんでした．(be aware of)
3. それについて不平を言うのはやめなさい．(complain about)
4. 私は叔父さんの家で彼に会ったのを覚えている．(at my uncle's)
5. これが私が日記を書き始めた理由です．(the reason for)

さらなる情報

《実　例》

1. I like *taking* my clothes off in the sun.
   （太陽のもとでは衣服を脱ぐ（裸になる）のが好きだ）
2. "Stop *telling* me reasons why it can't be done," the Prince thundered.
   （「それができなかった理由を並べ立てるのはいいかんげんにしろ」と王子はどなった）
3. Would you mind *telling* me what wages you paid him?
   （彼にどれ位の賃金を払ったか教えていただけませんか）
4. I still got a bit of coffee left after I finished *eating* the doughnut, so I sip it slow to make it last.（ドーナッツを食べ終わった後でまだコーヒーを少し残していたので，ゆっくりとすすって長持ちさせた）[last（持ちこたえる）]
5. He spent the rest of the holiday *writing* articles or reviews for publication.（彼は休暇の残りを出版用の論文や書評を書くのに費やした）

【解 答】

練習問題1　1. 彼らは下層階級の（他の）人々と交わるのをいといません．
2. ハンストの結果彼は昏睡状態に陥った．
3. 家に入るときに（後ろで）ドアを開け放したままにしないように．
4. それはもとは雑誌に掲載されていて1975年に一冊の本にまとめられた．

練習問題2　1. I don't mind going with her.
2. I wasn't aware of his/him being such a rich man.
3. Stop complaining about it.
4. I remember meeting/seeing him at my uncle's.
5. This is the reason for my starting a diary.

第6章 分詞節

〈教　材〉
　Toward this buoy the two lads made their way, ***the old gunner's son taking*** the lead; but when they were within about sixty yards of the buoy, the other boy shot ahead and promised to win the race. ("An Adventure with a Shark")
　（このブイに向かって2人の若者が進んでいったが，老砲手の息子のほうが先に進んでいた．しかし彼らがブイからほぼ60ヤード以内に来たとき，もう一方がさっと追い抜いて競争に勝ちそうであった）[gunner (砲手), shoot ahead (さっと追い越す), promise to do (する見込みがある)]

〈授業内容〉
① 分詞節は動詞の時制要素の代わりに現在分詞語尾 -ing が用いられたもの．
② 分詞節に主語がないとき意味上の主語は主文の主語と同じである．
③ 分詞節と主節の意味関係は両者の意味から推測される．

1. 分詞節の基本形

　これは従来分詞構文と呼ばれていたものですが，分詞を中心とする節ですから分詞節と呼ぶことにします．that 節と比較してみましょう．

(1)　[that [John *start* + *-ed* soon]]　　[that 節]
(2)　[*John start* + *-ing* soon]　　　　[分詞節]

that 節の start + ed の -ed の代わりに分詞を表す -ing が用いられます．主語は主格のままです．これが分詞節の基本形です．主語が主節の主語と同じときには省略されます．したがって，分詞節には次の2つの形があります．

(3)　a.　主語（主格）+動詞+ -ing　（基本形）　　（*John starting* soon, …）
　　 b.　△+動詞+ -ing　（△=意味上の主語）　　（△ *starting* soon, John …）

　分詞節と主節の意味関係は両者の意味から推測され，「～なので」「～しながら」「～するとき」「～ならば」「～だけれども」「そして～」などの意味関係があります．分詞節が生じる位置は文頭が一番多いのですが，文中，文尾にも現

れます．分詞節は書き言葉で多く用いられ，口語的ではありません．また，常に副詞節による書き換えができるわけではないことにも注意しましょう．分詞節の特徴は，むしろ，副詞節と異なり意味関係を明確にしないでおく点にあると考えられます．

2. 分詞節の主語

(a) 主語をもつ場合

主節の主語と分詞節の主語が異なる場合，分詞節はそれ自身の主語をもちます．

(1) a. ***School being*** over, *the pupils* hurried home.
   （学校が終わったので，生徒たちは急いで家に帰っていった）
   b. ***Night coming*** on, *we* started for home.
   （夜が迫ってきたので，我々は家路についた）
   c. ***This being*** the case, *there* is no hope of agreement.
   （このような状況なので，合意の見込みはありません）
   d. *Nick* was seated in the stern of the boat, ***his father rowing***.
   （ニックはボートのへさきに座っていて，父親が漕いだ）

このような主節と異なる主語をもつ分詞節はそれほど一般的ではなく，主語のない形が圧倒的に多く用いられます．

(b) 主語がない場合

分詞節の主語が主節の主語と同じときには省略されます．

(2) a. [△ ***Being*** sick], *I* was absent from school yesterday.
   （病気だったので，昨日は学校を休んだ）
   b. [△ ***Shaking*** his head], *he* said, "It isn't enough."
   （首を振りながら，「それでは十分ではないよ」と彼は言った）
   c. [△ ***Walking*** along the street], *I* met an old friend of mine.
   （通りを歩いていると，旧友に出会った）
   d. *He* said good-bye to her, [△ gently ***kissing*** her on the forehead].
   （彼は彼女にさよならと言って，額にやさしくキスした）

分詞節では，意味上の主語は主節主語と同じであるというのが原則です．した

がって，次の (3) は誤りで (4) のように言わなければなりません．

(3) **Having answered* the first question, *the second question* must now be answered.

(4) *Having answered* the first question, *I* must now answer the second question.
（第一の質問に答えたので，今度は第二の質問に答えなければならない）

(3) は「分詞節の主語は主節の主語と同じである」という原則に従って，意味上の主語が the second question と解釈されて意味をなしません．この内容を正しい文で表すと (4) となり，分詞節の意味上の主語は「私」となります．

しかしこの主語の原則も一定の慣用表現では守られません．

(5) a. ***Considering*** his age, he is very active.
（歳のわりには彼はとても活動的です）
b. ***Strictly speaking***, the subject belongs to literature.
（厳密に言えば，この題目は文学に属します）

これらの表現の分詞節の意味上の主語は，主節の主語ではなく一般の人々です．このような慣用表現には次のものがあります．

judging from （〜から判断すると），speaking/talking of （〜について言えば），putting it simply （簡単に言えば），granting (that to be true) （〜であると認めるとして），taking 〜 into consideration （〜を考慮に入れると）

3. being の省略

分詞節の being は省略されることがあります．そうすると，分詞節には形容詞や過去分詞や名詞しか残こらないので，それが分詞節であることを見極めることが大切です．

(1) a. (*Being*) ***Tired*** from hard work, he fell into a deep sleep.
（重労働に疲れて，彼は深い眠りについた）
b. (*Being*) ***Shocked*** at the scene, he ran away.
（その場面（現場）にショックを受けて，彼は逃げ出した）
c. (*Being*) ***A brave soldier***, he was not afraid at all.
（勇敢な兵士だったので，彼はまったく動じなかった）

第 6 章　分詞節

    d. Children in Japan eat very little bread, (*being*) **compared** with children in many other industrial countries. (日本の子どもは，多くの他の産業国の子どもと比較して，ほとんどパンを食べない)
    e. ***School*** (*being*) ***over***, they hurried home.
       (学校が終わって，彼らは家路を急いだ)

4. 分詞節の否定

分詞節では否定の not, never は分詞の直前に置かれます．

(1) a. ***Not knowing*** what to do, he kept silent.
       (どうしていいか分からなかったので，黙っていた)
   b. ***Not wanting*** to be alone on that night, I asked him to come to my house.
       (その夜は独りでいたくなかったので，私は彼に家に来るように頼んだ)

5. 分詞節の「時」の表し方

分詞節の表す「時」は主節の「時」と同じです．

(1) a. ***Living*** in the heart of a mountain, he rarely *has* visitors.
       (= As he lives in the heart of a mountain. [主節と同じ「現在時」])
       (山奥に住んでいるので，彼には訪問客はほとんどない)
   b. ***Living*** in the heart of a mountain, he rarely *had* visitors.
       (= As he lived in the heart of a mountain. [主節と同じ「過去時」])
       (山奥に住んでいたので，彼には訪問客はほとんどなかった)

主節の「時」よりも「前の時」(過去) を表すのには**完了分詞形**を用います．

(2) a. ***Having been born*** after the war, I know very little about it.
       (= As I was born after the war)
       (戦争後に生まれたので，戦争についてはほとんど知らない)
   b. ***Having done*** what I can do, I am quite satisfied.
       (= As I did what I can do)
       (できることはすべてしたので，今はまったく満足している)

完了分詞形は現在完了，過去完了に対応することもあります．

(3) a. ***Having decided*** what you want to do, you should do it right away. (= If you have decided what you want to do)
（したいことが決まったなら，すぐにしたほうがよい）
b. ***Having done*** all I could, I quietly waited for the result.
(= As I had done all I could)
（できることはすべてし終えていたので，静かに結果を待っていた）

6. 分詞節の表す意味

分詞節は，時，理由，条件，譲歩，付帯状況などを表しますが，これらの意味は分詞節と主節の意味関係から決まるのであって，分詞節自体にこのような意味があるのではありません．したがって，意味があいまいになる場合もあり，口語ではあまり用いられません．代表的な意味をあげておきましょう．

(1) 時（～するとき，～して）
Hearing my son scream, I rushed into the room.
（息子が叫ぶのを聞いて，部屋に飛び込んだ）
(2) 理由（～なので）
Being written in an easy style, this book is easy for beginners to read. （やさしい文体で書いてあるので，この本は初学者にとって読みやすい）
(3) 条件（～ならば）
Putting it the other way, it is something like this.
（それを言い換えるならば，このようになります）
(4) 譲歩（～だとしても）
Granting what you said to be true, I don't want to believe it.
（君の言ったことが正しいと認めるとしても，私はそれを信じたくない）
(5) 付帯状況（～しながら）
"Sorry I'm late," he said, ***shaking*** hands with me.
（私と握手をしながら「遅れてすまない」と彼は言った）
(6) 接続的（そして～，一方～）
Many languages play an international role, English perhaps ***being*** the best example of this at the moment. （多くの言語が国際的役割を果たしている，そして英語はおそらく現時点ではその最もよい例でしょう）

分詞節を when, if, as, and などで書き換える練習がありますが，分詞節はそれ独自の微妙な意味をもっていて，本来書き換えるのは不適切であると考えられます．また，常に書き換えが可能なのでもありません．

7. 付帯状況を表す with

分詞節には付帯状況を表す用法がありますが，これと同様の働きをする表現に付帯状況を表す **with** があります．

(1)　The boys were listening to him *with* [$_{Sn}$*their eyes wide open*].
（少年たちは目を大きく見開いて彼の話を聞いていた）

これは分詞節に with を付加して付帯状況の意味であることを明確化した表現であると考えることもできます．with [$_{Sn}$NP XP] の形をしていて，NP と XP の間に主部・述部関係があり（cf. their eyes are wide open），文（小さな節）を構成しています．

(2)　a.　He sat *with his legs crossed*. (cf. with his legs being crossed)
　　　（彼は足を組んで座っていた）
　　b.　I saw a man *with a scar on his cheek*. (cf. with a scar being on his cheek)（私はほほに切り傷のある男を見た）
　　c.　The dog was standing there *with his long tail almost touching the ground*.
　　　（犬は長い尾をほとんど地面に着くようにたらしてそこに立っていた）
　　d.　Jazz is spontaneous and free-form, *with the musicians improvising* as they went along, like the funeral marching bands.（ジャズは自発的で形式が自由で，葬列の楽隊に見られるように，楽師が行進しながら即興で演奏する）[improvise（即興で演奏する）]

[練習問題]　日本語に直しなさい．
1.　The book, having been written in haste, has many faults. [in haste（急いで），fault（誤り）]
2.　David was on his back wondering whether she could sleep. [on one's back（あお向けに）]
3.　At the same time, the environment will steadily grow worse, thus being

able to support fewer and fewer people. [steadily (どんどん), support (養う)]
4. He was quite happy at home, listening to his favorite music and reading books.
5. The ship was moving fast toward the shore with its light flashing. [flash (点滅する)]

さらなる情報

1. 分詞節の最も厄介な点は解釈にあると思われる．時や理由や譲歩などのように明確に区別できる場合もあるが，そうでない場合も多い．したがって，分詞節を接続詞を用いて書き直させるような授業活動は勧められない．分詞節と主節の意味関係から両者の関係が直感的に理解できればよい．分詞節は文語的であって口語的ではない．したがって，あるレベルまでは，解釈できればよく活用できる段階にまで達する必要はない．

2. 分詞節が when とか while を伴っているように見える場合があるが，これらは when 節や while 節で「主語＋be 動詞」が省略されたものであって，分詞節に接続詞が補われたものではない．

(1) a. *When going* to Nagoya, I became ill. (When I was going to Nagoya,) (名古屋に行く途中で，私は病気になった)
   b. *While obviously pleased* with the new job, he doesn't like it. (While he is obviously pleased with the new job,)
   (彼は明らかに新しい仕事に喜んでいるが，その仕事を好きではない)

3. 付帯状況を表す with は「主部＋述部」つまり節をもつと教える．単に付帯状況を表すとして意味だけを教えるのでは不十分である．主部述部関係があることを教えておきたい．

(2) a. It is rude to speak *with your pipe in your mouth*. (with your pipe (being) in your mouth) (パイプを口にくわえたままで話すのは行儀がわるい)
   b. He was walking *with one shoe off*. (with one shoe (being) off)
   (彼は片方の靴が脱げたままで歩いていた)

第 6 章　分詞節

【解　答】

練習問題　1.　その本は急いで書かれたので間違いが多い．
2.　デービッドは彼女は眠れるかしらと思いながらあお向けに寝ころんでいた．
3.　同時に，環境がどんどん悪化して，養うことのできる人の数がだんだん減っていくだろう．
4.　お気に入りの音楽を聴いたり本を読んだりして，彼は家ではとても楽しかった．
5.　船はライトを点滅させながら速い速度で岸に向かって移動していた．

第7章　関係節

〈教　材〉
But first he covered a small spot of the fence with *a white, silken carpet that* he wove from *a web which* he drew from his under lip.
(“The Caterpillar and Butterfly”：チョウの幼虫の話)
(しかしまず彼（芋虫）は垣根の小さな一点を下唇から引き出す蜘蛛糸で織った白い絹のような敷物で覆った)

〈授業内容〉
① 関係節は関係代名詞の移動によって形成される．
② 関係節の要点：(1) 先行詞は何か，(2) 関係代名詞のもと位置（空所）はどこか．
③ 制限関係節と非制限関係節の区別

1. 関係節の成り立ち

関係節の解釈において最も重要なことは次の2点です．

(1) a. 先行詞は何か．
　　b. 関係代名詞のもとの位置はどこか（空所はどこか）．

この点を理解する最もよい方法は関係節の成り立ちを理解することです．次の日本語を考えてみましょう．

(2) 太郎が私にリンゴをくれた．そのリンゴは美味しかった．

この2つの文を結合して1つの文にすると，次のようになります．

(3) ［太郎が私に∧くれた］リンゴは美味しかった．

この文では前文の「太郎が私にリンゴをくれた」の「リンゴ」のところが空所（∧で示してあります）になっていて，この空所はリンゴに対応しています．この空所からリンゴが「くれた」の目的語であることが理解できます．このリンゴが**先行詞**と呼ばれるもので，**先行詞は必ず関係節の中の空所に対応してい**

ます．(「先行詞」という名称は英語を例として付けられたものです．日本語では先行詞が後にくるので「先行詞」の名称は不適切ですが，そのまま使用することにします)

これを英語の例で見ましょう．

(4) Taro gave me an apple. The apple was delicious.

この2つの文を関係代名詞を用いて結合してみましょう．英語では日本語と異なり関係節は先行詞の後にきます．

(5) a. The apple [$_{Sn}$Taro gave me an apple] was delicious.
　　　　　↓　　　　　　　　〈an apple を which に変える〉
　　b. The apple [$_{Sn}$Taro gave me *which*] was delicious.
　　　　　↓　　　　　　　　〈which を節の先頭に移動する〉
　　c. The apple [$_{Sn}$*which* Taro gave me ∧] was delicious.

関係節の中に先行詞と同じ apple があります（冠詞の違いは無視します）．それを関係代名詞の which に変え，関係節の先頭に移動します．これが関係節形成の操作のすべてです．この操作から，先行詞と関係節は（通例）隣接していること，関係節の中には必ず先行詞に対応する空所があること，が分かります．日本語と英語で違う点は，語順を別にすれば，英語には関係代名詞があるのに対して，日本語にはそのような要素がないことだけです．

2. 関係代名詞の種類

関係代名詞は先行詞と関係節を「関係」づける役割をします．そしてある名詞の「代わり」をするので，**関係代名詞**と呼びます．関係代名詞はどのような名詞の代用になるかによって形が異なります．

(1) 　代用される名詞　　　　主格　　　所有格　　　目的格
　　a. 人　　　　　　　　　**who**　　**whose**　　**who**(m)
　　b. もの・動物　　　　　**which**　**whose**　　**which**
　　　　　　　　　　　　　　　　　　　of which
　　c. もの・動物・人　　　**that**　　_____　　　**that**

(2) 　主格：the student ***who*** wrote a good report（よいレポートを書いた学生）
　　所有格：the student ***whose*** father is dead（父親を亡くした学生）

目的格：the student ***who*(*m*)** I praised（私がほめた学生）
(3) 主格：the house ***which*** was built 25 years ago（25年前に建てられた家）
所有格：the house ***of which*** roof（***whose*** roof）is broken（屋根が壊れている家）［ものが先行詞の時には whose よりも of which のほうが好まれる］
目的格：the house ***which*** they repaired（彼らが修理した家）
(4) 主格：the person ***that*** knows me well（私をよく知っている人）
目的格：the person ***that*** I know well（私がよく知っている人）

[練習問題1] 関係代名詞を用いて右の文を左の文に組み込みなさい．
1. Mr. B is the man.　The man taught me English.
2. I should like to read a book.　The book is both easy and interesting.
3. This is the book.　I want the book.
4. The dog is called 'Fido.'　The child has the dog in his hands.
5. I know the gentleman.　His daughter is my classmate.
6. The student is the best in the class.　You are correcting his composition.

3.　関係代名詞の長距離移動

　先行詞と関係代名詞は通例隣接していますから先行詞を見つけるのは比較的簡単です．しかし関係代名詞のもとの位置（空所）は離れたところにあるので，その位置を見つけ出すためには基本語順の正確な知識が必要です．

(1) a.　The best thing ***that*** I can *say about* these ideas is that …
　　　（私がこれらの考え方について言える最善のこと）［say something about］
　　b.　The fact ***which*** I *thought to be* very funny …
　　　（私が大変奇妙だと思った事実）［I thought the fact to be very funny］
　　c.　We have all had the experience of having an idea ***which*** we *find difficult* to express in words.（我々はみな言葉では表しがたい考えをもつという経験をしたことがあります）［find the idea difficult to express in words］

　これらの文を正確に理解するためには，say something about, think NP to be, find NP AP のように，それぞれの動詞がもつ基本語順を理解しておく必要が

あります．

　これらの例では空所が比較的近くにありますが，空所がもっと遠い位置にある場合もあります．

(2) a.　[$_{Sn1}$ 太郎が [$_{Sn2}$ 次郎が花子に ∧ 送った] と思っている] <u>プレゼント</u>
　　b.　[$_{Sn1}$ 太郎が [$_{Sn2}$ ∧ 花子にプレゼントを送った] と思っている] <u>男の子</u>

これらの例では，空所が先行詞に隣接する節（Sn1）にあるのではなく，より深く埋め込まれた節（Sn2）の中にあります．これに対応する英語を見ましょう．

(3) a.　the present [$_{Sn1}$ ***which*** Taro thinks [$_{Sn2}$ that Jiro sent ∧ to Hanako]]
　　b.　the boy [$_{Sn1}$ ***who*** Taro thinks [$_{Sn2}$ ∧ sent the present to Hanako]]

関係代名詞の which, who は隣接する節（Sn1）より遠くにある節（Sn2）の中から移動しています．(3a) では send A to B の基本型の A が欠けていることから sent の直後に空所があることが分かります．(3b) では文には必ず主語があることから，Sn2 の主語の位置に空所があることが分かります．実例を見ましょう．

(4) a.　They are criticizing decisions ***that*** they think are wrong.（彼らは彼らが間違っていると考えている決定を批判している）［they think <u>the decisions</u> are wrong］
　　b.　I encouraged the student to ask questions about something ***that*** he thinks is important.（私は学生が重要と考えていることについて質問をするように励ました）［he thinks <u>something</u> is important］
　　c.　He arranged these meanings in the order ***which*** he thinks will be of great help to those who use the dictionary.（彼はその辞書を使う人に非常に役立つと彼が考える順番にこれらの意味を配列した）［he thinks <u>the order</u> will be of great help］

このように関係節の空所がどこにあるかを正しく捉えることが解釈を行う上で重要です．

[練習問題2] 関係代名詞を用いて右の文を左の文に組み込みなさい．

1. I was looking for a friend of mine. I believed the friend was among the crowd.
2. The student has failed. I had supposed the student would pass the examination.
3. These are the sentences. I found the sentences difficult to understand.
4. The lady was accompanied by an old man. I thought the old man to be her father.

4. 関係代名詞の省略

　関係節は関係代名詞の存在によって認識されますが，その関係代名詞が省略されることがあります．どのような場合に省略されるのか知っておかないと，関係節を正しく認識できないことになります．まず，目的格の関係代名詞は省略可能です．

(1) a. This is the book (***which/that***) I want.（これが私がほしい本です）
    b. The man (***whom***) I talked with is my music teacher.
      （私が話していた人は音楽の先生です）
    c. Is there anything (***that***) I can do?（何か私にできることがありますか）

これらの関係代名詞は動詞や前置詞の目的語であるので目的格です．したがって省略できます．これに対して，主格や所有格の関係代名詞，前置詞を伴っている関係代名詞（前置詞＋関係代名詞）は省略できません．

　しかしながら，主格の関係代名詞でも省略可能な場合があります．それは関係代名詞の直後に「主語＋動詞」がある場合です．

(2) a. She is talking about something ***which*** is very important.［省略不可］
    b. She is talking about something (***which***) *she thinks* is very important.［省略可］

(2a) の which は主格なので省略できません．(2b) の which の元位置は she thinks which is very important ですから which は主格です．しかし省略可能です．(2a) と (2b) で違う点は，(2b) では関係代名詞の直後に「主語＋動詞」(she thinks) がある点です．このことから，関係代名詞の主格でもその後に

「主語＋動詞」がくると省略可能であることが分かります．

(3) a. Dentists have welcomed the trend *they say* can benefit the state of children's teeth.（歯科医は子どもの歯の状態によい効果をもたらすと彼らが述べているその動向を歓迎している）[trend（動向），benefit（益する）]
  b. We continue to find microbes living in places *we didn't think* could support life.（我々は我々が生命を維持できないと思っていた場所に微生物が生きているのをいくつも発見しています）[microbe（微生物），support life（生命を維持する）]

(3a) では they say which can benefit, (3b) では we didn't think which could support life の位置から移動しているので関係代名詞は主格です．しかし移動した関係代名詞の直後に they say, we didn't think のように「主語＋動詞」がありますから，主格であるにもかかわらず省略可能です．

　目的格の関係代名詞は常にその直後に「主語＋動詞」がきます．そして主格の関係代名詞が省略できるのも直後に「主語＋動詞」があるときです．したがって，関係代名詞の省略はそれが目的格か主格かとは無関係に「**関係代名詞の直後に「主語＋動詞」がある時には省略可能である**」ということができます．なお，非制限的関係節では関係代名詞はいかなる場合にも省略できません．

[練習問題3]　省略できる関係代名詞を指摘しなさい．
1. Is this the man whom you want to hire?
2. The man to whom I introduced you is a friend of mine.
3. Chess is a game which I am very fond of.
4. He spends all that he earns.
5. There is a man at the door who wants to speak to you.
6. We have learned some things that we believe are very important in learning language.

5. 関係節の移動

　先行詞と関係節は隣接しているのが基本ですが，関係節が移動して先行詞に隣接しない場合があります．

(1) a. *A man* walked into the room **who** I don't know.

（私の知らない男が部屋に入ってきた）
- b. There are *strange rumors* being spread today ***which*** many people believe. （多くの人々が信じている奇妙なうわさが最近広まっている）
- c. *Many local dialects* have developed ***whose*** speakers can hardly understand each other. （多くの方言が発達し，その話者はお互いの言うことをほとんど理解できない）

このような例では先行詞と関係節の関係を正しく捉えることが必要です．

6. 前置詞を伴う関係代名詞

〈教材〉

She (the guide) told us, "Look out to the window, and you will see *a view of the countryside **from which*** the Brontë Sisters took their inspiration. If you walk into the hills you will see a lot of views that correspond with scenes in many of the Brontë works." ("Literature and the Brontë Sisters")

（ガイドは次のように話した「窓の外をご覧になると，ブロンテ姉妹が着想を得た田園風景がご覧になれます．丘に登るとブロンテ作品の多くに出てくる景色に一致するたくさんの風景をご覧になれます」）

次の（1）の2つの文を関係代名詞で結合すると，関係代名詞だけが移動している（2a）と「前置詞＋関係代名詞」が移動している（2b）の2つの文ができます．

(1) a. This is the book.
　　b. I told you about the book the other day.
(2) a. This is the book ***which*** I told you ***about*** the other day.
　　b. This is the book ***about which*** I told you the other day.

前置詞がもとの位置に残っている（2a）は口語的で，「前置詞＋関係代名詞」が移動している（2b）は文語的です．

しかしながら，どちらか一方の形しか許されない場合もあります．look for, look at, deal with のように「動詞＋前置詞」の結合が強い場合には，前置詞はもとの位置に残ります．

(3) a. This is the child (***whom***) we have been looking ***for***.
（これが我々がずっと探していた子どもです）
b. The girl (***whom***) he was looking ***at*** ran away.
（彼が見ていた女の子は逃げ出した）
c. Do you know the girl (***whom***) my son is in love ***with***?
（息子が恋している女の子を知っていますか）

反対に，in the circumstance, for the purpose のように「前置詞＋名詞」の結合が強い場合には前置詞は関係代名詞とともに前置されます．

(4) a. I like the circumstance ***in which*** we live.（住んでいる環境が好きです）
b. The purpose ***for which*** people travel to Hon Kong is shopping.
（人々が香港に旅行する目的はショッピングです）

なお，that では「前置詞＋関係代名詞」の形が許されないので，前置詞は後ろに残ります（→「さらなる情報」2.（p. 54））．

(5) a. The camel ***that*** Ali was so fond ***of*** had been bought by his father.
b. The camel ***of which*** Ali was so fond had been bought by his father.
（アリがとても好きなそのラクダは父が買ったものだった）

|練習問題4| 関係代名詞を用いて右の文を左の文に組み込みなさい．
1. I bought the house. He lived in the house.
2. The person is not here. You spoke of the person.
3. There is not a single sentence. I do not know the meaning of the sentence.
4. Tennis is an amusement. I am particularly fond of the amusement.

7. 非制限用法

〈教　材〉

The widow and her children were taken under the especial care of the emperor, and a brilliant career was opened up for *the boys*, ***who*** had inherited all their father's bravery as well as their mother's gentle nature.

("An Emperor's Kindness")

(未亡人と子供達は陛下の特別なご加護のもとに置かれ，その男の子達には明るい前途が開かれた．というのも，その男の子達は母親の優しい性質に加えて父の勇敢さをすべて引き継いでいたからである）[who = because they の関係にあり，非制限用法が理由を表している]

〈授業内容〉
① 制限関係節と非制限関係節の区別（制限的と付加的の区別）
② 非制限関係節の特徴（関係代名詞の省略不可，先行詞と隣接，文を先行詞にできる）

7.1. 二種類の関係節

関係節には，名詞を修飾し限定する役目をする**制限関係節**と，情報や説明を付け加える働きをする**非制限関係節**があります．

(1) We want to hire a man *who* understands English well. [制限関係節]
（我々は英語がよく分かる人を雇いたい）
(2) We'll hire Mr. A, *who* understands English well. [非制限関係節]
（我々は A さんを雇いますが，それは彼が英語がよく分かるからです）

(1) では，雇いたい人を「英語のよく分かる」人に限定してそれ以外の人を除いて制限しています．つまり，a man（ある人）と a man who understand English well（英語のよく分かる人）はまったく別の人を指します．これに対して，(2) では Mr. A と Mr. A, who understands English well は同一人物を指し，関係節を除いても指し示す人は変わりません．つまり，この関係節は A 氏を同名の他の A 氏から区別しているのではなく，単に A 氏について付加的情報を加えているに過ぎません．非制限用法は，先行詞と関係節の間が必ずコンマで区切られていることから，書き言葉ではすぐに判別できます．制限関係節と異なる点は，関係代名詞を省略できないこと，先行詞と必ず隣接していること，文を先行詞にできることです．関係節の作り方は制限関係節の場合と同じです．

7.2. 非制限関係節の表す意味

非制限関係節は先行詞についてさらに補足的説明を加える働きをします．補足内容は文脈により「そして」「というのは」「だけれども」「しかし」など多様です．

(1) a. I met Mr. Smith, ***who*** told me the news. ［and の意味］
(私はスミスさんに会い，そして彼がその知らせを私に伝えてくれた)

   b. I shall employ Mr. Smith, ***who*** is a good speaker of French.
   ［for の意味］(私はスミス氏を雇うことにする，というのはフランス語が上手いからだ)

   c. I went to see Mr. Carter, ***who*** was not at home. ［but の意味］
   (私はカーターさんに会いに行ったが，留守でした)

   d. He fired his old servant, ***who*** had always been faithful to him.
   ［although の意味］(彼は老僕を解雇した，いつも忠実に仕えていたにもかかわらず)

7.3. 関係代名詞が他の要素を伴う場合

制限関係節の場合と同様に関係代名詞が前置詞や他の要素を伴う場合があります．

(1) a. his view, ***according to which*** the aim of science is not to provide explanations of nature's regularities (科学の目的は自然の規則性を説明することではないという彼の見解)

   b. He wanted to show me his own poetry, ***with which*** he had filled several notebooks. (彼は自分自身の詩歌を私に見せたい言ったが，その詩歌で数冊のノートが埋め尽くされていた)

(2) a. The horses, ***most of which*** did not belong to her, had to be moved to a farm.
   (その馬のほとんどは彼女の所有ではなかったが，農場に移動させる必要があった)

   b. His successes and failures are now collected on 200 video tapes, ***some of which*** have been shown on television. (彼の成功と失敗は今や200本のビデオテープに収められていて，その中の数本はテレビで放映されたことがある)

7.4. 文を先行詞とする場合

非制限用法は文を先行詞とすることができます．制限関係節にはこの用法はありません．

(1) a. Some people believe that *pencils contain lead*, ***which*** is not the

case.（鉛筆に鉛が含まれていると思っている人がいるが，それは正しくありません）［lead（鉛）］
   b. *The economy of Europe was becoming capitalistic*, **which** meant a good trend.（ヨーロッパの経済は資本主義になりつつあって，それはよい傾向を意味していた）
   c. I tried *not to think about it*, **which** is the only thing to do in such a situation.（私はそれについて考えないようにした，そのような状況ではそれしかできない）

(1a) の先行詞は that 節，(1b) の先行詞は主文全体，(1c) の先行詞は not to think about it の不定詞節です．

さらなる情報

1. 2つの関係節形成法

関係節形成の方法は，繰り上げ方式と照合方式の2つがある．照合方式はここで用いた伝統的な関係代名詞の移動による分析である．繰り上げ方式とは，関係節の中から名詞を繰り上げて先行詞を作り出す方法である．

(1) a.　　　　　　　　I bought a book yesterday.
   b.　　　　a book I bought yesterday
   c.　This is a book I bought yesterday.

しかしこの方式を学習文法の関係節の説明に用いることは不適切である．というのは，先行詞の繰り上げ操作は学習者にとってはほとんど馴染みのない操作だからである．これに対して，照合方式による関係代名詞の移動操作は疑問文の形成において学習者にはすでに馴染み深いものである．さらに関係代名詞の移動による方法には，もと位置の概念，空所の概念，文連結の概念を直感的に捉えることができる利点がある．したがって，関係節の指導には伝統的照合理論が最も適している．

2. 関係代名詞 that の性質の由来

関係代名詞の that と wh 関係詞の間にはいくつかの違いがあるが，それは that がもともと接続詞であったことに由来する．関係代名詞の *that* には次の

特徴がある.

 (2) a. that は「前置詞 + that」の形で用いることはできない.
   b. that には所有格の用法がない.
   c. that には先行詞の制限がない.
   d. that には非制限用法がない.
   e. that は the same watch that … のような相関関係を表す表現で用いられる.

これらの性質は that がもとは接続詞であったことの帰結として生じる性質である.

 現代英語では関係代名詞と接続詞の 2 つが同時に現れることはないが,古い英語では (3) のように関係代名詞と接続詞がともに生じていた.(副詞節でも when that ~, after that ~ となっていて,when や after が接続詞の役割を担うようになった後に that が省略されて現代に至っている)

 (3) This is the house [*which* [*that* John lives in ∧]].

この構造では,which が先行詞との関係およびもと位置との関係を表し,that は接続詞として文連結の働きをしていた.しかし which が先行詞との連結およびもと位置との関係を表しているとすると,文連結としての接続詞 that はもはや不必要である.そこで,that が省略されて (4) が得られる.

 (4) This is the house [*which* [John lives in ∧]].

 一方,先行詞ともと位置の関係が空所によって表され,文連結の関係が接続詞 that によって表されるとすれば,接続詞 that を先行詞と空所の関係を表す関係詞の代用と見なすのは自然なことである.そこで,which を省略して,that にその代用としての機能を認める変化が生じる.その結果 (5) の構造が得られる.

 (5) This is the house [*that* [John lives in ∧]].

節の接続関係を表す語は 1 つしか許されないという歴史上の構造変化と上記の役割分担によって,本来接続詞であった that が関係代名詞の機能を担うようになった.このことが明らかになれば,(2) で述べた that の特性は当然の帰結として説明できる.

(2) a. that は「前置詞＋that」の形で用いることはできない：そもそも移動に関わらないので，移動に関する随伴（前置詞を伴うこと）の現象は生じない．
　　 b. that には所有格の用法がない：本来接続詞だから．
　　 c. that には先行詞の制限がない：本来接続詞だから先行詞の区別をしない．
　　 d. that には非制限用法がない：本来接触接続詞だから接触関係のみに用いられる．
　　 e. that は the same watch that … のような相関関係を表す表現で用いられる：so … that などに見られるように接続詞 that には相関関係を表す機能があるから．

3. 関係節と冠詞

　関係代名詞と冠詞の関係については複雑な問題もあるが，ここでは学習文法の視点から必要と思われる点を整理しておく．
　まず，冠詞の用法を次のように規定する．

(1) a. **the＋名詞**：それが指すものが唯一的に決定できる．つまり，聞き手にも話し手にもそれが指し示すものがわかる．
　　 b. **a(n)＋名詞**：あるものの存在を表す．聞き手にはそれが指し示すものは分からないが，話し手には①特定のものを頭に描いている場合と②不特定である場合がある．

不定冠詞 a(n) の例を見ておこう．

(2)　John wants to have *a car*.
　　　　（ジョンはある特定の車を欲しがっている）［特定的解釈］
　　　　（ジョンは車が欲しい）［非特定的解釈］

「特定的」とは話者が a car が表す特定の車を知っているということである．非特定的とは，車であればどれでもよいという意味である．これを前提に関係節と冠詞の関係を見よう．

(**a**)　先行詞に the がつく場合と a(n) がつく場合の意味の相違
　関係節の先行詞に the がつく場合と a(n) がつく場合では意味が異なる．

(3) a. I saw *a man* Tom told me about.

b. I saw ***the* man** Tom told me about.

(3a) では不定冠詞が用いられているので，「あなたは知らない人ですが，トムが話してくれたある人が存在し，その人に会いました」という意味で，聞き手にとっては新情報である．話者から見ると，実際にその人に会っているので，a man は特定的である．

(3b) では定冠詞が用いられているので，the man が指し示す人について聞き手は知っていると話者は考えている．「あなたもご存知のあの人に会いましたが，その人についてトムが私に話をしてくれました」という意味である．この場合，the man は既知事項であるので，関係節はこれをさらに限定していると言うよりも，the man についてさらに叙述を加えて対象を明確化する機能を果たしている．

(**b**) 後方照応

(3b) の the にはもう 1 つ後方照応の用法がある．後方照応とは後ろに限定を表す修飾要素がくることをあらかじめ予告する機能をもち，その限定によってそれが何を指すかを唯一的に決定できる用法である．この場合，定冠詞が用いられているけれども，聞き手にとっては既知情報ではなく新情報である．つまり，the man のみでは聞き手にとって情報が不十分であって，関係節の情報が加えられて初めて聞き手は唯一的にその人を特定できるのである．(3b) の the が後方照応の場合，the man Tom told me about は「トムが私に話してくれた特定の人が存在する」ことを表している．これは聞き手にとっては既知情報ではなく新情報である．これに対して，a man Tom told me about は関係節で表されるような人が存在すると言っているにすぎない．一般に，制限的関係節が付くと先行詞には the が付く，というような誤解があるようであるが，この後方照応の用法を直感的に述べているのかもしれない．次の例が後方照応の the の典型例である．

(4) a. ***the* wines** *of France*（（包括的に）フランス産のワイン）
(cf. some wines of France（フランス産ワインの一部））
b. ***the* people** *who predicted a warm winter*（暖冬を予想した人々に限定）
(cf. some people who predicted a warm winter（暖冬を予想した人々の存在））
c. ***the* fact** *that people with the disease now survive longer*
（その病気をもっていても今やこれまでよりも長く生きられるという事実）

(4a) の the wines はそれまでの談話からではどのワインを指しているのか不明であるが，直後に of France という限定があることによって，それが示すものが特定化される．(4b) でも the people がどのような人々を指すのかはそれまでの談話からは分からないが，関係節によって限定されることによってその人々が特定化される．(4c) の the fact だけではどのような事実かは聞き手には分からないが，直後の that 節によりその内容が明らかになり，the fact が特定化される．

次の例は冠詞と関係節の意味内容との間に強い相互関係があることを表している．

(5) a. He greeted me with warmth.
  b. He greeted me with *a* warmth *that was puzzling*.
  c. He greeted me with *the* warmth *that was expected*.

warmth は抽象名詞であるので，通例は冠詞なして用いられるが，(5b) のように「不可解である」のような特定化しにくい内容の関係節が付くと，そのような warmth の存在を表すために不定冠詞が用いられる．これに対して，(5c) の「期待通りの」のような特定化しやすい内容の関係節が付くと，warmth を特定化する定冠詞が用いられる．これも後方照応の例であり，話者は the を用いることによって聞き手がそれを特定化できると見なしている．

【解　答】

練習問題1　1. Mr. B is the man who taught me English.
2. I should like to read a book which is both easy and interesting.
3. This is the book which/that I want.
4. The dog that/which the child has in his hands is called 'Fido.'
5. I know the gentleman whose daughter is my classmate.
6. The student whose composition you are correcting is the best in the class.

練習問題2　1. I was looking for a friend of mine who I believed was among the crowd.
2. The student who I had supposed would pass the examination has failed.
3. These are the sentences which/that I found difficult to understand.
4. The lady was accompanied by an old man who I thought to be her father.

練習問題3　省略可能な文：1, 3, 4, 6

練習問題 4　1. I bought the house in which he lived/which he lived in.
2. The person who(m) you spoke of is not here./The person of whom you spoke is not here
3. There is not a single sentence of which I do not know the meaning/which I do not know the meaning of.
4. Tennis is an amusement of which I am particularly fond/which I am particularly fond of.

第8章　先行詞を含む関係代名詞

〈教　材〉
　Audrey Hepburn stopped making movies regularly in the late 1960s, although she did appear now and then after that. ***What*** occupied the last years of her life was her work for UNICEF.
　　　　　　　　　　　　　("Audrey Hepburn : Some Highlights of Her Career")
　(オードリー・ヘップバーンは 1960 年代後半には定期的に映画に出演することはやめていました，もっともその後時々は出演していましたが．彼女の生涯の最後の数年間は UNICEF のために働くことに費やされました)

〈授業内容〉
① what はその中に先行詞を含んでいて，that which ~ (〜するもの (こと))と all that ~ (〜するもの (こと) はすべて) の2つの意味をもつ．
② 普通の関係節と比較しながら説明し，what でも元位置の確認が必要であることを教える．

関係代名詞の中には先行詞を含んでいるものがあります．

　　what (= *that*/*all* which)　　***whatever*** (= *anything* that)
　　(***who*** = *one* who)　　***whoever*** (***whosever, whomever***) (= *anyone* who)
　　────　　　　　　　　　***whichever*** (= *anything* that)

what は「〜するもの」「〜するものはすべて」の意味を持ち，先行詞がその意味の中に含まれています．whatever は what の強意形で「〜するものはなんでも」の意味をもちます．ever は強意要素です．who にも単独で先行詞を含む用法がありますが，これは古い用法です．which にはそのような用法はありません．what, whatever の用法を習得すれば，whoever (〜する人はだれでも) も whichever (〜するものはどれ (どちら) でも) も同様に活用できます．

1．what

　what (= that which) はその中に先行詞を含む関係代名詞です．したがって

第8章 先行詞を含む関係代名詞

先行詞に相当するものがありませんが，文の先頭に移動している点は普通の関係代名詞と同じです．普通の関係節と比較してみましょう．

(1) a. Do you believe [*the story* [*which* he told you ∧]]?
       (あなたは彼があなたに話した話を信じますか)
    b. Do you believe [***what*** he told you ∧]? (あなたは彼があなたに話したことを信じますか) = Do you believe [*that* [*which* he told you ∧]]?

(1a) では先行詞から「彼があなたに話したもの」が the story であることが分かります．(1b) では先行詞がありませんが，what の元位置が told の直接目的語の位置であることから，what が指していることが「彼があなたに話した」ことであることが分かります．次の例を見ましょう．

(2) a. Choose ***what*** you think ∧ to be the best.
       (君が最もよいと思うものを選びなさい)
    b. This is ***what*** teachers consider ∧ to be needed for students.
       (これが教師が学生に必要であると考えていること（もの）です)

これらの例は「あなたが思うこと」「先生が考えていること」を意味しているのではありません．「ベストである（とあなたが思う）こと」「学生に必要である（と先生が考えている）こと」を意味しています．このことは what の元位置から分かります．このように what の元位置を知ることが正しい解釈のために必要です．

what には that which ～（～するもの（こと））の意味と all that ～（～するもの（こと）はすべて）の2つの意味がありますが，その区別が判然としない場合もあります．(3) は前者の意味の例，(4) は後者の意味の例です．

(3) a. He showed us ***what*** he had in his hand.
       (彼は手に持っているものを我々に見せてくれた)
    b. I'll tell you ***what*** I remember about my grandfather.
       (私が祖父について憶えていることをお話ししましょう)
    c. ***What*** he said may be more to the point.
       (彼が言ったことのほうがもっと要点をついているかもしれない)
    d. He is not ***what*** he used to be. (彼は昔の彼ではない)
    e. Why not pluck up the courage to do ***what*** you've always wanted?
       (これまでずっと望んでいたことを勇気をふるってやってみたらどうだい)

(4) a. He saves *what* he earns.（彼は稼いだものをすべて貯蓄する）
   b. Mind *what* your teacher tells you.
      （先生の言うことはなんでも聞きなさい）
   c. *What* is once done cannot be undone.
      （一度やったことはどんなことでも取り返しがつかない）
   d. If you don't make a will, then the distribution of *what* you possess when you die may not be as you would wish.
      （遺言を作成しないなら，君が亡くなったとき君の持っている全財産の配分は君が望んでいるようにはならないでしょう）

練習問題1　日本語に直しなさい．
1. He will help you draw accurately what you need to say.［draw（（言葉で）述べる）］
2. The doctor neither denies nor affirms what the patient is saying.［affirm（肯定する）］
3. I remember what you gave me, all that you gave me when I first met you at the house.［what には 2 つの意味があるので，正確を期して all that と言い換えている］
4. I can't say I would make big changes in what I am doing.［make a change（変更を加える）］
5. I respect him for what he is, not for what he has.［what he is（人柄）］

練習問題2　口頭で英語に直しなさい．
1. これが母が必要としているものです．
2. 君は私が言うことが分かりますか．
3. 医者は「あなたは好きなものを食べられますよ」と言った．
4. だれもが見るものを信じます．［everybody は they で受ける］
5. 彼が言ったことは本当に違いない．

2. whatever

what には「〜するもの（こと）」の意味と「〜するもの（こと）はすべて」の意味があることはすでに述べましたが，後者の意味を明確に表すときには whatever 〜（〜するもの（こと）はなんでも）を用います．これは what の強調形です．

(1) a. You may do *whatever* you like.
(好きなことはなんでもしてもよい)
b. I will do *whatever* you tell me to do.
(あなたがせよとおっしゃることはなんでもいたします)
c. *Whatever* is worth doing at all, is worth doing well.
(いやしくもなす価値があることはなんでも，よくなす価値がある（物事は中途半端でやめてはいけない））
d. He was not satisfied with the quality of *whatever* I had done.
(彼は私がなしたどんなことでもその質に満足しなかった)
e. At nine o'clock I went down to the station café to face *whatever* was going to happen.（何が起こってもそれに正面から立ち向かおうと，9時に駅のカフェに降りていった）

また，whatever には**譲歩の意味**を表す接続詞の用法があり「どんなこと（もの）が～であろうとも」の意味を表します．

(2) a. *Whatever* happens, don't rush those vital actions.
（どんなことがあっても，あのような性急な行動に走らないように）
b. 'You look lovely *whatever* you wear, Julia,' someone would say.
（「あなたは何を着ても可愛く見えるね，ジュリア」と誰かが言っていたものだ）
c. *Whatever* happens physically, I have always said that it was what happened mentally that mattered.（肉体的に何が起ころうとも，重要なのは精神的に何が起こったかであると常々私は言ってきた）

whatever が関係代名詞としても譲歩を表す副詞接続詞としても用いられる理由は，whatever が what＋ever の2つの要素の結合したものである点にあります．whatever の what が主要部とみなされると関係節となり，副詞要素の ever が主要部とみなされると副詞節となって譲歩の意味を表すわけです．これは whether が疑問詞として名詞節を導き，譲歩の意味では副詞節を導くのと同じです．whether は wh＋either と分析できます．wh- が主要部とみなされると疑問詞となり名詞節を導きます．一方，either が主要部とみなされると副詞節となって譲歩の意味を表します．

3. what の形容詞用法

what には形容詞の用法もあり,「～であるすべての …」(that … which, such … as, all the … that, any … that) の意味を表します.

(1) a. Give me *what books* you don't need.
   (君に不必要な本をすべて私にください)
   b. I gave him *what advice* I could.
   (私はできる限りの助言を彼に与えた)
   c. I used *what little strength* I had left.
   (残っているわずかな力をすべて振り絞った)
   d. *What little money* he had was spent on a record collection.
   (彼はもっていたわずかではあったがすべてのお金をレコード収集に使った)

(2) a. They distributed *what little food* there was to the refugees.
   (彼らは少ないながら残っていた食糧すべてを難民に配給した)
   b. He was going to spend *what money* you had managed to save on something else. (彼は君がどうにか貯めたお金をすべて何かほかの物に使うつもりでいた)

[練習問題3] 日本語に直しなさい.
1. It caused me to lose what little respect I had for him.
   [have respect for (～に対して尊敬の念をもつ)]
2. They were deprived of what little property they possessed.
   [deprive A of B (A から B を奪う), property (財産)]
3. What little knowledge of history I have tells me that every man has his price. [Every man has his price. (諺: どんな人間でも買収できる (結局人は金で動く))]

4. whoever, whichever

whoever (whosever, whomever) (＝anyone who) (～する人はだれでも) whichever (＝anything that) (～するものはどれ (どちら) でも) の使い方は whatever と同じです. これらには譲歩の意味もありますからその例もあげておきましょう.

(1) a. He helps ***whoever*** is in need of help.
　　　　（彼は助けを必要としてる人はだれでも助ける）
　　b. ***Whoever*** may object, I will do what I want to do.　［譲歩］
　　　　（だれが反対しようとも，私はしたいことをする）
(2) a. I am content to take ***whichever*** of these options you like.
　　　　（これらの選択肢の中から君が好きなどちらでも喜んでそれを選択します）
　　b. He will feel uncomfortable ***whichever*** option they follow.　［譲歩］
　　　　（彼らがどちらの選択肢に従うにせよ彼は不愉快に感じるでしょう）

さらなる情報

1. 先行詞を含む who

この who (= he who, those who) の用法は古い用法である．

(1) a. ***Who*** steals my purse steals trash.
　　　　（私の財布を盗む者はがらくたを盗むのも同然）［『マクベス』］
　　b. ***Whom*** the gods love die young.
　　　　（神が愛するものは若くして死ぬ（佳人薄命））

2. Reading is to the mind what food is to the body の構造

この文は次のようにして作られる．

(a) Food is *nourishment* to the body.（食べ物は身体への栄養である）
(b) Reading is *nourishment* to the mind.（読書は精神への栄養である）

(a) の nourishment を what に換えて文頭に移動すると what food is to the body ができる．これを (b) の nourishment に代入すると次の文が得られる．

(c) Reading is *what food is to the body* to the mind.

しかしこの文は不格好なので形を整えるために what food is to the body を文末に移動する．その結果が標題の文である．

(d) Reading is to the mind *what food is to the body*.

これをもっと一般的に図式化してみよう．

(e) A is to B what C is to D.

この文は次の2つの文から成り立っている.

- (f) A is something to B.
- (g) C is something to D. → *what* C is to D

(g) の something を関係詞 what に代えて文頭に移動すると what C is to D が得られる. これを (f) の A is something to B の something に代入すると次の構造が得られる.

- (h) A is *what C is to D* to B.

しかしこの構造は to D to B と重なって不格好であるので, what C is to D を文末に移動し, その結果 (e) の構造が得られる.

このように, A is to B [what C is to D] に移動が関わっていることは [what C is to D] が文末に移動した (1) の形だけでなく, 文頭に移動した (2) の形があることからも裏付けられる.

- (1) Reading is to the mind *what food is to the body*.
  (読書の精神に対する関係は, 食物の肉体に関する関係に等しい)
- (2) *What the blueprint is to the builder* the outline is to the writer.
  (作家にとって話の筋書きは, 建築家にとっての青写真のようなものだ)

3. what の疑問詞から関係代名詞への推移

関係代名詞の what が疑問詞の what と緊密な関係にあることは言うまでもないが, 次の例が疑問詞から関係代名詞への推移を表している.

- (a) He asked me what I wanted. [疑問詞]
  (何が欲しいかと彼は私に尋ねた)
- (b) He did not know what I wanted. [疑問詞とも関係代名詞ともとれる]
  (私が何が欲しいか (私が欲しいもの) を彼は知らなかった)
- (c) He gave me what I wanted. [関係代名詞]
  (私が欲しいものを彼は私にくれた)

第8章　先行詞を含む関係代名詞

【解　答】

練習問題1
1. 彼は君が言う必要のあることを正確に述べる手助けをしてくれるでしょう．
2. 医者は患者の言っていることを否定も肯定もしていない．
3. 初めてあの家で君にあったとき君が私にくれたもの，つまり私にくれたすべてのもの，を憶えている．
4. 今やっていることに大きな変更をいくつも加えるつもりだと言うことはできない．
5. 私は人柄から彼を尊敬しているのであって，財力から尊敬しているのではない．

練習問題2
1. This is what my mother needs.
2. Do you understand what I say?
3. The doctor said, "You can eat what (whatever) you like."
4. Everybody believes what they see.
5. What he said must be true.

練習問題3
1. そのことで私が彼に抱いていた少しばかりの尊敬の念をすべて失った．
2. 彼らは所有していた少しばかりの財産をすべて奪われた．
3. 私のもっている少しばかりの歴史の知識からどんな人間でも買収できると分かる．

第9章　関係副詞

関係副詞のまとめ

関係代名詞が名詞の代わりに用いられるように，関係副詞は副詞の代わりに用いられます．「時」に関しては when，「場所」に関しては where，「方法」に関しては how，「理由」に関しては why が用いられます．先行詞との関係は次のようになっています．

先行詞	関係副詞	代用される副詞要素
時 (time, day, year など)	when	at/in/on the time/day/year など
場所 (place, town など)	where	at/in the place など
方法 (way)	how	in the way
理由 (reason)	why	for the reason

That happened during *the time when* I was away.
(それは私が留守中に起こった)
We have arrived at *the place where* three roads meet.
(我々は3本の道が合流するところに到着した)
That is *the reason why* I came here two hours ahead of schedule.
(それが予定よりも2時間前に私がここにきた理由です)
This is *how* he did it. This is *the way* he did it. [the way how の言い方はない]（これが彼がそれをした方法です）

〈授業内容〉
① 関係副詞節の成り立ちを教える．
② 関係代名詞による表現との関係を知る．

第 9 章　関係副詞　　　　　　　　　　　　　　　　　　69

1. when

> 〈教　材〉
> For some time he (= the horse) was very unwilling to lose his companions; but ***the moment*** he was forced out of the corral his first idea was to gallop away; however, a timely jerk of the lasso checked him.
> 　　　　　　　　　　　　　　　　　　　("Wild Horses of South America")
> （しばらくの間その馬は仲間と離れるのをとてもいやがっていたが，囲いの外に無理やり連れ出されたとたんに，全力で逃げ出そうとした．しかしすかさず投げ縄の縄がぐいと引かれて引き留められてしまった）
> [the moment (= the moment when/that), corrall (柵囲い), jerk (ぐいと引くこと), lasso (投げ縄), check (を急に止める)]

1.1. when 節の成り立ち

関係副詞節を作る方法は関係代名詞の場合と同じです．

(1)　Do you know *the year **when*** World War II broke out ∧?
(2)　Do you know *the year* [＿＿ World War II broke out ***in the year***]?
　　　　　　　　　↑＿＿＿＿＿＿＿＿＿＿＿＿＿＿＿＿＿＿ *when*
(3)　Do you know *the year **in which*** World War II broke out?
　　　（君は第二次世界大戦が勃発した年を知っていますか）

(2) に示すように，先行詞 the year を含む副詞要素 (in the year) が関係副詞 when に代わり，文頭に移動して (1) が得られます．関係代名詞を用いると，in the year の the year が which で代用されて in which となり文頭に移動して (3) となります．文法書で when = in which と書いてあるのはこのためです．

1.2. when の用法

関係副詞には先行詞がある用法とない用法があります．

(**a**)　先行詞のある用法

(1)　a.　That's obviously ***the time when*** the baby's hungry.
　　　　（明らかに赤ん坊がお腹を空かしているときだ）

    b. He remembered ***the day when*** he had left Italy after a year in Rome.（彼はローマに一年滞在した後にイタリアを離れた日のことを思い出した）

    c. Memorial Day weekend is traditionally ***the first holiday of the year when*** New Yorkers take to the beaches and parks.（戦没将兵追悼記念日（5月の最終月曜日）の週末が伝統的にニューヨーカーがビーチや公園にでかける，年の最初の休日である）[take to（おもむく，行く）]

(b) 先行詞のない用法

    ① when（＝the time when）の中に先行詞が含まれて**名詞節**となる場合：関係代名詞の what と同じ性質．

(2) a. Sunday is ***when*** I am not so busy.［＝the time/day when］
（日曜日はそんなに忙しくない日です）

    b. I remember ***when*** she was young and beautiful.［＝the time when］
（私は彼女が若くて美しかった頃を憶えている）

    c. Looking back on ***when*** I was really young, around 1979, I was the most miserable I've ever been.［＝the time when］
（私が本当に若かった1979年頃を振り返って見ると，その頃がこれまでで最も惨めであった）

    ② when（＝at the time when）の中に at the time が含まれていて**副詞節**となる場合：普通の「時」の副詞節の場合でいろいろに訳せる．

(3) a. The news reached us ***when*** it was least expected.［＝at the time when］（その知らせはほとんど予期しないときに我々に届いた）

    b. My friend helped me with everyday chores like shopping and housework ***when*** I needed it.（私の友人は必要なときには（いつでも）買い物や家事のような日常の仕事を手伝ってくれた）

    c. I'll be in touch ***when*** I return.（戻ったら連絡します）

    d. Actually, ***when*** she's not there Margot calls her a fool.
（実は彼女がいないときにはマーゴットは彼女をばか呼ばわりしている）

    e. I had nearly got to the front door ***when*** Father appeared at the top of the stairs.（私がほとんど正面ドアにたどり着いたときに父が階段の最上段に現れた）

    f. Who will deal with my estate ***when*** I die?

(私が死んだら誰が家屋敷を処分するだろうか)

g. I bought an old desk at an auction and, ***when*** I got it home, found that the drawers had not been emptied by its previous owner. (オークションで古い机を買って家に持ち帰ったら，前の持ち主が引き出しを空にしていなかったことが分かった)

1.3. 叙述用法

when には叙述用法もあり，when = and then (そしてその時) の意味です．

(1) a. In the first week of June, ***when*** potatoes were a foot high, snow fell on the ground. (6月の第1週，そのころジャガイモはくるぶしの背丈になっていたのですが，地面に雪が積もったのです)

b. He had previously been arrested in May 1982, ***when*** he was editor-in-chief of the newspaper. (彼は以前1982年5月に逮捕されたことがあったが，そのとき彼は新聞の編集長であった)

c. We were sound asleep one night, ***when***, about two hours before day, the snorting of our horses and lowing of our cattle, which were ranging in the woods, suddenly awoke us. (我々がある夜熟睡していると，夜が明ける2時間ほど前に，森を歩き回っている馬のいななきやウシのモーという鳴き声で突然目が覚めた)

|練習問題1| 口頭で英語に直しなさい．
1. 月曜日が私が最も多忙な日です．(the day)
2. 私は運転免許証を取得した年を憶えている．(the year, driver's license)
3. 君は彼女が駅に到着する時間を知っていますか．(the time)
4. 寝室に入って行って，彼女は死体に気がついた．(the body, find)
5. 問題が起きたときにはできるだけ早く解決するのがよい．
   (at the time when, arise, should)

2. where

> 〈教　材〉
> The wolves, too intent upon their chase to see any thing else, went sweeping past ***the point where*** he had turned, and the next moment plunged through the broken ice into the water.　("An Adventure with Dusky Wolves")
> （オオカミたちは，追跡に夢中のあまりほかの物は見えなかったので，彼が方向を変えた地点をさっと通り過ぎて行って，次の瞬間には氷の割れ目から水の中へ落ち込んだ）[intent upon（に集中して），sweep（(場所を) さっと通り抜ける），plunge into（に飛び込む）]

2.1.　where 節の成り立ち

関係副詞節の成り立ちは関係代名詞の場合と同じです．

(1)　Put the book back *in the place **where*** you found it ∧.
(2)　Put the book back *in the place* [＿＿ you found it ***in the place***]?
　　　　　　　　　　　　　　　　↑＿＿＿＿＿＿＿＿＿*where*
(3)　Put the book back *in the place **in which*** you found it.
　　（その本を見つけた場所に戻して下さい）

副詞要素（in the place）が関係副詞 where に代わり，文頭に移動して (1) が得られます．関係代名詞を用いると，in the place の the place が which で代用されて in which となり文頭に移動して (3) が得られます．

2.2.　where の用法

関係副詞には先行詞がある用法とない用法があります．

(a)　先行詞のある用法

(1)　a.　This is *the house **where*** Miss White lives.
　　　　　（これがホワイトさんが住んでいる家です（ホワイトさんの住居です））
　　　b.　Is there *a store* near here ***where*** I can get some fruit?
　　　　　（この近くに果物を買える店がありますか）
(2)　a.　They walked back to *the place **where*** they had parked.
　　　　　（彼らは駐車した場所へ歩いて戻っていった）

- b. He was hoping that somebody would take him to *the place* **where** everybody else was.（彼はだれかが自分をほかのみんなのいる所に連れていってくれるといいと思っていた）
- c. I am lonely, away from friends and family and *the city* **where** I spent ten years of my life.（私は友人や家族それに10年間過ごした町を離れてひとりぼっちでいる）
- d. We went inside *the house* **where** the lamps were lit, the two boys following, not saying anything.（我々は灯りのついている家の中に入っていき，2人の少年が無言で後についてきた）
- e. In late May the zebra move to *the north of the park* **where** there is permanent water.（5月下旬にはシマウマは常に水がある（国立）公園の北部へ移動する）

(b) 先行詞のない用法

① where（＝the place where）の中に先行詞（the place）が含まれていて**名詞節**となる場合：多くの場合前置詞の目的語になっている．

(3)
- a. I can see the town airport from **where** I am.
（私がいるところから町の飛行場が見える）
- b. I came back to **where** she had been sitting.
（私は彼女がずっと座っていた場所に戻ってきた）
- c. Smoke alarms need to be close to **where** a fire is most likely to break out.（煙感知器は火災が最も起こりそうな場所の近くに置く必要がある）
- d. He pointed across the street to **where** a long, black, polished car had pulled up.（彼は通り越しに，長くて黒い磨きあげた車が止まっていたところを指さした）
- e. It was only a couple of miles away from **where** I lived but that's a long way when you're only 11. ［you は総称的で「だれでも」，訳さないのが普通］
（それは私が住んでいるところからほんの数マイル離れたところであったが，わずか11歳の子どもにとっては長い道のりである）
- f. This is **where** most of the problems lie.
（ほとんどの問題がここにある）

② where (= at the place where) に前置詞句 (at/to/in/etc. the place) が含まれていて**副詞節**となる場合：

(4) a. Put it *where* you found it. [at/in the place where]
（それを見つけたところに置いてください）

b. He wanted to stay *where* he was.
（彼は今いるところに留まりたいと望んだ）

c. Why can't you sit *where* you normally sit? [on/in the place]
（いつも座っているところに座ったらどうですか）

d. He wants to go *where* no one has gone before. [to the place where]
（彼はこれまでだれも行ったことがないところに行きたがっている）

e. I decided to stay *where* I was at the moment until things calmed down.（物事が静まるまで今いるところにじっとしていようと決心した）

f. Fruit bats are only able to live *where* fruit is available throughout the year.（オオコウモリは一年を通じて果物が得られるところでしか生きられない）

2.3. 叙述用法

where には叙述用法もあり，where = and there（そしてそこで）の意味です．

(1) a. Toward evening I reached the hotel, *where* I stayed overnight.
（夕方頃に私はホテルに着き，そこで一泊した）

b. The next day we arrived in Ankara, *where* we were interviewed on the radio.（次の日我々はアンカラに到着し，そこでラジオのインタビューを受けた）

c. Roth got to know Bellow in Chicago, *where* Roth worked as a university teacher.（ロスはシカゴでベロウと知り合いになったが，ロスはそこで大学の先生をしていた）

d. The tavern was a meeting place in the center of the town or village, *where* wine was normally served.（居酒屋は町あるいは村の中心に位置する集会所で，そこでは通常ワインが供されていた）

e. Rome, *where* I had spent so many happy days in the past, would be my final resting place.（ローマ，そこで私は過去にたくさんの楽しい日々を過ごしたのだが，そこが私の最終の地となるであろう）

f. My sister still lives in the small town, ***where*** she and I had grown up and where she and John had subsequently made their home.
（私の妹は今でもその小さな町に住んでいるが，そこで彼女と私は大きくなり，彼女とジョンはその後家庭を築いた）

|練習問題2| 口頭で英語に直しなさい．
1. その問題が生じているのはここだ．（This is where）
2. 君が今いるところに居てください．（stay）
3. 君が立っているところからあの赤い塔が見ますか．（from where）
4. 私はプラットフォームに戻っていったが，そこにはいくつかの売店があった．（where）
5. あの会議では私たちは座りたいところに座るのを許されませんでした．（be allowed to, where we want）

3. how

how が先行詞なしで用いられるとき，先行詞 the way を含んでいるので**名詞節**となります．how が先行詞 in the way を含んでいると副詞節になりますが，これはまれです．

(1) a. The things I like best about Marie are ***how*** she laughs and her hair.（マリーについて最も好きな点は笑い方と髪です）
   b. That was ***how*** she had been brought up.
   （そのように彼女は育てられたのでした）
   c. He has his right to live his own life ***how*** he wishes, even if it will damage his health. ［副詞節］
   （彼には彼の望み通りに生きる権利があります，たとえそれで彼の健康が害されようとも）

the way how はきわめてまれで用いられないと考えてよいでしょう．その代わりに関係節を用いた the way in which, the way that が用いられます．

(2) a. This is ***the way in which*** the glider is gaining height.
   （このようにしてグライダーは高度を得ているのです）
   b. The tenants were satisfied with ***the way in which*** their complaints

were handled.（借家人は彼らの苦情が処理されるやり方に満足していた）

  c. ***The way in which*** we behave may be powerfully influenced by mental processes to which we have no conscious access.（我々の行動様式は，意識的に知ることのできない心理過程に強く影響されているようだ）

(3) a. He described ***the way*** (***that***) the idea came to him.
（彼はそのアイディアが浮かんできた道筋を説明した）

  b. ***The way that*** people take their leisure has changed over the last twenty years.（人々がレジャーを過ごすやり方は過去 20 年間で変わってきた）

  c. This planning is being done in ***a way that*** it has never been done before.（この計画立案はこれまでになかったやり方で行われている）

練習問題3 口頭で英語に直しなさい．
1. 私はそのようにしてそれを成し遂げました．（That's how）
2. 私は彼女の服装にはあまり関心がなかった．（little, how she dressed）
3. 彼女は魚をさばいて塩漬けにする方法について話した．（the way that, you, cut and salt a fish）

4. why

　理由を表す節には the reason why, the reason, why の 3 つの型があります（the reason that については p. 79）．

(**a**) 先行詞のある用法：the reason why, the reason

(1) a. I can't explain ***the reason why*** I did it.
（私はそれをした理由を説明できない）

  b. ***The reason why*** she chose this school is very simple; it provides good education.（彼女がこの学校を選んだ理由は簡単です．よい教育をしているからです）

  c. There are three ***reasons why*** I have a dog inside my house.
（私が屋内で犬を飼っている理由が3つあります）

why が省略されて the reason だけになることもあります．

(2) a. ***The reason*** he slipped out of the meeting was to make a phone call to his wife.（彼がそっと会議を抜け出した理由は奥さんに電話をするためでした）

b. White knew ***the reason*** she couldn't tell any more about the matter.
（ホワイトは彼女がその件についてそれ以上話せない理由を知っていた）

c. ***The reason*** those products seem unappealing is that they are not visually attractive.（それらの製品が魅力的でないと思われている理由は，それらが視覚的に人を引きつけないことである）

(**b**) 先行詞のない用法：why は**名詞節**を作り，副詞節を作ることはない．

(3) a. We discuss ***why*** people like to think about the future.
（人々が未来について考えるのが好きである理由を我々は論じます）

b. I understand ***why*** hospitals want to cut down length of stay.
（病院が入院期間を切り詰めたいと考える理由は分かります）

c. These facts may help explain ***why*** dolphins possess such large brains.（これらの事実がイルカがあのように大きな脳をもつ理由を説明するのに役立つかもしれません）

|練習問題4|　口頭で英語に直しなさい．
1. こういうわけで今日学校に遅れました（これが私が今日学校に遅れた理由です）．(This is why)
2. 君がその問題を処理しなければならない理由はありません．(There is no ~, deal with)
3. 私は君がその概念を理解できない理由が分からない．(why, that concept)
4. 先生はその学生に英語が好きではない理由を尋ねた．(ask, the reason)
5. 私が彼を好きな理由は彼が正直だからです．(the reason why ... is that ...)

さらなる情報

1. 関係副詞の代用としての that

関係代名詞の that が which や who に取って代わることはあるが，at which, in which とか for which のように「前置詞＋関係代名詞」の代わりに用いられることはない．しかし関係副詞節では関係副詞の代わりに that が用いられることがある．これは，先行詞が明確に規定されているので，関係副詞の代わりに（本来接続詞である）that を用いても先行詞との関係性が見失われることがないからであると考えられる．つまり，the way *that* (= *in which*) や the reason *that* (= *for which*) では先行詞が固定しているので先行詞と節の関係を容易に理解できる．また，when や where の代わりに that が用いられるのは，when の先行詞が time, day, month, year のように明確であるとき，where の先行詞が place のように明確であるときに限られる．the way that の用例はすでにあげたので，そのほかの例をあげる．

(1) a. This is ***the place that*** we were born and raised.
(ここが我々が生まれ育ったところです)

b. If you would have told me that I'd be in ***the place that*** I am now, ...（もし君が私が今いるところにいるように言ってくれていたら，...)

(cf. She took me to ***the place that*** I always wanted to go to.（彼女は私がいつも行きたいと思っていた場所に私を連れていってくれた）文末に to があるので関係節)

(2) a. Graham and I predicted ***the time that*** this would happen.
（グラハムと私はこのことが起こる時刻を予測した）

b. Did you go over to the house between noon and ***the time that*** you picked the kids up?（あなたは正午と子どもを車で迎えに行く時刻の間にその家に行きましたか）

(3) a. ***The reason that*** I love the explanation is because it helps me understand better.（私がその説明を気に入っている理由はそれが私がよりよく理解するのに役立つからです）

b. They did not tell their employer that ***the reason that*** they were off sick was due to stress.（彼らは雇い主に病欠している理由がストレスによるものであることは話さなかった）

2. why について

This is why, This is the reason の表現のほうが This is the reason why よりも好まれる．また，The reason that ... is because ～ (...の理由は～だからだ) よりも The reason that ... is that ～ が好まれると言われている (p. 77 の (2c), p. 78 の (3a) を参照).

【解　答】

練習問題1　1. Monday is the day when I am busiest.
2. I remember the year when I got my driver's license.
3. Do you know the time when she will arrive at the station?
4. She found the body when she entered/went into the bedroom.
5. At the time when problems arise, you should solve them as soon as possible.

練習問題2　1. This is where the problem(s) arise(s).
2. Please stay where you are (now).
3. Can/Do you see that red tower from where you are standing?
4. I went back to the platform, where there were some shops.
5. At that meeting we were not allowed to sit where we want.

練習問題3　1. That's how I've done it.
2. I was little interested in how she dressed.
3. She talked about the way that you cut and salt a fish.

練習問題4　1. This is why I was late for school today.
2. There is no reason why you should deal with the problem(s).
3. I don't understand (the reason) why you can't understand that concept.
4. The teacher asked the student the reason (why) he does not like English.
5. The reason why I like him is that he is honest.

第10章 情報の流れと倒置

1. 情報の順序を整え，主語を強調する倒置

〈教　材〉

His room is on the second floor with one window looking out on the street. ***There is a door beside it*** leading up to the next room. ***Next to the door is a small table*** upon which are some thick books and letters.

（彼の部屋は2階にあり，通りに面した窓がひとつ付いている．その側には扉があって隣の部屋に通じている．その扉の近くに小さなテーブルがあり，その上に数冊の分厚い本と手紙がある）

〈授業内容〉
① 情報の流れは「旧情報」から「新情報」の順序が基本原則である．
② 情報の流れと there 構文の働き
③ 情報の流れと倒置の関係

(**a**)　there 構文の機能

　上記の文章は舞台のト書きです．観客に新しい場面を説明する文章ですから，新しい情報を導入する必要があります．door は初めて出てくる情報ですから新情報を表す不定冠詞が用いられています．もし *A door* is beside it. とすると，新情報が唐突に出てくるので聞き手は混乱します．そこで，新情報を導入する予備信号としての there を用いて，*There is a door* beside it. のように，新情報を提供することを聞き手に知らせます．このように，唐突に新情報を導入するのではなく，there を旧情報として情報の流れを旧・新の順序に整えるのが there 構文の役目です（→ Part II 第1章6節 (p. 269)）．

(**b**)　倒置の機能

　倒置の文 Next to the door is a small table では，この文の前に There is a door beside it とあり，それを受ける形で next to the door が文頭に前置されています．これを A small table is *next to the door* とすると，新情報から旧情報への流れとなり情報の原則に反します．そこで倒置によって旧情報 > 新

情報の原則に合わせています．これが倒置の機能です．その後の upon which are some thick books and letters でも，倒置を受けた *upon the small table are some thick books and letters* を関係詞で結んでいるので情報の流れの原則が守られています．倒置は「存在」や「出現」を表す動詞によく見られます．いくつかの例をあげましょう．

(1) a. ***On the opposite side*** *was a small bathroom and kitchen.*
（反対側には小さな浴室と台所があった）
b. ***Among the guests*** *were newlyweds Tony and Paula.*
（客の中には新婚のトニーとポーラがいた）［以上 be 動詞］

(2) a. ***Next to us*** *sat a man and his two children.*
（我々の隣には男の人とその2人の息子が座っていた）
b. ***On the opposite side of the road*** *stands a man with binoculars.*
（道路の反対側には双眼鏡をもった人が立っている）［以上「存在」を表す動詞］

(3) a. ***Behind the tree*** *came out a grey thing.*
（木の後ろから灰色のものが出てきた）
b. ***Over the hill*** *came flying a dark object.*
（丘の向こうから黒い物体が飛んできた）
c. ***From the other end of the road*** *appeared a big truck.*
（道路の反対の端から大きなトラックが現れた）［以上「出現」を表す動詞］

次の文を比較してみましょう．

(4) a. Prince Charles was among the guests at his son's enthronement in April.
b. ***Among the guests*** *was Prince Charles* at his son's enthronement in April.

この文の Prince Charles も among the guests も旧情報です．(4a) は通常の語順で，単に「(4月の息子の爵位授与式のとき) チャールズ皇太子が来賓の中にいた」と言っていますが，倒置文では後置された主語に重点が置かれ「来賓の中にはあの（お騒がせの）チャールズ皇太子がいた」という感じで Prince Charles に重点が置かれます．このように，倒置には旧情報を文頭に移動して**情報の流れを整える機能**と**主語を後に置いて目立たせる機能**があります．

2. up, down, away, here などの副詞要素の前置に伴う倒置

〈教　材〉

Then ***up she went*** through the chimney,	（すると女はスルリと煙突に入って行った）
Never speaking a word,	（一言もいわずに）
And out of the top flew a woodpecker,	（やがて天辺から一羽のキツツキが飛び出した）
For she was changed to a bird.	（彼女は鳥にされてしまったのだ）
	("A Legend of the Northland")

　up she went は she went up の up を前置したものですが，up を前置することによって訳文の「スルリと」とか「さっと」の感じが出る点に注意しましょう．何でもない表現ですが，このような**副詞の前置（に伴う倒置）は躍動的な生き生きとした表現**になることを知ることが大切です．倒置が起こるのは主語が名詞の場合に限られ，代名詞の場合には起こりません．

(1) a. ***Away*** *ran John*. ***Away*** he ran.
　　　（ジョン（彼）はさっさと逃げ出した）
　b. ***Up*** *flew the kite* in the blue sky. ***Up*** it flew in the blue sky.
　　　（凧は青空にさっと舞い上って行った）
　c. ***Here*** *comes the bus*. ***Here*** it comes.
　　　（ほらバスがきた）
　d. ***Down*** *trotted the horse* on the road. ***Down*** it trotted on the road.
　　　（馬はカッカッカと道路を早足で走っていった）

練習問題1　日本語に直しなさい．

　To go through the door to the back kitchen you had to take three steps down and immediately to the left was a black door to the garden. Next to the door was a small window that nevertheless boasted sixteen panes.
　［nevertheless（それにもかかわらず），boast（誇る），pane（窓ガラス）］

練習問題2　口頭で英語に直しなさい．
　1. 反対側には大きな工場が建っていました．（on the opposite side）

2.　私の隣にはボーイフレンドが座っていた．(next to me)
3.　木の天辺に一羽のカラスがとまっている．(at the top, crow)

さらなる情報

倒置を単に語順の転倒と教えたり学んだりするのではなく，倒置の機能を十分に理解することが必要である．

倒置の種類
(1)　疑問文における倒置：Where *did you* go?
(2)　前置詞句の前置による倒置：情報の流れを整える，後置した主語に重点を置く．
(3)　up, down などの副詞の前置に伴う倒置：生き生きとした躍動感を与える．
(4)　否定辞前置による倒置：否定辞の強調（→第 14 章 3 節（p. 129））．
(5)　補語や副詞の前置による倒置：前置された要素を強調．
　　Blessed are the pure in heart. ［補語による倒置］
　　（幸いなるかな心の清き者）
　　***Well* *do* I** remember it. ［副詞による倒置］
　　（よく私はそれを憶えている）
　　So uneasy *did she* feel at her boy's absence that she almost forgot her own pain. ［補語による倒置］
　　（自分の子どもがいないことをとても心配して彼女は自分自身の痛みをほとんど忘れていた）
(6)　倒置に見えるが補語と主語が入れ替わっている場合：述語が主題となり，主語が強調される．
　　More important would be a solution for the environment problems.
　　（さらに重要なことは環境問題に対する解決案でしょう）
　　← [A solution for the environment problems] would be [more important].
(7)　if 節の if の省略に伴う倒置：***Had I*** told you … = *If I had* told you …
(8)　祈願文：***Long*** *live the king*!（国王万歳）

【解　答】

練習問題1　1.　ドアを通って後ろの台所に行くためには階段を3段下りなければならなかった，そしてすぐ左側には庭に通じる黒いドアがあった．そのドアの隣に小さな窓があり，小さいわりには16枚のガラスがはまっていた（を誇っていた）．

練習問題2　1.　On the opposite side stood a big factory.
2.　Next to me sat my boyfriend.
3.　At the top of the tree (there) is a crow.

第 11 章　受動文

〈教　材〉
I ran to the house, told my wife to dress herself and the child as quickly as possible, and take the little money we had, while I managed to catch and saddle two of the best horses. ***All this was done*** in a very short time, for I felt that every moment was precious to us.　　　　("A Forest on Fire")
（私は家に走って行って，妻にできるだけ早く着物を着て子どもにも着物を着せ，わずかばかりであるが有り金をもって行くように命じた．一方，私は最上の馬 2 頭をなんとか捕らえて鞍を着け終えた．どの一刻も我々にとってはとても大切だと感じたので，これらのことはすべてきわめて迅速に済ませた）［受動態を用いて，人よりも行為の結果に重点を置いている］

〈授業内容〉
① 受動文の作り方の原則：動詞の直後の名詞句が主語になる．
② 受動文の使われる理由：(a) 受動文の主語に注意（視点）を置く場合
　　　　　　　　　　　　(b) 主語を換えて談話の流れをよくする場合
　　　　　　　　　　　　(c) 能動文の主語が不明であるか，文脈から明白である場合

受動文の主語となるのは能動文の動詞の直後の名詞句であるという規則性を理解させる．
受動文はその使用理由を理解することが必須である．単に能動文と受動文の変換規則を教えるのではなく，能動文に加えてどうして受動文という表現形式が存在するのか，受動文の使われる理由を説明する．

1.　受動文の成り立ち：受動文と能動文の関係

「招待する」という事柄について述べるのに，次の 2 通りの言い方ができます．

(1) a.　ジョンはメアリーを**招待した**．　　John ***invited*** Mary.
　　b.　メアリーはジョンに**招待された**．　Mary ***was invited by*** John.

この2つの文はほぼ同じ意味ですが，能動文は行為を行う側（行為者）に視点を置いた表現であるのに対して，受動文は行為を受ける側に視点を置いた表現です．(1a)はジョン（John）についての記述であるのに対して，(1b)はメアリー（Mary）についての記述です．日本語と英語を比較すると，能動文から受動文への変換には同じ操作が関わっていることが分かります．

(2) a. 目的語のメアリー（Mary）が文の主語になる（主語位置へ移動する）．
    b. 能動文の主語ジョン（John）が受動文では「に（by）」で示される．
    c. 動詞に「られ（be ~ed）」がついて「招待される（*be* invit*ed*）」の形になる．

このことから日本語でも英語でも同じ操作が働いていることが分かります．

(3) a. <u>メアリーが</u>ジョンに ∧ 招待された． <u>Mary</u> *was invited* ∧ *by* John.

受動文への変換で最も重要な点は，動詞の直後の名詞句が主語位置へ移動することです．主語位置へ移動される要素は，文型にかかわりなく，動詞の直後の名詞句です．

(4) 受動文の原則：受動文の主語となるのは，能動文の**動詞の直後の名詞句**である．

受動文では by 句が一般の人々を表すときや文脈から明らかなときには省略されます．次の文では by them/people や by us が省略されています．

(5) a. English *is spoken* in Canada too. (*People* speak English in Canada too.) （英語はカナダでも話されている）
    b. Trump *was elected* President of the United States of America. (*They* elected Trump President of the United States of America) （トランプが合衆国大統領に選出された）
    c. Something must *be done* in such a situation. (*We* must do something in such a situation.) （そのような状況では何かがなされねばならない）

2. 受動文が用いられる理由

　能動文と受動文はほぼ同じ意味ですが，それぞれが使用される文脈に違いがあります．受動文が用いられるのは次のような場合です．

(**a**)　能動文の主語よりも受動文の主語に注意（視点）が置かれる場合

(1) a. *The man **was struck by** lightning.*　(*Lightning* struck the man.)
　　　（その人が雷に打たれた）　　　　　　（雷がその人を打った）
　 b. *The child **was run over by** a car.*　(*A car* ran over the child.)
　　　（子どもが車にひかれた）　　　　　　（車が子どもをひいた）

これらの文では，受動文を用いることによって，能動文の主語よりも受動文の主語により注意を向けています．

(**b**)　主語を揃えて談話の流れをよくする場合
　次の例では，受動文によって主語を揃えて談話の流れを整えています．

(2) a. There are countless stars in the universe. Some of them ***are circled by*** a number of planets. (A number of planets circle some of them.)
　　　（宇宙には無数の星がある．そのいくつかにはたくさんの惑星が回っている）
　 b. He stood up to speak, and ***was listened to*** enthusiastically ***by*** the crowd. (The crowd listened to him enthusiastically.) ［listen to で単一の動詞とみなす］
　　　（彼は立ち上がって話をし，聴衆に熱心に耳を傾けられた）

(2a) では There are countless stars in the universe. によって stars が談話に導入され，これが話題となっています．それに続く文で，話題を統一するために some of them are circled by a number of planets と受動文を用いています．もし能動文の a number of planets circle some of them を用いると，話題の stars と異なる planets が主語（話題）になり談話の流れが乱れます．一方，受動文を用いて some of them を主語に置くと，話題が stars に統一されて談話の流れがスムーズになります．(2b) でも同様で括弧内の能動文を用いると，前文の主語 he と異なる the crowd を主語に用いることになり談話の流れがスムーズに進まないことになります．

(c) 能動文の主語が不明であるか，文脈から明白である場合

次の (3a, b) では能動文の主語を特定できません．したがって能動文を用いることはできません．(3c) では動作主は文脈から明らかですが，特定することは困難です．

(3) a. A great number of Japanese people *were killed* in World War II.
（第二次世界大戦で非常に多くの日本人が亡くなった）
b. The ship *was wrecked* somewhere in Japan Sea two years ago.
（その船は 2 年前に日本海のどこかで難破した）
c. English *is used* as an international language.
（英語は国際語として用いられている）

3. 様々な文型の受動文

受動文の主語になるのは能動文の動詞の直後の名詞句です．この原則は文型を問わず守られます．

3.1. V+NP$_1$+NP$_2$ 型の受身文

動詞の直後の NP$_1$ が受動文の主語になります．

(1) a. He *was* offered a good position. (They offered him a good position.)［二重目的語］（彼はよい地位を提供された）
b. The baby *was named* Johnson. (They named the baby Johnson)
［name タイプ］（その赤ちゃんはジョンソンと命名された）
c. He *is considered* a gentleman. (They consider him a gentleman.)
［consider タイプ］（彼は紳士だと考えられている）

動詞の後に 2 つの名詞句がありますが，動詞の直後の名詞句 NP$_1$ が受動文の主語になります．（二重目的語の場合，A good position was offered him. のように NP$_2$ が受動文の主語になることもまれにありますが，一般的ではありません．このような場合には NP$_1$ が必ず代名詞で offer him が 1 つの複合動詞とみなされ，その直後の名詞句が受動文の主語になっていると考えられます）

3.2. V+NP+XP 型の受動文

動詞の直後の NP が受動文の主語になります．

(1) a. The president presented the car to the winner.
     The car *was presented* to the winner by the president. ［V + NP + PP の受動文］（その車が会長によって勝者に贈呈された）
  b. They made the table clean.
     The table *was made* clean. ［V + NP + AP の受動文］
     （テーブルがきれいにされた）
  c. We saw the girl cross the bridge.
     The girl *was seen to* cross the bridge. ［V + NP + VP の受動文］
     （女の子が橋を横切るのが見られた）［注意：知覚動詞や使役動詞は能動文では to なしの不定詞をとりますが，受動文になると to が生じます］
  d. We persuaded the man to get out of the room.
     The man *was persuaded* to get out of the room. ［V + NP + to VP の受動形］（その人は部屋から出て行くように説得された）
  e. They tell me that there is nothing wrong in doing it.
     I *am told* that there is nothing wrong in doing it. ［V + NP + that 節の受動形］（それをするのに何ら間違ったところはないと私は聞いている）

3.3. V + PP の受動文

次の文では「動詞＋前置詞」が 1 つの動詞と見なされて［動詞＋前置詞］＋ NP の構造となり，その直後の名詞句が受動文の主語になっています．

(1) a. John *was laughed at* by everybody.（ジョンはだれもに笑われた）
  b. The doctor *was sent for*.（医者が呼びにやられた）
  c. The missing book *was looked for*.（その紛失した本が探された）
  d. He *is looked upon* as quite a rich man.
     （彼は大金持ちだと見なされている）

laugh at John → [laugh at] John となっていて，動詞の直後の名詞句が主語に移動するという原則は守られています．このように用いられる表現に次のものがあります．

> look to (the matter)（注意を向ける），attend to (the business)（精を出す），look after (the children)（世話をする），wonder at (his learning)（感嘆する），stare at (the man)（凝視する），speak about (something)（について話す），wait for (you)（を待つ），reply/depend on (him)（を頼りにする），

hear of (him) (のうわさを聞く), object to (the plan) (に反対する), ask about (the matter) (について問う), talk about (him) (について話す), think of (that) (について考える), speak well/ill of (others) (をよく／悪く言う), put up with (something) (を我慢する)

3.4. It is believed/expected/said that 節

この受動文の作り方を示しましょう．

(1) a. They believe that some of them are circled by a number of planets.
↓　　　　　　　　［動詞の直後の that 節を主語位置に移動］
b. That some of them are circled by a number of planets *is believed* (by them).
↓　　　　　　　　　　　　　　　　　　　　［*it ... that* の形式に変換］
c. *It is believed* that some of them are circled by a number of planets.

(1a) の受動文は (1b) となりますが主語が長くて不安定な文なので, 形式主語を用いた it ... that の形式に整えたのが (1c) です．この型の受動文は形式的な表現で書き言葉で用いられ口語的ではありません．口語では They/People believe/expect/say の表現を用います．

(2) a. *It was expected* that he would accept the offer.
（彼がその申し出を受け容れるであろうと期待された）
b. *It was said* that he had formerly been a teacher.
（彼は以前先生をしていたと言われていた）
c. *It is known* that she is a good tennis player.
（彼女は優秀なテニス選手であることが知られている）
d. *It was decided* that we should wait for them until dark.
（我々は暗くなるまで彼らを待つのがよいとの決定がなされた）

これらの例では that 節が受動文の主語になっているので, 受動文の原則を次のように拡張する必要があります．

(3) 受動文の原則：受動文の主語となるのは, 能動文の**動詞の直後の名詞句**と **that 節**である．

3.5. John is believed/expected/said to 不定詞

〈教　材〉

There is a "black jaguar," which *is thought to be* of a different species. It is larger and fiercer than the other kinds, and is found only in South America. This animal is more dreaded by the inhabitants than the other kinds and *is said* always *to attack* man wherever it may encounter him. ("The Jaguar")
(「黒ジャガー」というのがいて，これは異なる種であると考えられている．それは他の種類よりも大きくてどう猛であり，南アメリカだけに生息している．これは他の種類よりも住民に恐れられていて，どこで出くわしても必ず人間を襲ってくると言われている）

不定詞節をとる believe タイプの動詞の受動文は，受動文の原則に従って動詞の直後の名詞句を主語位置に移動して作られます．

(a)　believe タイプの動詞：

(1) a. People believe the rumor to be true.
　　b. The rumor *is believed to* be true. (そのうわさは本当だと信じられている)
(2) a. They consider him to be a genius.
　　b. He *is considered to* be a genius. (彼は天才だと考えられている)
(3) a. We expected Mary to accept the invitation to the party.
　　b. Mary *was expected to* accept the invitation to the party.
　　　（メアリーはパーティーの招待を受けると期待されていた）

believe タイプの動詞の能動文と受動文をまとめると次のようになります．

(4) a. They believe that he is an honest man. →　受動文
　　　It is believed that he is an honest man.
　　b. They believe him to be an honest man. →　受動文
　　　He *is believed to* be an honest man.

(b)　say タイプの動詞：

(5) a. They assert him to be guilty.
　　b. He *is asserted to* be guilty.
　　　（彼は有罪であると断言されている）

(6) a. They declare the meeting to be official.
　　b. The meeting *is declared to* be official.
　　　（その会議は公式なものであると宣言されている）
(7) a. They report him to have died subsequently.
　　b. He *is reported to* have died subsequently.
　　　（彼はその後亡くなったと報告されている）

say タイプの動詞の中で最も一般的な say は不定詞節をとる用法をもちません．したがって，that 節を不定詞節に変える操作を受けた後で受動化が適用されると考えられます．

(8) a. They say that Mr. Watkins is keener on education than energy.
　　　　　　　↓　［that 節を不定詞節に変換］
　　b. They say Mr. Watkins to be keener on education than energy.［正しくない文］
　　　　　　　↓　［受動文に変換］
　　c. Mr. Watkins *is said to* be keener on education than energy.
　　　（ワトキンズ氏はエネルギー問題よりも教育に熱心だと言われている）
(9) a. The dolphin *is said to* have saved the lives of people from a capsized boat.
　　　（イルカが転覆したボートから人々の命を救ったと言うことです）
　　b. The church *was said to* be 700 years old when it fell in 1897.
　　　（1897年に倒壊した時点で教会は 700 年経っていたと言うことだった）

say タイプの動詞の能動文と受動文をまとめると次のようになります．

(10) a. They assert that he is guilty. → *It is asserted* that he is guilty.
　　 b. They assert him to be guilty. → He *is asserted to* be guilty.

　なお，(a) It is believed/said that 型と (b) John is believed/said to 型には違いがあり，(a) は that 節を新情報として扱っているのに対して，(b) は John についての記述です．

　受動文の be expected/believed/said to を熟語として教える指導法がありますが，それではこの形式を正しく理解できず応用も効きません．この受動文の成り立ちを知ることが大切です．

4. 受動文の意味

4.1. 動作受動文と状態受動文

受動文は主語が動作主による動作を受けることを意味します．これを動作受動文とよびます．受動文には動作の結果の状態を表す状態受動文もあります．

(1) a. The front door *is shut by* a doorkeeper at 6:00. ［動作受動文］
   （正面玄関は守衛によって6時に閉められる）
  b. The front door *was shut* when I arrived at the building. ［状態受動文］（そのビルに着いたとき，正面玄関は閉まっていた）
(2) a. The mountain *is covered with* snow in winter. ［動作］
   （その山は冬には雪で覆われる）
  b. The mountain *is covered with* snow all the year round. ［状態］
   （その山は1年中雪に覆われている）

動作受動文の意味を明確にするために get や become を用いることがあります（→ 4.2 節）．

(3) a. I *am acquainted* with him. （彼を知っている）［状態］
  b. I *got acquainted* with him at the party.
   （パーティーで知り合いになった）［動作］
(4) a. He *is known* to me. （彼は私に面識がある）
  b. He *became known* to me quite accidentally.
   （彼は偶然私に面識ができた）
(5) a. *Is* he *married*? （彼は結婚していますか）
  b. When did he *get married*? （彼はいつ結婚しましたか）

4.2. get 受動文

通例の受動文は be + 過去分詞の形式をもちますが，get + 過去分詞の形式をもつ受動文もあります．通例の受動文は主語が行為者の行為を受ける意味を表しますが，get 受身は行為者をいわば無視して主語が受ける行為に焦点を置いた言い方です．例えば，be hurt は「傷つけられる：害される」の意味ですが，get hurt は「怪我をする」の意味で，主語に主体があるようなニュアンスがあります．

(1) a. I *was hurt by* a ball. （ボールで怪我をした）

b. I *got hurt* while playing.（遊びの最中に怪我をした）
(2) a. I *was kicked by* a horse.（馬に蹴られた）
b. I tried to catch a horse and *got kicked*.
（馬を捕まえようとして蹴られた）
(3) a. The ropes *got entangled*.（ロープがこんがらがった）
b. You will *get killed* if you go there.（そんなところに行くと殺されるよ）
c. The flour and the salt *got mixed*.（粉と塩が混ざった）

練習問題 1 次の文を受動文に変えて、その意味を言いなさい．
1. The man robbed me of my purse.
2. A French lady taught me piano lessons every week.
3. You must always keep your teeth clean.
4. We lost sight of the ship in the mist. [the ship を主語に, lose sight of を複合動詞とみる]
5. We have never heard him speak ill of others.
6. They request that visitors should keep off the lawn. [it を主語として]
7. They say that he was formerly a journalist. [he を主語に]
8. People have paid little attention to these problems. [little attention を主語に]

さらなる情報

1. イディオムと受動文
イディオムと受動文の関係を見よう．

(1) a. Everybody *took advantage of* Mary.
（誰もがメアリーの弱点につけこんだ）
b. Advantage *was taken of* Mary.（メアリーの弱点がつけこまれた）
c. Mary *was taken advantage of*.（メアリーは弱点につけまれた）
(2) a. He *took no notice of* my warning.（彼は私の警告を無視した）
b. No notice *was taken of* my warning (by him).
（私の警告に注意が払われなかった）
c. My warning *was taken no notice of* (by him).（私の警告は無視された）

このように2つの受動文ができるのは、この種のイディオムが2つの構造に

分析できるからである．

(3) a. take [advantage] [of A] が普通の構造で動詞の直後の名詞句 advantage が受動文の主語になる：(Advantage is taken ∧ of A)
 b. [take advantage of] A の構造で，イディオムが1つの複合動詞と見なされて，その直後の名詞句 A が受動文の主語になる：(A is taken advantage of ∧)

このように2つの受動文ができるイディオムに次のものがある．

(4) make efforts to（〜する努力をする），make much of（〜を重視する），make use of（〜を利用する），take care of（〜の世話をする），pay attention to（〜に注意する）

2. 能動受動文

動詞が能動文の形をしていて受動の意味を表す用法がある．これは能動受動文と呼ばれる．次の日本語を見よう．

(1) a. この本は読みやすい．（この本を読む）
 b. この自転車は乗りやすい．（この自転車に乗る）
 c. この木は折れやすい．（この木を折る）

この文の特徴は，(a) 主語が意味上動詞の目的語であること，(b)「〜しやすい」「〜しにくい」などの難易を表す表現がつくこと，(c) 主語の一般的性質を表していること，の3つです．このことは英語でもまったく同じです．

(2) a. The book *reads* easily.
 b. The bicycle *rides* easily.
 c. The tree *breaks* easily.

これらの文の主語は本来動詞の目的語ですから，次のようにして作られると考えられます．

(3) ＿＿ read the book easily. → The book reads ∧ easily.

このような用法を持つ動詞には次のものがあります．

(4) a. 状態変化動詞：
     bake, break, build, cook, cut, frighten, kill, open, paint, shut, smash, etc.
   b. 行為動詞：
     bribe, drive, feel, play, read, ride, sell, smoke, speak, tease, wear, etc.

能動受動文は主語の一般的性質を表す文なので，現在形で用いられ，過去形や進行形で用いられることはない．

3. 受動文にならない動詞

次の動詞は受動文にならない．すべて状態を表す動詞である．

(1) a. 所有の意味の動詞：have, possess
   b. 欠如や回避の動詞：lack, escape
   c. 計量や同等の意味の動詞：weigh, cost, equal, seat（〜分の座席を有する）
   d. 不定詞節をとる want タイプ（want, prefer, like, hate, etc.）の動詞
     [John wanted his son to go to college.［his sonを主語にする受動文不可］]
   e. 「似合う・似ている」の意味の動詞：fit, suit, become；resemble
     [He is resembled by his uncle. は不可]

4. 態の変換について

そもそも受動文は能動文が不適切な環境でその代わりに用いられる文であるから，能動文を受動文に変換することは自然な言語活動である．能動文を前提として受動文があるのである．一方，受動文を能動文に戻すような作業は通例の言語活動では起こらないむだな変換である．

【解　答】

練習問題1　1. I was robbed of my purse by the man.
（私はその男に財布を奪われた）
2. I was taught piano lessons by a French lady every week.
（私はフランス人の夫人に毎週ピアノのレッスンを受けた）

3. Your teeth must be always kept clean.
 (歯はいつも清潔にしておかなければならない)
4. The ship was lost sight of in the mist.
 (船は霧の中に見えなくなった)
5. He has never been heard to speak ill of others. [to の出現に注意]
 (彼がこれまで他人の悪口を言うのを聞いたことがない)
6. It is requested that visitors should keep off the lawn.
 (訪問者は芝生に入らないように求められている)
7. He is said to have formerly been a journalist.
 (彼は以前はジャーナリストだったと言うことです)
8. Little attention has been paid to these problems.
 (これまでこれらの問題にはほとんど注意が払われてこなかった)

第12章　省略構文

　ことばにはエネルギーの節約という側面があり，重複する部分を省略する性質があります．**省略の基本原則**は，「省略された要素は必ず文脈から理解できなければならない」というものです．そうでなければ，何が省略されているかが不明となり，意思伝達ができないことになります．したがって，省略構文を解釈するためには省略されている部分を正しく補う必要があり，そのためには省略構文の特徴を理解することが必要です．（これらの構文名を教える必要はありません）
  1. 動詞句省略
     John talked to Mary and Tom did ＿＿, too. (talk to Mary)
  2. 間接疑問文縮約
     Suzan asked Bill to go out, but I don't know why ＿＿. (Suzan asked Bill to go out)
  3. 動詞を含む中間部の省略
     John ate an apple, and Mary ＿＿ an orange. (ate)
  4. 名詞句における省略
     John's computer is more expensive than Tom's ＿＿. (computer)
  5. その他の省略
     if possible (if *it is* possible)，when young (when *he was* young)

〈授業内容〉

省略に関しては次の内容を理解させる．
  ①　省略には必ずそれを支える要素がある．
　　(a)　動詞句省略では助動詞 (do, will, should など) や不定詞の to
　　(b)　間接疑問文縮約では疑問詞
　　(c)　中間部の省略では対照をなす2つの要素
　　(d)　名詞句における削除では所有格の名詞
  ②　これらの支え語となる要素には常に強勢が置かれる．
  ③　省略部分に対応する先行詞が必ず同一の文中あるいは文脈中にある．

1. 動詞句省略

> 〈教 材〉
> 1. Ginger had not visited him in prison. Perhaps his parents had told him not *to*.　　　　　　　　　　　　　　　(弘前大学 2005 年入試問題)
> (ジンジャーはそれまで刑務所にいる彼を訪ねたことはなかった．おそらく彼の両親が行かないようにと命じていたのだろう) [not to = not to visit him]
> 2. He'd been adopted by his parents when he was a baby, and though they loved him very much and did everything they *could* for him, as he got older, it wasn't enough.　　　　(岩手大学 2004 年入試問題)
> (彼は赤ん坊の時に両親に養子にされた．両親は彼をとても可愛がって彼のためにできることは何でもしたが，彼が大きくなるにしたがって，それでは十分でなくなった) [could for him = could do for him]

　一定の文脈内に同一の動詞句が複数ある場合，1つを除いて他の動詞句が省略されます．最も簡単な例は Yes/No 疑問文の応答に見られます．

(1) a.　Did you *go to school yesterday*?
　　b.　Yes, I *did* (*go to school yesterday*).

(1a) に対して (1b) のように答えるのが普通で，Yes, I went to school yesterday. のようには答えません．問いに含まれる動詞句 go to school yesterday が省略されて，それを支える助動詞の did が残ります．このように重複する動詞句があると一方が省略されます．動詞句とは動詞を中心とするまとまりのことです．この現象は1つの文中だけでなく談話 (異なる文の間) でも見られ，動詞句が省略されると，その支えとして助動詞の do や法助動詞 (can, will, should など) や不定詞の to が残ります．

(2)　等位節の場合:
　　a.　I struggled to *say my name* but somehow unable *to*. (say my name) (私は名前を言おうと努めたが，どういうわけかできなかった)
　　b.　There were people around me to *tell me where I had gone wrong*, but they *didn't*. (tell me where I had gone wrong) (私がどこで間違ったか忠告してくれてもよい人達が私の回りにはいたが，誰もしてくれなかった)

(3) 従属節の場合：
    a. She wanted to be like a star. She never wore slacks because she said stars ***didn't***. (wear slacks)（彼女はスターのようになりたかった．彼女はスラックスを決してはかなかったが，それはスターが（そう）しないからだと言っていた）
    b. He lay on his back for a few moments as he always ***did***. (lie on his back)（彼はいつもするようにちょっとの間あお向けに寝転がった）

(4) 談話の場合：
    a. He *made himself at home*. There was no reason why he ***shouldn't***. (make himself at home)（彼はくつろいだ．そうしていけない理由がなかったから）
    b. All languages *change constantly*. They ***have to***, in order to adapt to changes in human knowledge and society. (change constantly)（すべての言語は常に変化する．人間の知識や社会の変化に適応するためにそうする必要がある）

省略の後に残る支え語の to, did(n't), shouldn't などに強勢が置かれて強く発音される点にも注意しましょう．日本語には動詞句省略の現象はありませんから，訳文に示すように「そうする」のような表現で表すことになります．

練習問題1　日本語に直しなさい．
1. "I never stole anything, you know." "I don't think you did, either."
2. I bought the book because Nick told me to.
3. When we got married I promised I'd give you everything you want and so I will.
4. The reason was that she didn't like Mr. Gordon. She didn't quite know why, but she didn't.

2. 間接疑問文縮約

間接疑問文縮約は，間接疑問文の先頭にある疑問詞を残してそれ以下の部分（文）を省略するものです．

(1) a. Harry invited someone else to the party, but I don't know ***who***.

    b. *Harry invited someone else to the party*, but I don't know [***who*** [Harry invited to the party]].

(2) a. ハリーは誰か他の人をパーティーに招待しましたが，私は誰を＿＿か知りません．

    b. ハリーは誰か他の人をパーティーに招待しましたが，私は誰を［ハリーがパーティーに招待したの］か知りません．

(1a) に対応する日本語は (2a) ですから，日本語にも同様の現象が見られることが分かります．省略されている部分（文）とその先行詞となっている部分（文）を比較してみましょう．

(3) a. Harry invited *someone else* to the party.
    b. Harry invited *who* to the party.　(*who* [Harry invited ∧ to the party])

この 2 つの文は someone else と who の部分で異なりますが，ともに人を表しています．したがって，この 2 つの文は同じであると考えることができます．そして疑問詞が文頭に移動すると *who* [Harry invited ∧ to the party] の形になります．この文 [Harry invited ∧ to the party] が，[Harry invited someone else to the party] と同じとみなされて省略されます．

(4) a. Harry came to this place to meet someone, but I don't know ***who*** [Harry came to this place to meet ∧].（ハリーは誰かに会うためにここに来たが，誰にか知らない）

    b. He winked over his shoulder at someone, but I didn't see ***who*** [he winked over his shoulder at ∧].（彼は肩越しに誰かにウインクしたが，誰にかは分からなかった）

    c. Someone obviously decided to do something about it, and we wonder ***why***, and ***who*** [∧ decided to do something about it].（誰かがそれについて何かをしようと決心したことは明らかだが，なぜそして誰が決心したのかしら）

(5) a. I'll tell you where I went, and ***why*** [I went (there)].
（どこに行ったのかそしてなぜかを，あなたにお話ししましょう）

    b. He felt that they were making fun of him, though he could not understand ***why*** [they were making fun of him].（彼は彼らが自分をからかっていると感じたが，なぜかは分からなかった）

(6) a. There is no doubt in my mind it will happen — it's just a question of **when** [it will happen]. (それが起こるであろうことは私には疑いのないことだ．問題はいつかである)

   b. He is the one who decides what issues will be dealt with and **when** [they will be dealt with]. (何の問題を処理すべきかそしてそれはいつかを決めるのは彼です)

(7) a. I met him somewhere south of the river, but I don't know **where** [I met him]. (私は川の南のどこかで彼にあったが，どこか分からない)

   b. Murrell was taken to another London station — and the police refused to say **where** [he was taken]. (マレルはもう1つ別のロンドンの分署に連行されたが，警察はそれがどこか明らかにすることを拒否した)

次の例は「前置詞＋疑問詞」が前置されて，残りの部分（文）が省略されている例です．

(8) a. You have to keep a diary for a week, noting how much you drink, where you drink it and **with whom** [you drink it]. (1週間記録をつけて，どれ位酒を飲んだか，どこで飲んだか，誰とかをメモしておく必要があります)

   b. I knew the voice from somewhere. It seemed important to remember **from where** [the voice was]. (どこからか声がしたのは分かっていた．どこからだったかを覚えておくことが大切だったようだ)

間接疑問文縮約では，残された疑問詞が支え語となってその後ろに省略があることを示すので，疑問詞に強勢が置かれて強く発音されます．

練習問題2　英語に直しなさい．
1. だれかがそう言ったが，誰だったか思い出せない．
2. 彼は黙ってしまったが，なぜかは分からなかった．[fall silent]
3. 私は彼に会うためにそこへ行きましたが，なぜかは聞かないでください．

3. 動詞を含む中間部の省略

次の例を見ましょう．

(1) a. John ate pizza, and ***Mary bread***.
    (ジョンはピザを，メアリーはパンを食べました)
   b. John *ate* pizza, and Mary (ate) bread.
    (ジョンはピザを（食べ），メアリーはパンを食べました)

この例では，前の文の ate と後の文の ate が同じなので，後の ate が省略されています．訳から分かるように日本語にも同様の現象がありますが，日本語では前の文の動詞が省略されるので，英語とは対照的です．

(2) a. The landscapes of Mars are astonishing and ***the views breathtaking***.
    (火星の景観は驚くべきもので，眺望は息をのむほど美しい)
   b. The landscapes of Mars *are* astonishing and the views (are) breathtaking.
(3) a. He didn't say anything to her, and ***she to him***.
    (彼は彼女に，彼女は彼に何も言いませんでした)
   b. He *didn't say anything* to her, and she (didn't say anything) to him.
(4) a. The hunter-gatherer society was characterized by sharing, and ***the pre-industrial agricultural society by owning***. (狩猟採集民族社会は共有によって，産業革命前の農業社会は所有によって特徴づけられた)
   b. The hunter-gatherer society *was characterized* by sharing, and the pre-industrial agricultural society (was characterized) by owning.

この種の省略は，節が等位接続詞（and, or, nor）で結ばれているときに見られます．残された2つの要素は，前の節の要素と対照関係にあり，強勢を置かれて強く発音されます．

4. 名詞句における省略

名詞句の中の要素が重複していて，文脈から明らかな場合には省略されます．

(1) a. She isn't my babysitter. She's ***Annabel's*** (babysitter).
    (彼女は私のベビーシッターではありません．アナベルのです)
   b. He tasted Mary's cake and was cutting into ***Susan's*** (cake).
    (彼はメアリーのケーキを試食し，次いでスーザンのにナイフを入れた)
   c. That's why her pastry is better than ***anyone else's*** (pastry).
    (彼女のペーストリが他のだれのよりも良質であるのはそういう理由からです)

名詞句では動詞句省略とよく似た省略も見られます．

(2) a. John's criticism of Trump was impressive, but **Mary's** (criticism of Trump) was annoying.［動詞句省略と類似］（ジョンのトランプ批判は印象的だったが，メアリーのはいらいらさせるものだった）

b. John's funny story about Sue and **Mary's** (funny story) **about Kathy** both amazed me.［動詞を含む中間部の省略と類似］（ジョンのスーについての滑稽な話とメアリーのキャシーについてのはいずれも私を呆れさせた）

この他に，所有格の後に house や shop の語がある場合，それを省略するのが普通です．

(3) a. I am going to **Tanaka's** (house) / **my uncle's** (house).（田中の家，おじの家）

b. I bought this book at **Maruzen's** (store).（丸善）

c. I am going to **the shoe-maker's** (store).（靴屋）

この他に **St. James'** (Palace)（聖ジェイムズ宮殿），**St. Paul's** (Cathedral)（聖ポール寺院）などがあります．

次の例も省略のある例です．

(4) a. a friend of **my brother's** (friends)（兄の友人の中の不特定な一人）

b. my brother's friends（兄の友人（全部））

不特定な一人を指す場合に a my brother's friend とか my brother's a friend とか言うことはできないので，(4a) の表現を用います．

練習問題3 日本語に直しなさい．

1. Keep drinking it for the sake of your health and your baby's.［for the sake of（〜のために）］

2. The station broadcasted a wide range of programs including documentaries and children's.［a wide range of（広範囲にわたる）］

3. Bellow supported Roth's early work, and Roth's work was to bear a resemblance to Bellow's.［Bellow, Roth は作家名，be to（〜にならざるを得ない），bear a resemblance to（〜と類似点をもつ）］

5. その他の省略

副詞節において「**主語＋be 動詞**」が省略されることがあります．

(1) A good jazz musician had not only to remember his part but also to be able to invent new variations ***while playing***. （優れたジャズ音楽家は，自分のパートを記憶しているだけではなく，演奏しながら新しい変奏を作り出すことができなければならなかった）

この文では while (he was) playing の省略が行われています．he = a musician であることは文脈から明らかなので省略しても支障は起こりません．このような現象は，when, though, if, as if, while などで導かれる副詞節で見られます．

(2) a. Rock'n'roll, ***while not exactly a form of jazz***, grew out of it. (while *it is* not …) （ロックンロールは，正確にはジャズの形式ではないが，ジャズから生まれたものだ）

　　b. ***Though young***, he knows a lot about the world. (though *he is* young) （彼は若いけれども世間のことをよく知っている）

　　c. ***When asked*** by the press why he did it, he said nothing. (when *he was* asked) （記者からなぜそうしたかと尋ねられて，彼は何も言わなかった）

　　d. He set his hands to the chair arms, ***as if about to rise***. (as if *he was* about to rise) （彼はいまにも立ち上がろうとするかのように椅子の肘に手をかけた）

if possible（もしできれば），if necessary（もし必要ならば）は if (it is) possible/necessary のように「it＋be 動詞」の省略されたもので，it が示す内容は文脈から理解されます．if any（もしあるとすれば，もしあるとしても）は if (there is) any の省略で存在を表します．

(3) a. ***If possible***, take a brisk walk or light exercise first thing in the morning. （できれば，朝一番に早足で散歩するか軽い運動をしなさい）

　　b. Don't forget to print your full name, address and, ***if possible***, give a telephone number where you can be contacted. （フルネームと住所を活字体で書き，できれば，連絡がとれる電話番号を書くのを忘れないよ

(4) a. We investigate complaints by telephone, correspondence and, *if necessary*, face-to-face interviews.（電話や文書や必要ならば直接面談によって苦情を調査します）

b. Keep the diary for ten days (or longer *if necessary*) until a picture of your eating habits is made clear.（10日間（もし必要ならばもう少し長い間）あなたの食習慣の概要がはっきりするまで記録をつけてください）

(5) a. He told me it would have very little, *if any*, effect.
（それは，あるにしても，ほんの少ししか効果はないだろうと彼は私に話した）

b. Very few middle-aged women, *if any*, present television news or programs.（テレビのニュースや番組の司会をしている中年の女性は，いるとしても，きわめて数が少ない）

練習問題4　日本語に直しなさい．

1. It is a good thing to know what we are doing, and, if possible, why.
2. Most Germans, though prepared to fight if necessary, had been only too anxious to avoid.　[only too = very]
3. The change will make little, if any, difference to the ways in which education and business have traditionally related to one another.

【解　答】

練習問題1　1.「僕は決して盗みなんかしていない」「私も盗みなんかしていないと思っているよ」
2. ニックが買うように言ったからその本を買った．
3. 私たちが結婚するとき君がほしいものはなんでもあげると約束したからそうします．
4. 理由は彼女がゴードンさんを好きではないことでした．彼女にはなぜかはっきりは分かりませんでしたが，彼女はゴードンさんを好きではなかったのです．

練習問題2　1. Someone said so, but I don't remember who.
2. He fell silent, but I didn't know why.
3. I went there to see him, but don't ask me why.

練習問題3　1. あなたと赤ちゃんの健康のためにそれを飲み続けてください．
2. その局はドキュメンタリーと子ども番組を含む広範囲にわたる番組を放送していた．

3. ベローはロスの初期の作品を支持していたので，ロスの作品がベローの作品と類似点をもつのはやむを得なかった．

練習問題4　1. 自分が何をしていて，できれば，なぜそれをしているのかを知ることはよいことだ．
2. ほとんどのドイツ人は，必要ならば戦う準備はしていたが，それは避けたいと心から願っていた．
3. その変化は，教育とビジネスがこれまで伝統的に相互に結びついていたやり方に対して，もしあるとしても，ほんの少ししか違いを生じないであろう．

第13章　比較構文

　比較はある基準によって複数のものを比べることです．程度が同じであることは A is as tall as B のように **as ~ as** の表現を用います．程度が異なることは A is taller than B のように「**比較級+than**」の形式で表します．最も程度が高いものを表すのには the tallest boy のように**最上級**を用います．
　比較構文について最も重要なことは，**比較の根底には文と文の比較がある**ことです．

同等比較：A is tall *as ~ as* B is tall. → A is *as tall as* B.
比較：　　A is tall *-er than* B is tall. → A is *tall-er than* B.

　同等比較では2つの文が as ~ as で連結され，比較では -er than で連結されて，不要な部分が省略されています．したがって，比較構文の成り立ちの要点は不要な部分の省略にあります．

〈授業内容〉
① 比較は文と文の比較である．
② as, than 以下に省略がある．

1.　同等比較

〈教　材〉
You will discover that there are **as many** different answers to that question **as** there are people.　　　（県立広島大学（2005年）入試問題）
（その問題に対しては人の数と同じほど多様な答えがあることが分かるでしょう）

1.1.　同等比較の基本
　同等比較はある性質や量を基準にして2つのものが同等であることを述べる表現です．例えば，A is as tall as B. は，B の背の高さを基準として，A について B と背の高さが同じであることを述べています．B の背の高さは話し手には分かっていて，それを基準として A がそれと同じであると述べてい

ます．したがって，B is tall. という文がもとにあります．

(1) a. A is *as tall as* B is (*tall*). (tall が重複するので後の tall を省略)
    b. A is *as tall as* B (*is*). (is が重複するので後の is を省略)
    c. A is *as tall as* B.

(1a) の第 2 文の tall が前文の tall と同じであるので省略されて支え語の is が残ります．このままでも正しい文ですが，この支え語の is も前文の is と同じであるので省略可能であり，これが省略されると (1c) となります．

(2) John is *as tall as* Bill.

この文では，Bill の背の高さを基準として，John の背の高さがそれと同じだと言っています．注意してほしいのは，この文は Bill がそもそも背が高いことを表しているのではありません．2 人の背の高さが同じだと言っているに過ぎません．

(3) a. Your house is *as large as* mine. (あなたの家は私の家と同じ大きさだ)
    b. The girl is *as diligent as* the boy.
       (あの女の子はあの男の子と同様に勉強家だ)
    c. He is *as tall as* I/me. (彼は私と背の高さが同じだ)

最後の例では，as tall as I (am) ですから，本来は主格の I であるべきですが，口語では me を用いるのが普通です (as が前置詞と感じられるのでしょう)．

1.2. 副詞の同等比較

副詞の場合も文と文の比較が根底にあります．次の例は，私が日本語を話す流暢さを基準として，ジョンが日本語を話す流暢さが同じだと言っています．

(1) a. John speaks Japanese *as fluently as* I (*speak Japanese*).
    b. John speaks Japanese *as fluently as* I [*do*] ___ .

括弧部が前文の動詞句 (speak Japanese) と同じなので省略されて支え語の do が挿入されますが，この支え語も省略されることがあります．次の文は括弧部が前文の John speaks と同じなので「主語 + 動詞」が省略されて目的語が残っている例です．

(2) a. John speaks French *as fluently as* (*he speaks*) German.

b. John speaks French *as fluently as* German.
（ジョンはドイツ語と同様にフランス語も流暢に話します）

次の文の対比を見ましょう．

(3) a. Mary loves him *as much as* I (*love him*).
（メアリーは私が彼を愛するのと同じほど彼を愛している）
b. Mary loves him *as much as* (*she loves*) me.
（メアリーは私を愛するのと同じほど彼を愛している）

(3a) ではメアリーと私が，彼を愛している程度が同じだと述べています．(3b) ではメアリーに関して，私を愛している程度が彼を愛している程度と同じだと述べています．この区別は主格か目的格かによって示されます．(3a) の as I の主格を as me とすることはできません．(3b) と区別できなくなるからです．このような場合を除いて口語では主格の代わりに目的格が用いられます．

(4a) を見ましょう．as ~ as ever は「相変わらず～」の意味ですが，この文でも (4b) に示す省略があります．

(4) a. The children loved him *as much as* ever.
b. The children loved him *as much as* ever (*they had loved him*).
（子供たちはこれまでと同様に彼を好きでした）
(5) a. He is *as* kind *as* ever (he has been kind).
（彼はこれまでと同様に親切だ）
b. He works *as* hard *as* ever (he has worked). （彼は相変わらずよく働く）
（これは He is *as brave a man as ever lived.* (世にもまれな勇敢な人) のような慣用的強意表現とは異なります）

1.3. 数・量の同等比較

数の同等比較でも文と文の比較が背後にあります．

(1) a. John has *as many books as* Bill (*has many books*).
b. John has *as many books as* Bill [*does*].
（ジョンはビルと同数の本をもっている）

(1a) の括弧の部分が前文の動詞句 (has (as) many books) と同じなので省略されます．支え語の does が挿入されることもあります．

第 13 章　比較構文

(2) a. He have given us *as much* notice *as possible*. [as ~ as possible（できる限りの〜）]（彼はできる限り多くの注意を与えてくれました）

　　b. You should read *as much as* you can of European and American drama.（君はヨーロッパやアメリカのドラマをできるだけ多く読むのがよい）(cf. You can read much of European and American drama.)

　　c. By and large, Japanese try not to stand out as individuals *as much as* Americans do.（概して日本人はアメリカ人ほどには個人として目立たないようにしている）

なお，He has *as many as* 3000 books.（3000 冊もの本）の as many as は強意表現です．

1.4. as 以下の省略

(1) a. In those days we were not *so* rich (*as we are now*).
　　　（当時は（今ほど）お金がなかった）

　　b. Her hair is *as* long *as* yours, and her eyes are *as* black (*as yours*).
　　　（彼女の髪はあなたの髪と同じ長さあり，眼は同様に黒い）

　　c. She was *as* tall *as* they were, she wore the clothes just *as* well and she was just *as* pretty, if not prettier. (as well (*as they wore the clothes*); just as pretty (*as they were*))（彼女は彼女らと背丈が同じで，着こなしも同様にうまく，彼女らよりも可愛いとは言えないとしても，同じくらい可愛かった）

　　d. This disease would be *as* likely to cause other types of cancer in humans.（この病気は（これまで述べた他の病気と同様に）人間に別のタイプの癌を引き起こす可能性があるだろう）

1.5. 性質の同等性

as ~ as で性質や様態が同等であることを表すこともあります．

(1) a. He is *as* stingy *as* (*he is*) rich.
　　　（彼は金持ちであるが同時にしみったれでもある）

　　b. He is *as* kind *as* (*he is*) honest.
　　　（彼は正直でもあり親切でもある）

　　c. His voice is *as thin as* he is fat.

(太っているわりには声はかぼそい)［訳し方に注意］
　d. He drives *as carelessly as* I drive carefully.
　　(彼の運転の不注意さの程度は私の運転の慎重さの程度と同じ)

練習問題1　日本語に直しなさい．
1. I turned away and walked as quickly as I could towards the stairs. [turn away (向きを変える)]
2. Her distress had melted as quickly as it had grown. [distress (悩み, 苦悩)]
3. We cannot assume that chimps will evolve to become as intelligent as we are now. [chimp (チンパンジー) evolve to become (進化して〜になる)]
4. If insects were as large as small mammals they would be killed by their own weight. [mammal (哺乳動物), 仮定法過去]
5. But the situation wasn't as bad as I thought it might be.

練習問題2　口頭で英語に直しなさい．
1. 君は彼と同じくらい速く走ることができますか．(as fast)
2. 母はいつものように元気です．(as 〜 as ever, healthy)
3. 私は彼と同じ冊数の本を図書館から借りた．(as many, borrow)
4. わが市の人口はあなたの市の人口と同じです．(population, as large)

2. 比較級による比較

〈教　材〉
First it is easy to see fanaticism in other people, but difficult to spot it in oneself. Take the evil of racial prejudice. We can easily detect it in the Nazis; but we ourselves—are we so guiltless? We are far *less guilty than* they are. Yet is there no racial prejudice in the British Empire? Is there no color question? I ask you to consider that, those of you to whom tolerance is *more than* just a word.　　　　　　　　　("Two Cheers for Democracy")
(第一に狂信的心を他人の中に見つけるのは容易だが，自分自身の中に見出すのはむずかしい．人種的偏見の害悪を例にとろう．我々はナチにそれを見つけ出すことは容易にできるが，我々自身はどうであろう，我々はそんなに潔白であろうか．我々はナチよりもはるかにやましいところはない．しかし大英帝国には人種的偏見はないのだろうか．人種の肌の色の問題はないのだろうか．私は君たちにこの問題を考えてほしい，寛容が単なることば以上の意味をもつことになる君たちに)

〈授業内容〉
① 比較級による比較も文と文の比較である.
② than 節における省略を正確に理解できるようにする.
③ 日本語には馴染みのない less による比較を学習する.

2.1. 比較構文の基本

比較級による比較は「**比較級＋than**」の形で表されますが，その基本には文と文の比較があります.

(1) a. Prevention is ***better than*** cure is (*good*).
    b. Prevention is ***better than*** cure (is).
    c. Prevention is ***better than*** cure. (予防は治療に優る（転ばぬ先の杖）)

(1a) がもとの形で，good が前文と同じであるので省略されます．支え語 is が残りますが，この支え語も省略されることがあります．
次の例を比較しましょう．

(2) a. I like him ***better than*** she (*likes him*).
    （私は彼女が彼を好きである以上に彼を好きだ）
    b. I like him ***better than*** (*I like*) her.
    （私は彼女よりも彼のほうが好きだ）

(2a) では主格の *she* が用いられ，(2b) では目的格の *her* が用いられています．このことは省略部分から明らかです．(2a) の than she を than her とすることはできません．(2b) と意味上区別できないからです．このような曖昧さが生じない場合には，口語体では本来主格であるべきであるところに目的格が用いられることがよくあります．

(3) I am two years ***older than*** him/he. (私は彼よりも2歳年上です)

この現象は同等比較（He is *as tall as* me/I.）のときと同じですが，このような現象が生じるのは，省略によって残った than, as が前置詞のように感じられるからでしょう．

(4) a. Your sister is much ***prettier than*** her (/she (is)).
    （君の妹は彼女よりもはるかに美しい）
    b. He told me that he had seen a woman ***more beautiful than*** me (/I

(was)).（彼は私より美しい女性に会ったことがあると話した）

2.2. 比較構文における省略

比較は文と文の比較ですから，重複する要素が省略されます．than 節中にはこれまでに説明した以外の省略がみられる場合があります．これが正しく補足できないと比較構文の解釈ができません．

(1) a. She was ***more beautiful than*** ever (*she had been beautiful*).
（彼女はこれまで以上に美しかった）
b. The people from Manchester are ***more intelligent than*** from other places. (than (*the people*) from other places (*are intelligent*))（マンチェスター出身の人達は他の地域出身の人たちよりも理解力がある）
c. The recession will be much ***deeper than*** expected. (than (*it is*) expected (*to be deep*))（不況は予想されているよりもはるかに深刻になるでしょう）
d. ***More people than*** before are living to be very old, into the high eighties and nineties.（以前より多くの人々がとても長生きをして80代後半や90代まで生きている）
e. He was never ***happier than*** when sitting quietly at home with his family.（彼は家族と共に家で平静にいるとき以上に楽しいことは決してなかった（家で静に家族と一緒にいるときが最も楽しかった））
f. She looks ***better*** today ***than*** when I saw her last week.
（彼女は先週会ったときよりも今日は元気そうに見える）

次の例は than 節の中の主節だけが残っている例です．

(2) a. Dear Irene, you are ***more beautiful than*** I remembered (*you were beautiful*).（愛しいイレーネ，君は私の記憶にある君よりも美しい）
b. It was the beginning of a love far ***deeper than*** he ever realized (*a love was deep*).（それは彼がそれまでに実感していたよりもはるかに深い愛の始まりだった）
c. France played the political role ***better than*** I'd ever imagined (*France had played the political role well*).（フランスは私がこれまで想像していたよりもうまく政治的役割を果たした）

次は than 節の中の一部が省略されている例です．

(3) a. These days he felt ***happier than*** he had any time in his life. (had (*felt happy*))（この頃彼は人生のそれまでのいかない時期よりも幸せに感じた）

  b. She looked ***older than*** she had the other night. (had (*looked old*))（彼女はこの間の夜よりも年をとったように見えた）

  c. He looked ***happier than*** I had seen him for weeks. (had seen him (*happy*))（彼は私が数週間の間彼に感じていたよりも楽しそうに見えた）

2.3. than 以下の省略

than 以下の内容が文脈から明らかなときには省略されることがあります．比較では常に比較の対象が何かを確認することが必要ですから，省略されている部分を補って解釈することが大切です．

(1) a. The sloping wings made the house look even ***taller***.
  （傾斜をなしている翼面が家を（実際の高さよりも）なお一層高く見せていた）

  b. He only wished he could grow ***taller and tougher***.
  （彼は（今よりも）背が高くタフな人になれるといいと願っているだけだった）

  c. The new systems are ***less wasteful*** to engine power.
  （新しいシステムは（古いシステムより）エンジン出力に無駄が少ない）

  d. In the past two weeks America and its allies have moved ***closer*** to war with Iraq.（過去2週間でアメリカとその同盟国はイラクとの戦争に（2週間前）より近づいた）

2.4. less による比較

次に「less + 原級 + than」による比較を見ましょう．これは一定の基準よりも程度が低いことを表しますが，日本語の発想では一般的ではなくて理解や運用がむずかしい表現の1つです．

(1) a. Dolphins breathe ***less frequently than*** humans.
  （イルカは人間ほど頻繁に息継ぎをしない）

  b. He spends ***less time*** at work ***than*** at play.
  （彼は遊んでいる時間よりも勉強している時間が少ない）

  c. These books are ***less interesting than*** those you have. (= not as/so interesting as)（これらの本はあなたが持っている本ほど面白くは

ない）［形容詞の場合 less~than よりも *not as/so~as* のほうが好まれます (as のほうが口語的)］

(2) a. This is easily said and *less easily* done.
   （言うは易く行うは難し：cf. Easier said than done.（諺））
   b. Water your pots *less frequently than* in summer.
   （夏におけるほど頻繁に鉢に水をやる必要はありません）
   c. Women are *less likely* to react violently in a stressful situation.
   （ストレスの多い状況で女性が暴力的反応を示す可能性は（男性よりも）低い）

2.5. 絶対比較級

比較級には than 節をとらず独立に用いられる絶対比較級の用法があります．これは比較の対象を示さずに，全体を程度の高いものと低いものに分ける方法です．全体を二分するので，通例 the を伴います．the younger/older generation（若年層，旧世代）the upper/lower lip（上唇，下唇）the upper/lower classes（上流階級，下層階級）the upper/lower Nile（ナイル川上流，下流）the poorer developing countries（貧困発展途上国）など（higher education（高等教育）は無冠詞）．

(1) a. *The greater* part of the country is mountainous.
   （国の大部分が山地だ）
   b. *The more futile* parts of the island are inhabited by the Chinese.
   （島の肥沃な部分には中国人が住んでいる）
   c. *The larger* planets are eight in number.
   （大きい惑星は8つある）

[練習問題3] 日本語に直しなさい．
1. Earth was more beautiful than she could have imagined.
2. The station used to be much prettier than it is now.
3. Rachel was in trouble deeper than her own.
4. I have seen her at the school less frequently recently.
5. As is well known, the more important a decision is, the harder it is to stay objective. [the＋比較級，the＋比較級で「～すればするほど」の意味，objective（客観的）]

第 13 章　比較構文

練習問題 4　口頭で英語に直しなさい．
1. 私は夏休みに彼よりも多くの本を読んだ．（during the summer vacation）
2. 彼は私よりも 3 歳年上です．
3. ハワイは私が想像していたよりも美しいところだった．（I had imagined）
4. 彼女は 2 年前に会ったときよりも若く見える．（look younger）
5. 彼に勝ち目はあまりない．（less likely）

3. 最上級の用法

最上級は，3 つ以上の集まりの中で最も程度の高いものを表すために用いられます．

3.1. 形容詞の限定用法の場合

「the＋最上級＋of/in/among〜」が基本形です．限定用法の場合には最上級に the が付きます．

(1) a. Cambridge was ***the fastest*** runner of the five members.
　　　（ケンブリッジが 5 人のメンバーの中で最速の走者だった）
　　b. During that time, Charles and Diana enjoyed ***the happiest*** period of their married life.（その頃，チャールズとダイアナは結婚生活で最も幸せな時期を過ごした）
　　c. Germany is ***the most expensive*** country in which to live and Spain ***the cheapest***.（住むのに最も生活費のかかる国はドイツで，最もかからない国はスペインです）
　　d. It was ***the most exciting*** experience that I've ever had.
　　　（それは私が今までに遭遇した最もわくわくする経験でした）

3.2. 形容詞の叙述用法の場合

他と比較するのではなく同一の人や物について述べる場合には **the** をつけません．

(1) a. She seems ***happiest*** in the country with her family.
　　　（彼女は家族と一緒に田舎にいるときが最も幸せそうだ）
　　b. Which book do you find ***most interesting***?
　　　（どの本が最も面白いと思いますか）

c. They found it *hardest* to live during that time of their lives.
      （彼らは人生でその時期が一番生活しにくいと思った）
   d. The lake is *deepest* at this point. （湖はこの地点が一番深い）
      (cf. The lake is *the deepest* in this district. （その湖はこの地方で最も深い湖だ））

3.3. 副詞の最上級

副詞の最上級には通例 **the** が付きません．

(1) a. It's always the bad news that travels *fastest*.
       （最も早く伝わるのはいつも悪い知らせである）
    b. This form of English is *most frequently* used in writing.
       （この形式の英語は書き言葉で最も頻繁に使われる）
    c. Who speaks English *best*? （誰が最もうまく英語を話しますか）
       ［ただし，Who speaks *the best* of all students? （全学生の中でもっとも英語を話すのが上手なのはだれですか）のように限定表現がつくと the を用いることもあります．I like spring (*the*) *best* (of all seasons).］

3.4. その他の留意点

最上級が「〜でさえ」という譲歩の意味を含む場合があります．この意味を持つかどうかは文脈によって決まります．even が現れている場合もあります．

(1) a. *The strongest* (people) do not always live longest.
       （最も筋骨たくましい人でも一番長生きするとはかぎらない）
    b. *The slightest* error would make you jobless.
       （極めてささいな誤りでも職を失うことがあります）
    c. *Even the cheapest* astronomical satellite now costs around 60 million pounds. （最も安価な天文観測衛星でも現在6億ポンドの費用がかかります）
    d. *Even the best* computer programs are unable to understand a sentence containing a pronoun such as *he* or *she*. （最良のコンピュータープログラムでも he や she のような代名詞を含む文を理解することはできない）

最上級の中で順番をつける表現は「**the second/third＋最上級**」の表現を使

(2) a. Egypt has ***the second largest*** population in Africa after Nigeria. (エジプトはアフリカでナイジェリアについで2番目に人口が多い)
  b. He took silver in last year's world championships in Tokyo, was timed at 53.23 seconds, ***the sixth fastest*** in history. (彼は昨年の世界選手権の東京大会で銀メダルを獲得し，タイムは53.23秒で歴代6位だった)

練習問題5 日本語に直しなさい．
1. It really is the most wonderful surprise I have ever had.
2. Sales grew fastest in the chemical industry during that period. [chemical industry (化学産業)]
3. There are two people Mario always said had the deepest influence on his life.
4. Male toads compete for females, and in general, the biggest males (those with the deepest voices) are the most successful. [male (雄の), toad (ヒキガエル)]
5. The most interesting thing was not the conclusion he reached, but the way he reached it.

練習問題6 英語に直しなさい．
1. 私は家族の中で最も背が高い．
2. 私はその本が最も理解しにくいと分かった．(hard to understand)
3. 子供たちは学校時代に成長速度が最も速い．(grow, during their school days)
4. 大阪は日本で2番目に大きな都市です．
5. 最も優れた選手でも時おり失敗する．(from time to time)

さらなる情報

1. most (最大多数の，最大量の) や least, fewest の最上級では the を省くことが多い．

(1) a. Who made (***the***) ***most*** mistakes? (誤りを一番多くしたのは誰ですか)
  b. He had (***the***) ***most*** money. (彼が一番多くお金をもっていた)

  c. Your composition has (*the*) *fewest* mistakes.
    (君の作文が一番誤りが少ない)

2. 独立的に用いられる most がある．これは最上級の意味ではなく，very や extremely の意味の強意語である．-est の形式は用いられない．

 (2) a. That is *most* true.　[truest は不可]
    (それはまったく本当だ)
   b. He is a *most* proud man.　[proudest は不可]
    (彼はとても傲慢な男だ)

3. 比較級の強めには much, far, a lot; even, still などを用い，very を用いることはできない．much, far, a lot は単なる比較級の強めだが，even, still は比較されているものがもともと大きい，量が多いという前提があるときに用いられる．

 (3) a. She is ***much/far/a lot*** *taller* than her sister.
    (彼女は姉よりもはるかに背が高い)
   b. It was hot in the morning and ***even/still*** *hotter* in the afternoon.
    (午前中暑かったが午後にはさらにもっと暑くなった)

《実　例》

(**a**) as ~ as
 1. Then the anger subsided *as quickly as* it flared.
  (そして怒りは燃え上がったときと同じようにすぐに静まった)
 2. The look in his eyes was *as gentle as* his hold.
  (彼の眼差しは抱擁と同様にやさしかった)
 3. The apple will become *as big as* you want to be.
  (そのリンゴは君が望んでいるような大きさになるでしょう)
 4. The prehistoric mammoth was not *as big as* most people think.
  (先史時代のマンモスはほとんどの人々が思っているほどの大きさではなかった)
 5. We value our independence *as much as* you do.
  (我々はあなた方と同様に自立ということを重要視している)

(**b**) 比較級
 1. There is nowhere *more beautiful than* this in the whole world.

（全世界でこれほど美しい所はほかにどこにもない）

2. The creases on his forehead were surely *deeper than* they had been the day before.（彼の額のしわは確かにその前日よりも深くなっていた）

3. The answer is actually much *simpler than* you might have thought.
（答えは実は君が考えていたよりもはるかに簡単です）

4. The disease has killed *more* people *than* have died in warfare.
（戦争で死んだ人よりも多くの人がその病気によって亡くなっている）［than が people を先行詞とする関係代名詞のように用いられている］

5. Even casual acquaintance is *better than* total ignorance.
（まったく知らないよりも不確かでも知っているほうがまし）

(c) 最上級

1. *The most interesting* walk was to the summit of a mountain called K.
（最も面白い散策は K と呼ばれる山の頂上への散策であった）

2. It is *the second largest* building in the city, next to the cathedral.
（それはこの都市で大聖堂についで 2 番目に大きな建物です）

3. Recession hits *hardest* those who are *poorest*.
（景気後退は最も貧しい人々に最もひどい打撃を与える）

4. The girl was not only twice as pretty as she had remembered but graceful and vivacious with *the most beautiful* smile.（その女の子は彼女が覚えていたよりも 2 倍も可愛くなっていたばかりでなく，上品で快活でとても美しい笑顔をしていた）

5. One of *the most exciting* developments in biology over the past few years has been the identification of the specific genes.（過去数年間の生物学における最も感動的な展開の 1 つは，特定の遺伝子が確認されたことである）

【解　答】

練習問題 1　1. 私は向きを変えてできるだけ速く階段のほうへ歩いて行った．
2. 彼女の悩みはそれが生じたときと同様に急速に消え去った．
3. チンパンジーが進化して現在の我々と同じ知能を持つようになるだろうと仮定することはできない．
4. もし昆虫が小さな哺乳類動物と同じ大きさであったなら自分自身の体重（自重）で押しつぶされて死んでしまうだろう．

5　しかし状況は私が思っているほどに悪くなかった．

練習問題2　1.　Can you run as fast as he/him?
2.　Mother is as healthy as ever.
3.　I borrowed as many books as he/him from the library.
4.　The population of our city is as large as that of your city.

練習問題3　1.　地球は彼女が想像していたよりも美しかった．
2.　その駅は昔は現在よりもはるかに小ぎれいであった．
3.　レイチェルは自分自身のトラブルよりももっと深刻なトラブルの中にあった．
4.　私は最近学校でそれまでほど頻繁には彼女を見かけない．
5.　よく知られているように，決定が重要なものであればあるほど，客観性を保つことはむずかしい．

練習問題4　1.　I (have) read more books than he/him during the summer vacation.
2.　He is three years older that I/me.
3.　Hawaii was a more beautiful place than I had imagined.
4.　She looks younger than when I saw her two years ago.
5.　He is less likely to win.

練習問題5　1.　それはこれまで経験したなかで本当に最も素晴らしい驚きである．
2.　その時期化学産業では売り上げが最も急速に伸びた．
3.　自分の人生に最も深い影響を与えたとマリオがいつも言っていた人が2人います．
4.　雄のヒキガエルは雌を巡って争います．そして一般に最も体の大きい雄（これらは最も低音の声の持ち主ですが）が最も成功を収めます．
5.　最も興味深いことは彼が到達した結論ではなくて，そこに至った方法（道筋）です．

練習問題6　1.　I am the tallest in my family.
2.　I found the book hardest to understand.
3.　Children grow fastest during their school days.
4.　Osaka is the second largest city in Japan.
5.　(Even) the best player fails from time to time.

第14章　否定文

否定文について学習すべきことは次の2点です．

〈授業内容〉
① 文否定と部分否定の区別．
② 否定強調のための否定要素の前置．

1. 否定の基本（文否定）

〈教　材〉
"What you say is very strange," said the red stone. "Here I have been in this same place for many years, and I have *not* grown *at all*, I have *no* root; I have *no* stem; or, if I have, they *never* move upward *nor* downward, as you say. ("The Bean and the Stone")

（「君の言うことはとても妙だ」とその赤い石は言った．「何年もこの同じ場所にいるが，これまでに伸びたと言うことがまったくない．僕には根もなければ茎もない．もしあるとしても，君の言うのと違って，それらは決して上に向かっても下に向かっても動きません」）[not ... at all（否定の強調），(not ...) as（前に否定があるときには「〜のように」ではなく「〜と違って」の意味）]

〈授業内容〉
① 一般に否定文と呼ばれているのは文を否定する「文否定」である．
② 文否定は，(a) 否定辞の not や never を助動詞の位置に置く，(b) 主語や目的語に nobody, nothing, no one, no + 名詞を置く．

　一般の否定文は文を否定しています．「彼は来なかった」というとき「彼は来た」＋「ない」となっていて「彼は来た」という文が「ない」によって否定されます．これを**文否定**と呼びます．英語では文否定を表すのに否定辞 not を助動詞の位置に置きます．

123

(1) a. 彼は来ませんでした．← 「彼は来ました」+「**ない**」
　　b. He did *not* come. ← He came + *not*

(1a) では「彼は来ました」という文が「ない」によって否定されています．文が否定されているので文否定です．英語でも同様で He came. という文が not によって否定されているので文否定です．

次の文を比較しましょう．

(2) a. John did*n't* eat *anything*. (ジョンは**なにも**食べ**ません**でした)
　　b. John ate *nothing*.

(2a) の日本語では「なにも～ない」という言い方をしますが，これは英語の not ~ anything と似ています．英語にはもう1つ not と any を合わせて no で表す (2b) の nothing のような表現があります．この文では否定辞が目的語の位置にありますが，否定辞はもとは (2a) のように助動詞の位置にあるので文否定となります．このように英語では主語や目的語に *nobody*, *nothing*, *no one*, *no* + **名詞** があっても文否定となります．

(3) a. *No one* came this afternoon. (今日の午後はだれも来ませんでした)
　　b. *No plants* grow there any more.
　　　(そこではもはや植物はなにも育ちません)
(4) a. I have *nothing* to do now. (今することはなにもありません)
　　　(cf. I do*n't* have *anything* to do now.)
　　b. He has seen *nobody* since last night.
　　　(昨夜から彼はだれにも会っていません)
　　　(cf. He has*n't* seen *anybody* since last night.)

2. 部分否定

〈教　材〉

After replying to what he said, I asked the old gentleman if he knew any legend or stories about the old houses all around us.

"Yes, many of them," he replied; "and it *isn't always* the old places that have the most stories about 'em."　　　　　　　　　("A Ghost Story")

(彼が言ったことに答えてから，私はその老人にこのあたりの古い家に何か伝説とか物語のようなものが伝わっているのを知っているかと尋ねた．「ええ，いろい

ろありますがね」と彼は答えた.「それに一番多くの話が伝わっているのが必ずしも古い家とは限りませんって」) ('em = them: cf. The old house has a strange story about it. (その古い家には不思議な話がある)))

〈授業内容〉
① 部分否定は特殊な現象ではなく,「いつも,すべて」のような語を含む文を否定文にすると自然に生じることを理解させる.
② 部分否定は全否定 (not at all) と対比する形で教えると理解しやすい.

(**a**) not always タイプ

日本語の「いつもそうしたいと思っている」を否定文にして「いつもそうしたいと思っているのではない」とすると,自然に「いつも～なのではない」のように「いつも」が否定される意味になります.英語でも同じです.

(1) a. They *always* like to do so. [肯定]
   (彼らはいつもそうしたいと思っている)
   b. They ***don't always*** like to do so. [部分否定]
   (彼らはいつもそうしたいと思っているのではない)
   c. They ***don't*** like to do so ***at all***. [全否定]
   (彼らはまったくそうしたいと思ってない)

「いつも」「すべて」「まったく」「必ず」のような語があるとき,否定辞はこれらの語を否定して「いつも～なのではない」「すべて～なのではない」「まったく～なのではない」というように一部分を否定する意味になります.これを**部分否定**と呼びます.これは特殊な現象ではなく,「すべて,必ず」のような語を含む文を否定文にすると自然に出てくる意味です.

(2) a. I can *totally* agree with Ruskin. (ラスキンに全面的に同意できる)
   b. I can***not totally*** agree with Ruskin.
   (ラスキンに全面的に同意できるのではない)
   c. I can***not agree*** with Ruskin ***at all***. (ラスキンにはまったく同意できない)
(3) a. I know *both* of them. (私は2人とも知っている)
   b. I do***n't*** know ***both*** of them. (私は2人とも知っているわけではない)
   c. I know ***neither*** of them. (私は2人とも知らない)
(4) a. *All* the members were present. (メンバー全員が出席した)

    b. ***Not all*** the members were present.（メンバー全員が出席したのではない）

    c. ***None*** of the members were present.（メンバーのだれも出席しなかった）

部分否定を引き起こす語に共通する意味は「すべて・完全に」という意味ですが，そのような語には次のものがあります。

(5)   all, both, every; altogether, always, necessarily; completely, entirely, quite, totally, fully, etc.

(6) a. A man of learning is ***not always*** a man of wisdom.
    （学者必ずしも知者ならず）

    b. ***Not every*** bomb has hit its target.
    （すべての爆弾が標的に当たったのではない）

    c. I'm sorry sir, I'm ***not entirely*** with you.
    （申し訳ありませんが，私はあなたのご意見にまったく同意というのではありません）

    d. If I'm ***not completely*** broke, I am at least in serious condition.
    （まったくの無一文というのはないが，少なくとも非常に困った状態にある）

    e. A good photograph is ***not necessarily*** an art photograph.
    （よい写真が必ずしも芸術写真にあらず）

    f. ***Not all*** blind people that own guide dogs are dog lovers.
    （介助犬を持っている目の見えない人がすべて犬好きというのではありません）

    g. I know it's ***not all*** your fault.
    （それがすべて君の責任であるのではないことは知っています）

    h. We do ***not all*** know the fact.
    （我々すべてがその事実を知っているのはありません）

    i. But she had ***not*** lost ***all*** her fun.
    （しかし彼女はすべての楽しみを失ったのはなかった）

    j. Women do***n't all*** want to live at home until they do get married.
    （女性だれもが実際に結婚するまで家にいたいと望んでいるのではありません）

(**b**) not really タイプ

部分否定と似た現象が really, exactly や頻度や量が多いことを表す語でも見られます。

(7) not really（本当に〜というのではない）
    a. He does *not really* understand it.
       （彼はそれを本当に理解しているのではない）
    b. It does *not really* matter what the answer is.
       （答えがどうであるかは本当に重要であるのではない）

(8) not very much（とても〜というのではない）
    a. We are *not very much* interested in the theory.
       （その理論にとても興味があるというのではない）
    b. I do*n't* like him *very much*.（彼が大好きというのではない）

(9) not so often（それほど頻繁ではない）
    a. Unhappily, he did *not* get it right *so often*.
       （あいにく彼がそれを正しく理解することはそう頻繁にはなかった）
    b. They did *not* take it for granted *so often*.
       （彼らがそれを当然と考えることはそれほど頻繁にはなかった）

(10) not exactly（必ずしもではない，まったくその通りというのはない）
    a. It's *not exactly* good news for investors either.
       （それは投資家にとっても必ずしもよいニュースではない）
    b. He is *not exactly* a typical Italian.
       （彼は必ずしも典型的なイタリア人ではない）

(c) 部分否定における否定辞の位置

部分否定では，否定辞は必ず否定される要素の右側になければいけません．否定には「**否定される要素は否定辞の右側になければならない**」という否定の原則があるからです．

(11) a. He did *not always* do it.
       [not > always で部分否定：いつもしたのではなかった]
    b. *Always* he did *not* do it.
       [always > not で全否定：いつもしなかった]

(12) a. I do*n't* go shopping *very often*.
       （買い物にとても頻繁に行くのではありません）
       [not > very often で very often が否定]
    b. *Very often* I do*n't* go shopping.
       （買い物に行かないことがとても頻繁にある）
       [very often > not で very often は否定されない]

(13) a. ***Not all*** the arrows hit the target.
(すべての矢が的に当たったのではない)
b. ***All*** the arrows did***n't*** hit the target.
(すべての矢が的に当たらなかった)
c. ***None*** of the arrows hit the target.
(矢は一本も的に当たらなかった)
[注記：古くから部分否定の例として引用される *All* is *not* gold that glitters.（光るものすべて金ならず）の例は，現代英語ではまれで古い用法の名残です]

(13) の場合，完全否定では，誤解を避けるために all ... not の表現ではなくて，none (of the arrows), no (arrows), nobody のような表現を用います．
なお，「だれも来なかった」を *Anyone* did*n't* come. と言うことはできません．any は否定の範囲内になければならない要素であるにもかかわらず，any が not の左側にあり，否定の原則に反するからです．*No one* came. と言わなければなりません．

[練習問題1] 日本語に直しなさい．
1. Older people are not necessarily ill or frail. [frail (ひ弱な)]
2. If you are not completely satisfied, return it within the 15 days and it will be cancelled. [クーリングオフの表示]
3. Not every decision can be pre-planned to the last detail.
[pre-planned (あらかじめ計画されている), detail (細部)]
4. The world's economies are not quite as clear-cut as they were a year ago.

[練習問題2] 口頭で英語に直しなさい．
1. Mrs. Reed はこれまでずっといつも貧乏だったというのではない．
(not always)
2. すべてのニュースが我々にとってよいというのではありませんでした．
(not all)
3. 私の動機はまったく純粋であると言うのではない．
(motives, not completely)
4. 読者のだれもがその本の意義を理解するということはないだろう．
(not every reader, significance)
5. 私はその結果にまったく満足しているのではない．(not quite, result)

3. 否定辞前置

> 〈教材〉
> ***Never before has there*** been such disorder, such lack of discipline, such disregard for tradition. ***Never before have the young*** shown similar contempt for good sense and their elders. ***Never before have we*** lived in such a fragmented condition in which …　（一橋大学入試問題（2005年））
> （これまでにこれほどの無秩序，風紀の欠如，伝統に対する無関心があったことはなかった．これまでに若者が良識や目上の人々に対して同じような軽蔑を示したこともなかった．これまでに我々はこのように分断された状況に生きたこともなかった）
>
> 〈授業内容〉
> ① 否定辞の前置は否定辞を強調するための操作である．
> ② 否定辞前置に伴う倒置は wh 疑問文の倒置と同じである．

否定辞の前置は否定辞を強調して否定を強調するためのものです．否定辞の前置に伴って主語・助動詞の倒置が起こりますが，これは wh 疑問文の場合と同じものです．

(1) I shall *never* forget your kindness. → *Never shall I* forget your kindness.（私はあなたのご親切を決して忘れません → あなたのご親切を忘れるようなことは決していたしません）

(2) *Very rarely do I* eat at home.
（家で食事をすることなどめったにありません）

(3) *Little did he* know that it wasn't a smile, but a grimace of pain.
（それが微笑んでいるのではなく苦悶の表情であることが彼にはまったく分からなかった）

(4) *Not a word did he* say when he left.
（彼は立ち去るとき一言も言わなかった）

(5) *On no account should he* be allowed to drive his car around.
（どんなことがあっても彼に車で走り回るのを許してはいけません）

[練習問題3] 否定要素を文頭に移動した文に書き換え，意味を言いなさい．
1. He *rarely* wears a tie.
2. I was *hardly* able to understand a word spoken to me.
3. You are *not only* ignorant, but you are also narrow-minded.
4. I *little* dreamed then that I should never see him again.
5. But that battle was *no sooner* over than a new one began.

さらなる情報

1. 否定辞前置の操作

この操作は日本語にはないので，日本語では否定の強調は強意表現を補って表す．否定辞前置と倒置の操作を実際に行うことによってこの構文をより深く理解できる．

I have ***never in my life*** done anything like this before. →
（私はこれまでの人生でこのようなことをしたことは決してない）
Never in my life have I done anything like this before.
（生まれてこのかた，こんな事をしたことは一度たりともない）

2. 前置される否定辞

否定辞前置では強い否定表現がよく用いられる：never（決して～ない），on no account（どうあっても～ない），under no circumstances（いかなる状態でも～ない），nowhere (else)（(他の)どこにもない）．rarely（めったに～ない），seldom（めったに～ない），hardly（ほとんど～ない）などでは only/very rarely, very seldom, hardly ever のように強意の副詞を伴うことも多い．また，hardly/scarcely... when/before（... するやいなや），no sooner ... than（... するやいなや）の慣用表現でも用いられるが文語的である．

なお，only を伴う表現（only recently, only in this way）の前置によっても倒置が起こるが，これは only（～だけ，～以外はそうではない）が否定を含意するからである．

(1) ***Very seldom*** is Bob Doe's name brought up in conversation.
（ボブ・ドウの名前が会話に上がってくることはほとんどない）
(2) ***Under no circumstances*** would he take back his former employees.
（どんな状況になっても彼は以前の従業員を再雇用することはないだろう）

(3) ***Not until now*** have we realized how much we had missed birds.
(これまでにどれだけ多くの鳥が姿を消したか今頃になってやっと我々は気がついた)

(4) ***Hardly*** had I arrived there when/before I was called back.
(私はそこに着くやいなや，呼び戻された)

(5) ***No sooner*** had the news leaked out than my telephone started ringing. (そのニュースがもれるやいなや，私の電話が鳴り始めた)

(6) Although nineteenth century whalers discovered that many of the strange calls at sea were the voices of whales, ***only recently*** have the songs of cetaceans become familiar to the rest of the world.
(19世紀の捕鯨者は海で聞こえる奇妙な鳴き声がクジラの声であることは知っていたけれども，クジラ目(もく)(cetaceans)の歌が世の中の他の人(捕鯨者以外の人)にも知られるようになったのはごく最近のことである)

3. 否定辞 little

little が believe, care, dream, expect, guess, know, seem, suspect, realize, think などの認識動詞と用いられるときは「ほとんどない」の意味ではなくて「まったく(少しも)ない」の意味で，動詞の直前あるいは文頭で用いられる．

I ***little*** knew that I was hooked. (騙されているとはまったく知らなかった)
Little did I know that I was hooked.

4. 否定辞前置による感嘆文

否定を強調するあまり感嘆的になることがある．その場合感嘆符がつく．

(1) ***Never have*** I seen such a storm!
(そんな暴風雨は生まれてこのかた見たことがない)

(2) ***Never was*** a wreck seen like that!
(そんな倒壊はこれまで見たことがない)

(3) ***Never have*** I known time to pass so slowly!
(時間がそんなにゆっくり流れるとはこれまで気がつかなかった)

(4) ***On no account must*** you think of suicide!
(どんな理由があっても自殺など考えてはいけない)

【解　答】

練習問題1　1. 年配の人達が必ずしも病気だとかひ弱であるのではありません．
2. もし十分にご満足いただけない場合には，15日以内に返却いただければキャンセルいたします．
3. すべての決定が最後の細部まで事前に決められていることはあり得ない．
4. 世界経済（の状態）は1年前と同じほどまったくはっきりしているのではない．

練習問題2　1. Mrs. Reed has not always been poor.
2. Not all the news was good for us.
3. My motives are not completely pure.
4. Not every reader will understand the significance of the book.
5. I am not quite satisfied with the result.

練習問題3　1. Rarely does he wear a tie.
（彼がネクタイをすることはめったにない）
2. Hardly was I able to understand a word spoken to me.
（私は話しかけられたほとんど一言も理解できなかった）
3. Not only are you ignorant, but you are also narrow-minded.
（君は無知だというだけでなく，心が狭い）
4. Little did I dream then that I should never see him again.
（その時には彼に再び会えないなどとは夢にも思わなかった）
5. But no sooner was that battle over than a new one began.
（しかしその争いが終結するやいなや新しい争いが始まった）

第15章　完了形

　現在完了形のむずかしい点は，日本語にこれに相当する形式がないこと，もう1つは，1つの形式がいくつかの異なる意味を表す点にあります．しかしそれらの異なる意味には共通部分があり，それが現在完了形の中核の意味で，現在完了形の学習上の要点です．

〈授業内容〉
① 現在完了形の用法
現在完了形は，**現在の状態を説明するために過去の事柄を述べる用法**である．現在の状態を説明するので現在形を用いる．言い換えれば，過去の事柄と現在との関係を表す．これが中核的意味であり，関係の在り方がそれぞれ個別の意味（用法）である．
　(a) 過去の出来事が現時点で完了し，その結果があること（完了・結果）
　(b) 過去の出来事が現時点で問題になっていること（経験）
　(c) 過去の状態が現時点まで継続していること（継続）
② 現在完了形と現時点との関連を過去時制と対比して説明するのがよい．

1. 現在完了形

〈教　材〉

It is difficult for one living in a country where such fierce animals are unknown, to believe that they have an influence over man, to such an extent as to prevent his settling in a particular place; yet such is the fact. In many parts of South America, not only plantations, but whole villages, ***have been abandoned*** solely from fear of the jaguars.　　　　　　　("The Jaguar")

（そのような猛獣のいない国に住んでいる人にとっては，そのような動物が特定の地域に人が定住するのを妨げるほどの影響を与えるということは信じがたいことである．しかし事実はその通りである．南アメリカでは，農場ばかりでなく村全体がジャガーの恐怖から放棄されてしまった地域が多くある）

1.1. 現在完了形の用法

　現在完了形は，過去のことを述べていますが，それが**現在とどのような関係にあるか**を説明するためのものです．過去と現在の関係には，過去に起こったことが現時点では完了してその結果があること（**完了・結果**），過去の出来事の経験が現時点で問題になっていること（**経験**），過去の状態が現時点でも継続していること（**継続**），の3つの場合があります．日本語にはない形式なので，過去形との違いを理解することが大切です．

(**a**)　完了・結果

(1) a. I *have written* my composition.
　　　（作文を書き終わった（ので作文が出来上がっていてその結果作文が存在する）［過去の行為が現時点で完了，結果がある］
　b. I *wrote* my composition yesterday.（昨日作文を書いた）
　　　［現時点とは無関係の過去の行為］

(2) a. The clock *has* just *struck* twelve.
　　　（時計がちょうど12時を打った（12時になった））
　b. George *has gone* to America to work as a businessman.
　　　（ジョージはビジネスマンとして働くためにアメリカに行ってしまった（ここにはいない））
　c. I'*ve come* to school without lunch.
　　　（昼食を持参しないで学校に来た（現在学校にいる））
　d. It *has stopped* raining.（雨があがった（今は降っていない））

(**b**)　経験

(3) a. I *have read* this poem somewhere, but I forgot where.
　　　（この詩をどこかで読んだことがあるが，どこか忘れた）［過去の経験が現時点で問題となっている］
　b. I *read* this poem.（この詩を読んだ）［現時点とは無関係の過去の行為］
　　　（比較：I *have just read* this poem.（今この詩を読み終えたところだ）
　　　［完了］/ I *have read* this poem.［「経験」とも「完了」とも解釈できる］）

(4) a. I *have visited* Singapore once.（一度シンガポールを訪れたことがある）
　b. He *has lived* in several countries.（彼は方々の国に住んだことがある）
　c. I *have seen* that lady somewhere before.
　　　（以前にどこかであの夫人に会ったことがある）

第 15 章 完了形

    d. *Have* you *been* to Boston before?
      （以前にボストンに行ったことがありますか）
      [have been to ~（~へ行ったことがある）は慣用表現として覚える（→〈さらなる情報〉1.（p. 138））]

(c) 継続

(5) a. I *have* long *wanted* to see the sunset.
    （長い間その夕日を見たいと願っていた）
    （比較：I *wanted* to see the sunset.（その夕日を見たかった：過去の事実））
  b. He *has been* a big star from a child.
    （彼は子どもの頃からずっと大スターだ）
    （比較：He *was* a big star.（彼は大スターだった：過去の事実で現在とは無関係））

(6) a. I *have known* him for thirty years.（彼とは 30 年来の知り合いです）
  b. How long *have* you *been* here?（ここに来てどの位になりますか）
  c. She *has lived* here since she was born.
    （彼女は誕生以来ずっとここに住んでいる）
  d. I *have loved* her all my life.
    （僕はこれまでずっと彼女を愛している）

継続用法は過去の状態が現時点でも続いていることを表すので，状態動詞のときに見られます．状態動詞は be, remain, love, know, have（持っている），belong, want などで日本語の「~ている」に対応する動詞です．活動動詞で継続を表すのには**現在完了進行形**を用います．

(7) a. I *have been studying* English for five years.
    （5 年間ずっと英語を勉強している，今もしている）
    (I *have studied* English for five years.（5 年間英語を勉強した，今はしていない））
  b. What *have* you *been doing* here?
    （今までここでずっと何をしているのですか）
  c. He *has been reading* since he had lunch.
    （昼食をとってからずっと読書をしている）
  d. I'm lost. I've *been walking* about here for hours and I can't find

my way out of the wood.（道に迷ってしまった．何時間もここらを歩き回っているのだが，森から出る道が見つからない）

1.2. 現在完了形と副詞

現在完了形は過去の事柄に言及しながら現在の状態について述べているので，明らかに過去の時を表す副詞は用いられません．また疑問詞 when も現在完了形では用いられません．

　過去形と用いられる副詞：yesterday, last Sunday, in 1945, a few days ago, when a child, etc.

(1) a. The new teacher arrived *a few days ago*.
   （新人教師が数日前に着任した）
   b. I read this book *when I was a child*.（子どもの頃この本を読んだ）

　現在完了形に用いられる副詞：this week/month/year, today; lately, of late, recently; always, ever, never; sometimes, often, twice; since, for~; now, just [just now は不可]，before; already, yet; etc.

(2) a. The mailman *has* not *come today* yet.
   （郵便配達人は今日まだ来ていません）[配達時刻前の発話]
   b. The mailman *came today*.
   （郵便配達人は今日来ました）[配達時刻を過ぎてからの発話]

(3) a. He *has come* several times *this morning*.
   （午前中何度も来た）[午前中の発話]
   b. He *came* several times *this morning*.
   （午前中に何度も来た）[午後以降の発話]
   [today, this morning などは時刻に応じて現在完了形でも過去形でも用いられる]

(4) a. *Has* the bell *rung yet*?
   （ベルはもう鳴りましたか）[yet は疑問文，否定文で]
   b. The bell *has already rung*.
   （ベルはすでに鳴りました）[already は肯定文で]
   [Has the bell rung already?（もう鳴ったのですか）疑問文の already は驚き]

(5) a. I *have now arrived* at the close of my history.
   （私は今や人生の終わりにやってきた）

b. *He **has just arrived**.* (彼は今しがた着いたところです)
   [He arrived just now. (彼はつい今しがた着いた) just now は過去時制, 現在時制, 未来時制で用いられますが, 完了形では用いられません: I'm free just now. (ちょうど今暇です) / I'll be there just now. (すぐ行きます)]
(6) a. *When did* he arrive? (彼はいつ着きましたか)
    b. *When did* you begin English? (いつから英語を始めましたか)
       [いずれも完了形不可]

練習問題1　口頭で英語に直しなさい.
1. 彼は出たばかりです. (just, go out)
2. もう宿題は終わりましたか. (yet)
3. もうすでに医者が来ています. (already)
4. 君はボストンに行ったことがありますか. (ever)
5. 私は5年間ピアノのレッスンを受けた. (take piano lessons, for five years)
6. 私は一度仙台で彼に会ったことがある. (once)
7. 最近お兄さんから便りがありましたか. (hear from, lately)
8. 彼は1か月学校を休んでいる. (for a month)
9. 彼は生まれたときからここに住んでいる. (since)
10. 1時間彼を待っているところです. (現在完了進行形, for an hour)

練習問題2　2つの文の意味の違いを言いなさい.
1. a. He has gone to Paris.
   b. He has been to Paris.
2. a. Yoshitune has become one of the popular heroes of Japan.
   b. Yoshitune became one of the popular heroes of Japan.
3. a. He has called me three times this afternoon.
   b. He called me three times this afternoon.
4. a. He has given up smoking.
   b. He gave up smoking.

練習問題3　日本語に直しなさい.
1. Since April 1990, married couple have been taxed independently. [independently (個々別々に)]
2. Only a tiny percentage of students I have ever met have been to a seminar or a lecture. [a tiny percentage of (一握りの)]
3. Most jobs created have gone to those living outside the area.

4. In Europe many children have visited another country before their tenth birthday.
5. I will give you an example of why I have come to that conclusion.

さらなる情報

1. **have been**: この表現には「経験」のほかに「継続」,「完了」の意味がある.

    How long *have* you *been* here?（どの位ここにいますか）［継続］
    How often *have* you *been* here?（何度ここに来たことありますか）［経験］
    I *have been* to Rome.（ローマに行ったことがある）［経験］
    I *have* just *been* to the station to see a friend of mine off.
    （駅に友人を見送りに行ってきたところです）［完了］

2. **live** は「住む，住んでいる」のように活動動詞にも状態動詞にも用いられる.

    He *lives* in London.（ロンドン在住だ）［状態動詞］
    He *is living* in London.（今はロンドン住まいだ）［活動動詞］

    したがって，次の文は多義である.

    I *have lived* in London for two years.
    　(a) 2年間ロンドンにいたことがある.［活動動詞］
    　(b) 2年間ロンドンに住んでいる.［状態動詞］

    「ここに7年間住んでいる」という日本語に対しては，次のどちらの英語を用いてもよいが，完了進行形のほうは何度か転居している感じを与える.

    I *have lived* here for seven years.［状態動詞］
    I *have been living* here for seven years.［活動動詞］

3. **since** で示される過去時に起こった出来事が現時点まで継続していることを示す「**現在完了＋since＋過去形**」は1つの型として覚えさせるのがよい. since の過去時制に迷う学生が多いからである. since 以下の内容が文脈から明らかなときには省略される.

    I *have been trying* to get into journalism *since* I was a high school student.（私は高校生のときからずっとジャーナリズムの道に入るように努力を続けている）

I left him in Tokyo two years ago and I *have* not *seen* him *since*.
（2 年前に彼に東京で別れ，それ以来彼には会っていない）

4. yet は否定文や yes-no 疑問文で用いられるが，wh 疑問文では用いられない．Why has he come yet? とか What have you done yet? とは言わない．

2. 過去完了形

〈教　材〉

Hassan was a camel driver who dwelt at Gaza. It was his business to go with caravans, backwards and forwards, across the desert to Suez, to take care of the camels. He had a wife and one young son, called Ali.

Hassan *had been* absent for many weeks, when his wife received from him a message, brought by another camel driver, who *had returned* with a caravan from Suez.　　　　　　　　　　　　　　("Ali, the Boy Camel Driver")

（ハッサンはラクダ使いでガザに住んでいた．彼の商売は隊商とともに砂漠を越えてスエズへ行ったり来たりしてラクダを世話することでした．彼には妻とアリという名の若い息子がいました．ハッサンが出かけてから数週間経ったころ，妻は彼からの便りを受け取りました．それはスエズから隊商と一緒に帰ってきたもう一人のラクダ使いが持ってきたものでした）

〈授業内容〉

① 過去完了形は現在完了形の時制を過去に戻したものと考えてよい．
② 過去完了形の用法：**過去のある時点の状態を説明するためにそれより以前の事柄を述べる用法**である．したがって，過去より以前のことを表すために過去完了の形を用いる．言い換えれば，過去のある時点の状態がそれより以前の行為や状態と関係があることを表す．これが過去完了形の中核の意味で，その関係の在り方がそれぞれの用法となる．(a)-(c) は現在完了形に対応する用法で，(d) は過去完了形のみに見られる．

　　(a) 以前に起こった出来事が過去のある時点で完了し，その結果があること（完了・結果）．

> (b) 以前に起こった出来事が過去のある時点で問題になっていること（経験）．
> (c) 以前の状態が過去のある時点まで継続していること（継続）．
> (d) ある過去の時点よりも以前に起こったことを表す（時の前後関係）．

(a) 完了・結果

(1) a. My father ***had gone*** to America when I *was* born.
    （私が生まれたとき父はアメリカに行っていた（父はこちらにはいなかった））
   b. When I *got* to the station, the train ***had*** already ***started***.
    （私が駅に着いたとき，列車はすでに出発していた）
   c. When I *came* home, I found that my brother ***had returned*** the day before. （家に着いて，私は兄がその前日に戻っていたことを知った）

when 節で示される過去の時点よりも以前に出来事が完了していたことを過去完了形で表しています．

(b) 経験

(2) a. I *knew* the neighborhood very well, for I ***had*** often ***been*** there.
    （その地域を熟知していた，というのは何度もそこに行ったことがあったから）
   b. He *knew* her; He ***had seen*** her several times before.
    （彼は彼女と知り合いであった．以前に何度か会ったことがあったから）
   c. Since I ***had seen*** him before, I *recognized* him easily.
    （以前に会ったことがあったので，すぐに彼だと分かった）

(2a) を例にとると，knew で示される過去の時点で，それよりも前に起こった出来事 (had been there) が問題になっています．

(c) 継続

(3) a. I ***had been*** ill in bed for a week before I *was* sent to hospital.
    （入院する前 1 週間病床にあった（入院したときすでに 1 週間病床にあった））
   b. We ***had been married*** twenty years *in 1990*.

(1990 年には結婚して 20 年経っていた(1990 年の時点で 20 年間結婚していた))
- c. My father ***had been*** dead for 30 years when I *got* married.
（私が結婚したとき父が亡くなってから 30 年経っていた）

完了形で継続を表すのは状態動詞の場合です．動作動詞のときに継続を表すのには**過去完了進行形**を用います．

(4) a. It ***had been raining*** for a whole week and the bridge *was* washed away.（まる 1 週間雨が降り通しだったので，橋が流された）
 b. Her eyes *were* red; she ***had been crying***.
（目が赤かった：彼女はそれまでずっと泣いていたのだ）

(d) 時の前後関係

時の前後関係を表し，過去のある時点よりも前に起こったことを表します．出来事が起こった順番に述べるときにはすべて過去形でよいのですが，出来事の順序を逆にして述べるときには，より前の出来事は過去完了形で表す必要があります．

(5) a. The teacher *made* books and he *used* them.［時間軸に沿った言い方］
（先生が本を作って，それらを使った）
 b. The teacher *used* books. He ***had made*** them.［時間順序が逆］
（先生は本を使ったが，先生はそれらを前もって作っていた）
(6) a. I *borrowed* some novels, and *read* them.［出来事の起こった順番通り］
（小説を借りてきて読んだ））
 b. I *read* the novels that I ***had borrowed***.［出来事の順序が逆］
（借りてきた小説を読んだ）
(7) a. It *rained* all night, but it *cleared* up in the morning.
（夜通し雨が降ったが，今朝はあがっていた）
 b. The road *was* muddy. It ***had rained*** all night.
（道路がぬかるんでいた．夜通し雨が降ったからだ）

after や before によって前後関係が明らかなときには過去完了形を使う必要はありませんが，when を用いるときには前後関係が明らかでないので，過去完了形によって前後関係を表す必要があります．

(8) a. I *left* before he *arrived*.（彼が着く前に私は出発した）
 b. I ***had*** already ***left*** when he *arrived*.

（彼が着いたときは私はすでに出発していた）
(9) a.　He *arrived* after I *left*.（私が出発した後に彼が着いた）
　　b.　He *arrived* when I **had left** already.
　　　（私がすでに出発したときに彼が着いた）

練習問題4　日本語に直しなさい．
1. By this morning, builders had already started repair work.
　［repair work（修理作業）］
2. The child concealed the toy car which he had broken. ［conceal（隠す）］
3. But she was not all right. She had broken her neck.
4. She danced with neighbors and men she had gone to school with.
5. Until I entered a college, I had been studying without any definite object.
　［definite object（明確な目的）］

さらなる情報

after, before に過去完了形が用いられると，時間関係に加えて過去時の状態を表す．

　He *arrived* after I *left*.
　（私が出発した後に彼が着いた）［単なる時間関係］
　He *arrived* after I **had left**.
　（彼が到着したとき，私は出発した後だった（のですでにいなかった））［had left によって過去時 he arrived の状態を表している］
　I **had left** before he *arrived*.
　（彼が到着する前に，私はすでに出発していた（のでいなかった）［had left によって過去時 he arrived の状態を表している］

【解　答】

練習問題1　1. He has just gone out.
2. Have you finished/done your homework yet?
3. The doctor has already come/has already been here.

4. Have you ever been to Boston?
5. I have taken piano lessons for five years.
6. I have once met him in Sendai. [once は文末も可]
7. Have you heard from your brother lately?
8. He has been absent from school for a month.
9. He has lived (has been living) here since he was born.
10. I have been waiting for him for an hour.

|練習問題2| 1. a. パリに行ってしまった，ここにはいない．
　　　　　　b. パリに行ったことがある．
2. a. 義経は日本で最も人気の高い英雄の1人である．[現状，昔も今も人気がある]
　　b. 義経はかつて最も人気のある英雄の1人であった．[歴史上の事実]
3. a. 彼は午後3回電話をよこした．[午後の間の発話]
　　b. 彼は午後3回電話をよこした．[夕方以降の発話]
4. a. 彼は禁煙している．[禁煙に成功して今は吸っていない]
　　b. 彼は禁煙をした．[禁煙の成否は不明]

|練習問題3| 1. 1990年4月以降，夫婦それぞれ別個に課税されている．
2. 私がこれまで会った学生の中でセミナーか講義に出席したことのある学生はほんの一握りである．
3. 作り出される仕事のほとんどがその地域以外に住んでいる人達に回ってしまっている．
4. ヨーロッパでは10歳の誕生日の前に他の国に行った経験をもつ子どもが多くいる．
5. 私がなぜあの結論に至り着いたかその理由を示す例を1つお見せしましょう．

|練習問題4| 1. 今朝までには建築業者がすでに修理作業を始めていた．
2. 子どもは壊したおもちゃの車を隠した．
3. しかし彼女は大丈夫ではなかった．すでに首の骨を折っていた．
4. 彼女は近所の人たちやかつて一緒に学校にかよっていた男たちと踊った．
5. 大学に入るまで，明確な目的なしに勉強をしていた．

第16章 仮定法

　ことばは実際に起こったことや未来に起こるかもしれないことを述べるばかりでなく，仮想世界を作り出してその仮想世界の出来事について述べることができます．そのような用法を仮定法と言います．**仮定法は，実際には起こっていないことを想定して，その仮想世界における出来事について述べる表現法**です．仮定法には仮定法過去と仮定法過去完了の2つがあります．形式と意味の関係が定まっているのでそれをしっかり学習すればそれほどむずかしいものではありません．

〈授業内容〉
① 現在実際には起こっていないことを想定して述べる**仮定法過去**
② 過去に実際には起こらなかったことを想定して述べる**仮定法過去完了**

1. 仮定法過去

〈教　材〉

You *might go* to a store and buy sand and sugar; but *if* they *became* mixed together as you brought them home, you *would* not *be* able to use either one of them, *unless* some clever fairy *could pick* them apart for you.

("Air")

(仮にある店に行って砂と砂糖を買うとしよう．しかしもし家に持って帰る途中でそれらが混じってしまうと，どちらも使うことができなくなるだろう，もし賢い妖精がいてそれらをより分けることができれば別だが)

〈授業内容〉
① 条件文と対比しながら，仮定法過去の意味を理解させる．
　　条件文：If it is fine tomorrow, we will start.（明日晴れたら出発します）
　　仮定法過去：*If* it *were* fine now, we *would* start.
　　　　　　　　（今晴れているなら出発するのに）
　　条件文は単にある条件があればどうだと述べているに過ぎない．仮定法過去は，現在の事実ではないことを仮想して述べる用法であること，過

去のことではなく現在の仮想について述べていることを確認する．
　② 仮定法過去の形式と意味の対応関係は固定しているのでそれを憶えさせる．

1.1. 条件文

　if 節があれば仮定法と考えることはできません．if 節には単なる条件を表す場合があり，これは「時」や「理由」を表す副詞節と同じ種類の節です．「もし〜ならば，〜です」の意味を表し，時制は主節でも if 節でも意味に応じて自由です．

(1) a. *If* I know the facts, I can tell you about them.
　　　（私がその事実を知っているなら，それについてあなたにお話しできます）
　　b. *If* you *will* help us, we*'ll* be able to finish the work today.
　　　［will は意志を表す］（君が手伝ってくれるなら，今日中にその仕事を終えることができるでしょう）
　　c. *If* you *need* much more help, *do* not *hesitate* to contact me.
　　　（さらにもっと助けが必要なら，遠慮なく私に連絡して下さい）
　　d. What *happens if* I *do* not *pay* the income tax?
　　　（所得税を払わないとどうなりますか）
　　e. *Call* Janet Sutton during office hours *if* you *would* like to know more about our work.（我々の仕事についてもっと知りたければ営業時間中にジャネット・サットンに電話をしてください）
　　f. *If* you *are* found guilty, the trial *enters* into its next complicated part.（君が有罪と判明すれば，裁判は次の複雑な段階に入ります）

1.2. 仮定法過去

　仮定法過去は，現在実際には起こっていない事柄や現実に起こる可能性が低い事柄を仮想して述べるのに用いられます．形式と意味の関係が固定していますから次の形式をしっかり憶えましょう．

　　仮定法過去：**If** S＋過去形，S＋**would/should/could/might/etc.**＋動詞の原形「もし〜であるならば，〜であるのに」

(**a**)　現在起こっていない事柄を仮定
　条件文と仮定法の文を比較してみましょう．

(1) a. *If* I *know* the facts, I *can tell* you about them. ［条件文］
(私が事実を知っているなら，それについてお話しできます)
　　b. *If* I *knew* the facts, I *could tell* you about them. ［仮定法過去］
(私が事実を知っているなら，それについてお話しできるのに (事実を知らないので，話せない))

条件文は単に条件を述べているに過ぎませんが，仮定法過去では現在の状況と異なることを想定し，その場合にはどうなるかを述べています．
　仮定法過去では be 動詞は主語の人称・数に関係なく *were* を用います．口語では was が用いられることもありますが，were が基本です．

(2) a. I *could climb* the top of that mountain *if* I *were* ten years younger. (もう10歳若ければ，あの山の頂上まで登れるのに)
　　b. *If* my father *were* alive, what *would* he *say*?
(父が生きていたら何と言うでしょうか)
　　c. *If* I *had* the book, I *would lend* it to you.
(その本を持っているなら，お貸しするのですが)
　　d. He *might do* so, *if* he *liked*.
(彼がそうしたいのならしてよいでしょうに)

if 節がなくて，それに相当する内容が他の表現に含まれている場合があります (→〈さらなる情報〉の《実例》(p. 152))．

(3) a. *Without their support* we *would* not *be* able to provide a service at all. (彼らの支援がなければ，サービスを提供することは全くできないでしょう)［without の句に条件の意味］
　　b. Researchers often uncover information they *would* never *otherwise obtain*. (研究者はそうでなければ決して得られない情報をしばしば明らかにしている)［otherwise に条件の意味］
　　c. *After 12 years of living in those conditions*, I *would* probably *want* to die myself. (あのような状態で12年間も生活したらおそらく私自身死にたいと思うでしょう)［after の句に条件の意味］
　　d. It *would be* wrong *to dismiss this sort of criticism as mere sales talk*. (この種の論評を単なる売り込み口上としてかたづけてしまうのは間違いでしょう)［不定詞に条件の意味］

(b)　**I wish**＋仮定法過去；**if only**＋仮定法過去
現在において実現しがたい**願望**を表します．

(4) a.　***I wish*** I ***were*** rich.　　***I wish*** I ***could*** help you.
　　　（金持ちならいいのに）　　（あなたをお助けできればいいのに）
　　　I wish it were night.（夜であればいいのに）
　b.　***If only*** I ***were*** more intelligent.
　　　（私にもっと理解力がありさえすればいいのに）
　　　If only Snoopy ***were*** here.
　　　（スヌーピーがここにいてくれさえすればいいのに）
　　　If only the rain ***would*** stop.（雨が止んでくれさえすればいいのに）

1.3.　仮定法未来
未来のことを表す仮定法です．
(a)　**if S were to ~**（もし~するようなことがあれば）

これは実現可能性が低いことに用いられると言われますが，実際には，**ありそうにないことから実現の可能性がある場合まで**かなり幅広く用いられます．

(1) a.　It ***would*** be dreadful ***if*** he ***were to*** die.
　　　（もし彼が死ぬようなことがあったら恐ろしいことだ）
　b.　***If*** he ***were to*** run forward right away, he ***would*** almost certainly find her within a minute or two.（もし彼がすぐに走って行けば，ほとんど確実に1, 2分以内に彼女を見つけ出すだろう）
　c.　She had not decided whether or not to tell Dick, but ***if*** he ***were to*** be told it ***would*** be by her, not the Longhills.（彼女はディックに話すかどうかまだ決めかねていたが，もし彼に話すとすれば，彼女によってであってロングヒル家の人々によってではないだろう）
　d.　What ***would*** happen ***if*** he ***were to*** cheat on me one day?
　　　（彼がいつか私を裏切るようなことがあったらどうなるだろう）

(b)　**if S should ~**（万一~ならば；万一~だとしても）

これは**実現可能性が低いとき**に用いられますが，絶対に起こりえないことには用いられません．帰結節（主節）は意味内容にしたがって様々な形をとります．

(2) a. *If* he ***should*** contact you, *tell* him to call me.
(万一彼が君に連絡してきたら，私に電話するように言ってください)

b. *If* you ***should*** require additional information you *can contact* me on 469-5469. (万一さらに情報が必要なら，469-5469 で私に連絡してください)

c. *If* you ***should*** wish to look inside the packet before sending it, *feel* free to do so. (発送する前に包みの中を見たいなら，自由に見て下さい)

(3) a. *If* it ***should*** rain, it's not *going to be* for a very long time.
(万一雨が降っても，長くは降らないでしょう)

b. *If* he ***should*** return for any reason I *wouldn't want* to meet him.
(彼がどのような理由で帰ってきても，彼に会いたくはありません)

c. This *will prevent* water coming back into the pump *if* it ***should*** stop working. (万一ポンプが動かなくなっても，水がポンプに逆流するのをこれが防ぐのです)

d. The loan *will be* repaid *if* you ***should*** die before the term is up.
(万一契約期間が切れる前に君が亡くなるとしても借金は返済されます)

2. 仮定法過去完了

〈教材〉

This was, indeed, a day of great excitement in our forest home. Frank, who was the hero of the day, although he said nothing, was no doubt not a little proud of his skating feat. And well he might be, as, ***but for*** his skill, poor Harry ***would*** no doubt ***have fallen*** a prey to the fierce wolves.

("An Adventure with Dusky Wolves")

(オオカミに追いかけられてスケートで滑って逃げた話：この日は我々の森の家では実に大騒ぎの日であった．フランクが，その日のヒーローであったのだが，口に出しては言わなかったが，疑いもなく，スケートの技を少なからず自慢に思っていた．それももっともなことであった．というのは彼の技量がなければ，かわいそうにハリーはどう猛なオオカミの餌食なっていたであろうことは明らかだったからだ)

[well he might be = he might well be proud of his skating feat, fall a prey to (の餌食になる)]

第16章　仮定法

〈授業内容〉

① 仮定法過去と対比しながら，仮定法過去完了は仮定法過去を過去にさかのぼらせた表現であることを理解させる．

(1) a. *If* it *were* fine now, I *would* start.［仮定法過去］
（今晴れているなら出発するのに）
b. If it *had been* fine yesterday, I *would have started*.［仮定法過去完了］
（昨日晴れていたなら出発したのに）

② 仮定法過去完了の形式と意味の対応関係は固定しているのでそれを憶えさせる．

(a)　仮定法過去完了

仮定法過去完了は，**過去に実際には起こらなかった事柄を想定して述べる表現**です．形式と意味の関係が固定しています．

If S＋過去完了形，**S**＋**would/should/could/might/etc.**＋**have**＋過去分詞
「もし〜であったならば，〜であったのに」

仮定法過去完了は，現在起こっていないことを想定して述べる仮定法過去を，過去にさかのぼらせた表現と見なすことができます．

(1) a. *If* I *had* not *missed* the train, I *would have got* here in time.
（電車に乗り遅れていなかったら，時間通りにここに到着したでしょうに）
b. *If* he *had taken* my advice seriously, he *might have achieved* a remarkable success.（もし彼が私の忠告を真面目に受け取っていたならば，素晴らしい成功を収めていたでしょうに）
c. *If* it had not *been* for the trees, the hut *would have been* blown into pieces by the strong wind.［if it had not been for＝but for, without（〜がなかったならば）］（もし立木がなかったなら，その小屋は強風で吹き飛ばされてばらばらになっていたでしょうに）

(2) a. *If* he *had grown* tea on his half acre, he *would have been guaranteed* at least 10000 rupees.［rupee（インドなどの貨幣単位）］
（彼の半エーカーの畑にお茶を栽培していたら，少なくとも1万ルピーの金が必ず入ってきたでしょうに）
b. *If* she *had dared* to go along the road she *could have walked* to Brownies in less than three hours.（もし彼女があえてその道を行って

いたら，3時間かからないでブラウニーズに歩いて行けたであろうに）

c. *If* she *had accepted* his proposal, she *could have been* looking forward to a child of her own now. （彼女が彼の求婚を受け入れていたならば，今頃は自分自身の子どもを持つのを楽しみにできたであろうに）

d. *In her new black working dress* she *could have been* taken for a widow. （彼女が新しい黒い仕事服を着ていたならば，未亡人と間違われる可能性があっただろうに）[in her new black working dress に仮定の意味が含まれる]

(b) I wish + 仮定法過去完了；**if only** + 仮定法過去完了
過去に実現しなかった願望を表します．

(3) a. *I wish* I *had bought* the book. （その本を買っておけばよかった）
b. *I wish* I *had known* it. （それを知っていればよかったのに）
c. *I wish* she *had*n't *gone* away.
　（彼女が行ってしまわなかったらよかったのに）
d. *I wish* I *could have remembered* his words.
　（彼のことばを憶えておくことができればよかったのに）

(4) a. I can't sleep; *if only* I *had*n't *had* that last cup of coffee.
　（眠れない．あの最後の一杯のコーヒーさえ飲まなければよかったのに）
b. *If only* he *could have found* a way to get out of the wood.
　（彼が森を抜け出す道さえ見つけだすことができればよかったのに）
c. *If only* I *had known* what had become of James.
　（ジェイムズがどうなったか分かってさえいたらよかったのに）

3. 倒置による仮定表現

if が省略されて，主語・助動詞の倒置が起こっている文があります．

(1) a. *Should any one call*, tell him that I will not be home till evening.
　［= *If any one should call*,］（万一だれか来たら，夕方まで帰らないと言ってください）
b. *Were it* not for his idleness, he would be a good student.
　［= *If it were not for his idleness*,］（怠け心がなければ彼はいい生徒ですが）
c. *Had it* not been for the Cold War, these expectations might have

第 16 章　仮定法　　　　　　　　　　　　　　151

been realized. [= If it had not been for the Cold War,]（冷戦がなかったらこれらの予測は実現していたかもしれない）

練習問題1　日本語に直しなさい．
1. I wish all politicians were like you.
2. If only the problem were that simple. [that（それほど）]
3. It would be the most terrible calamity if he were to be killed. [terrible（ひどい）, calamity（不幸, 災難）]
4. Without their help, I would not have been able to maintain my present position. [maintain（維持する）]
5. They can cover the cost of chauffeur driven cars if you should lose your driver's license. [they（保険会社）, chauffeur-driven（運転手付きの）]
6. If we had started in proper time, we should have been there by this time. [in proper time（適切な時刻に）]

練習問題2　口頭で英語に直しなさい．
1. もっと一生懸命勉強すれば試験に合格できますよ．[条件文, can]
2. もっと一生懸命勉強すれば試験に合格できるでしょうに．[仮定法過去, could]
3. もっと一生懸命勉強していたら試験に合格できたでしょうに．[仮定法過去完了, could]
4. もし彼の住所を知っていれば教えてあげるのですが．[仮定法過去, give]
5. もし彼の住所を知っていたら教えてあげたのに．[仮定法過去完了, give]
6. 髪が長ければよいのに．[仮定法過去, I wish]
7. 髪が長かったらよかったのに．[仮定法過去完了, I wish]

さらなる情報

仮定法のまとめ

(i) 仮定法過去：現在実際には起こっていない事柄や現実に起こる可能性が低い事柄について述べる．
　　If S + 過去形, S + would/should/could/might/etc. + 動詞の原形
　　（もし〜であるならば, 〜であるのに）

(ii) 仮定法過去完了：過去に実際には起こらなかったことを想定して述べる．

If S＋過去完了形，S＋would/should/could/might/etc.＋have＋過去分詞（もし～であったならば，～であったのに）
(ⅲ) 未来を表す仮定法（仮定法未来）：不確実な未来の事柄について述べる．
If S were to ～（もし～するようなことがあれば）
If S should ～（万一～ならば：万一～だとしても）

《実　例》

(**a**)　if 節が明示されない場合
1. "Suppose he never commits the crime?" said Alice. "That ***would be*** all the better, wouldn't it?" the Queen said. （「彼は決して罪を犯さないとしてみましょうか」とアリスは言った。「それならいっそう結構だわね」と女王が言った）
2. "I am sure I ***would not play*** with such a beast," said Harry.
（「僕ならきっとそんな猛獣と遊んだりしない」とハリーは言った）
［would は仮定法過去で「僕ならば」の仮定が背後にある］
3. "It ***would be*** madness; she will jump into the river," said one of the men, "and the rapids ***would dash*** her to pieces in a moment. （「きちがいじみている；彼女は川に飛び込むつもりだ．そんなことをしたらこの急流が一瞬に彼女を粉々にしてしまうだろう」とその中の一人が言った）
［she will jump の文が意味上 if 節の働きをしている］
4. You ***should have been*** more careful in driving your car.
（君は運転をもっと慎重にしたほうがよかったのに）

(**b**)　不定詞節が if 節に相当する場合
1. To look at drops of clear water on flowers you ***would think*** it had rained during the night; but, noticing that the ground is dry, you know that no rain has fallen. （花の上のきれいな水滴を見ると，夜中に雨が降ったと思うでしょう．しかし地面が乾いているのを見て，雨は降らなかったことが分かる）［to look at の不定詞に仮定の意味が含まれる：If you were to look at …, you would think …］
2. To hear him speak English, one ***would think*** him an Englishman.
（彼が話すのを聞くと，英国人だと思ってしまうでしょう）

(**c**)　名詞句が if 節に相当する場合
1. *The least movement* in his sleep and he ***must have rolled*** over and ***been dashed*** to piece on the rocks below. （寝ている間に少しでも動けば，

彼は転げ落ちて下の岩にあたって砕け散ったに違いない）［仮定法過去完了］
［名詞句の the least movement に仮定の意味がある：＝If he had moved even a little while asleep, he must have rolled …］

2. *A wise man **would** not **have done*** such a thing.
（賢い人ならそんなことはしなかっただろう）［仮定法過去完了］

3. *A true friend **would have acted*** otherwise.
（真の友なら別の行動をとったであろう）［仮定法過去完了］

4. ***One more such loss***, and we are ruined.
（もう一度そのような損害を受けたら我々は破滅だ）［条件文＝If we suffer one more such loss, we are ruined. 名詞句が条件文に相当する］

5. ***An hour***, and I am gone.（一時間したら，私はいない）［条件文］

(d) but for ~ （＝if it were not for ~, if it had not been for ~）

1. They ***would have frozen*** to death, ***but for*** our timely rescue.
（我々が折よく救出していなかったら，彼らは凍死していたでしょう）

2. "O you precious child! ***But for*** you, I ***should*** never ***have known*** this!"
（まあ，お前は大事な子だね，お前がいなかったら私はいつまでもこのことを知らずに過ごすところだった）

【解　答】

練習問題1　1. すべての政治家があなたのようであればいいのに．
2. その問題がそんなに簡単でありさえすればいいのだが．
3. 彼が殺されるようなことがあれば最悪の不幸だ．
4. 彼らの助けがなければ，今の地位を維持することはできなかったでしょう．
5. 万一運転免許証を紛失しても，保険会社が運転手付きの車の費用を払ってくれます．
6. 適切な時刻に出発していたならば，今頃までにはそこに到着していたでしょうに．

練習問題2　1. If you work harder, you can pass the examination.
2. If you worked harder, you could pass the examination.
3. If you had worked harder, you could have passed the examination.
4. If I knew his address, I would give it to you.
5. If I had known his address, I would have given it to you.
6. I wish I had long hair.
7. I wish I had had long hair.

第 17 章　助動詞

助動詞のまとめ

　助動詞には，(a) 主語の意志・能力・許可・義務，(b) 出来事の可能性（推量）の 2 つの用法があります．これをしっかり憶えないと実際の場面で使用することはできません．

	(a) 主語の意志・能力・許可・義務	(b) 出来事の可能性
will	〜するつもりだ	〜だろう
can	〜できる	〜の可能性がある
may	〜してもよい	〜かもしれない
must	〜しなければならない	〜にちがいない

will（するつもり・だろう），**can**（できる・可能性がある），**may**（してもよい・かもしれない），**must**（しなければならない・にちがいない）のように組み合わせて憶えましょう．

　(a) と (b) の意味の違いは構造の違いと結びついています．(a) の意味では助動詞は動詞と結びついていますが，(b) の意味では助動詞は文と結びついています．この違いは日本語でよりはっきり分かります．will を例にとりましょう．

　　(**a**)　主語の意志：私は［行くつもりだ］．　　I [*will* go].
　　(**b**)　可能性：　　　［私は行く］だろう．　　___ *will* [I go]. → I *will* go.

(a) は「つもりだ」が動詞「行く」と結びついて 1 つの単位をなし，主語の意志を表しています．これに対して，(b) の未来（可能性）を表す「だろう」は「私は行く」という文と結びついてその可能性を表しています．英語でも同様で，(a) では will は go と結びついて主語の意志を表しています．(b) では，I will go はもとは ___ will [I go] の構造をしていて，will が [I go] という文全体に作用します．英語では文頭に主語が移動するので，I が下線部の位置に移動して普通の語順の I will go が得られます．このような主語の移動があるので，will が文に作用することが見えにくいのです．このように，日本語でも英語でも，(a) の意味では助動詞は動詞と結びついており，(b) の意味では文と結びついていて，意味と構造の間に対応関係があります．

第 17 章　助動詞

〈授業内容〉
　助動詞の意味の違いが構造の違いに対応していることを教えると，助動詞の意味の理解が深まる．このまとめを出発点として，常に「まとめ」に立ち返り，当該の用法がどれかを確認するように指導する．それを繰り返すことによって助動詞の複雑な用法に習熟できるようになる．

1. will と shall

〈教　材〉
1. Old Shag, the dog, stood by, wagging his tail and looking up into Malcom's face as if to say, "Yes, master, I *will* take good care of Halbert. Let him go."　　　　　　　　　　　　　　　("Halbert and His Dog")
（老犬シャッグはかたわらに立って，尻尾を振りながらマルコムの顔をのぞき込んで「はい，ご主人様，私がハルバートさんのことはよく気をつけますから，行かせてあげて下さい」と言っているようであった）[will「意志」]

2. "Tomorrow," she said at length, "Pontiac *will* come to the fort with sixty of his chiefs. Each *will* be armed with a gun, which *will* be cut short and hidden under his blanket."　　　　　　　　("The Story of Detroit")
（「明日」彼女はやがて口を開いた「ポンティアックが60人の部下の酋長を従えて砦に来るだろう．その酋長の各々は銃で武装していて，その銃は短く切ってあってケットの下に隠しておくことになっている」）[will「単純未来」]

〈授業内容〉
① will と shall は主語の人称によって意味が異なるので，人称と意味の関係を理解させる．一定の規則性があるので，その点に留意させる．

1.1. I will, You will, He will と I shall, You shall, He shall

(a)　will は (a) 単純未来と (b) 主語の意志を表すのが基本です．これに加えて，you と he では，(c) 話者からの軽い命令・指示を表す場合があります．

will	(a) 単純未来	(b) 意志未来	(c) 話者の軽い命令・指示
I will go.	私が行くでしょう	私が行くつもりだ	
You will go.	君が行くでしょう	君が行くつもりだ (行く決心だ)	君に行ってもらいます
He will go.	彼が行くでしょう	彼が行くつもりだ	彼に行ってもらいます

［注意：意志未来を表す will は強く発音されて短縮形は不可］

(1) **I will**：
  (a)　単純未来：
    I will be twenty next year.（来年 20 歳になります）
    I will leave for London next Monday.
    （次の月曜日にロンドンに向けて出発します）
  (b)　意志未来：
    I will go at all hazards.（どんなことがあっても行きます）
    I will never forgive you as long as I live.
    （私が生きている限り君を許さない）

(2) **You will**：
  (a)　単純未来：
    You will fail, if you do not study hard.
    （しっかり勉強しないと失敗するよ）
    You will see what I mean.（私の言うことがそのうち分かるでしょう）
  (b)　意志未来：
    If *you will* take that one, I will take this one.
    （君があれをとるつもりなら，私はこれをとります）
    You say *you will* do your best.（君は全力を尽くすと言っている）
  (c)　軽い命令・指示：
    You will let me know when you arrive.
    （いつ着くか私に知らせてください）
    You will come back tomorrow, won't you?（明日帰ってきてくださいね）

(3) **He will**：
  (a)　単純未来：

He will meet Fidel Castro in Havana.
（彼はハバナでフィデル・カストロと会うでしょう）
He will have a twenty-minute wait for an ambulance.
（彼は 20 分間救急車を待つことになるだろう）
- (b) 意志未来：
 He says ***he will*** try.（彼はやってみると言っている）
 He will lend you the book, if you ask him.
 （頼めば，彼はその本を貸してくれますよ）
- (c) 軽い命令・指示：
 He will take out the garbage.（彼にゴミを出してもらいます）
 He will advise you on the inheritance tax．
 （彼に相続税について君にアドバイスしてもらいましょう）

(b) shall は「話者の意志」を表します．一人称では話者と主語が同じですから話者の意志は主語の意志と同じです．I shall は I will の意志の用法よりも強い意志（どんなことがあってもする）を表します．I shall が単純未来を表す用法は英国用法ですが，今では英国でも単純未来に I will を用いる傾向にあるようです．［注意：話者の意志を表す *shall* は強く発音されて短縮形は不可］

- (1) **I shall**：
  - (a) 単純未来（英国用法）：
  I shall be glad to do so.（喜んでそうしましょう）
  I shall meet him again one day.（いつか再び彼に会うでしょう）
  - (b) 話者の意志：
  I shall keep it until I am an old man.
  （老人になるまできっとそれをとっておきます）
  I gladly accept and ***I shall*** do all I can for you.
  （よろこんで受け入れて，君のために全力を尽くします）

- (2) **You shall**：
  - (a) 話者の意志：
  You shall be rewarded.（君に報償をあげよう）
  You shall do as you like.（君の好きなようにさせよう）
  You shall have the money tomorrow.（明日そのお金をあげよう）
  You shall want for nothing while you are with me.

(私と共にいる間は君に不自由をさせない)

(3) **He shall**:
   (a) 話者の意志:
      He shall be fired. (彼を首にしてやるぞ)
      He shall be saved. (彼を救ってやろう)
      If a man will not work, *he shall* not eat.
      (働く意志がなければ,食べさせない (働かざる者,食うべからず))
      When he carries the flour to the house *he shall* have his food.
      (彼が家までその小麦粉を運べば,食べ物をやろう)

練習問題1 日本語に直しなさい.
1. I shall need the money at the end of this month.
2. If you are good, you shall have some candies.
3. He shall be punished.
4. He will give you written information about what has been done.
5. "My friend," he said, "you will regret this very much."

練習問題2 口頭で英語に直しなさい.
1. 私は彼が成功することを望んでいます. (hope, will)
2. 君はすぐに英語が話せるようになるでしょう. (will)
3. 君に千円お貸ししましょう. (will)
4. 今夜君に電話をします. (will)
5. 私はきっと戻ってくるぞ. (shall)

1.2. Shall I?, Shall you?, Shall he? と Will I?, Will you?, Will he?

〈教　材〉

  One evening, as Captain Perry was sitting by the fireside at his home in Liverpool, his children asked him to tell them a story.
  "What *shall it be* about?" said the captain.
  "O," said Harry, "tell us about other countries, and the curious people you have seen in them." ("A Queer People")
  (ある晩のこと,ペリー船長がリバプールの自宅で暖炉のかたわらに座っていると,子ども達が何かお話をしてくれとねだった.
  「何の話がいいのかな」と船長は言った.

「ああ，ほかの国々やそこでお父さんが見てきためずらしい人達のお話をして」とハリーが言った）[shall は聞き手の意志]

Shall I?, Shall you?, Shall he? に共通の意味は「聞き手の意志」です．Shall I?, Shall you? にはさらに「単純未来」の用法があります．Will I?, Will you?, Will he? に共通な用法は「単純未来」の用法です．Will you?, Will he? にはさらに「意志未来」の用法があり，Will you? には「依頼・軽い命令」の用法もあります．

Shall I?	(a) 単純未来	(b) 聞き手の意志 (私がしましょうか)	*Will I?*	(a) 単純未来	(b) なし	
Shall you?	(a) 単純未来 (*Will you?*)	(b) 聞き手の意志 (君はしますか)	*Will you?*	(a) 単純未来	(b) 意志未来	(c) 依頼・軽い命令
Shall he?	(a) なし	(b) 聞き手の意志 (彼にさせましょうか)	*Will he?*	(a) 単純未来	(b) 意志未来	

(1) **Shall I?**：
 (a) 単純未来：
  Shall I arrive on time?（間に合うように着くでしょうか）
   Yes, you will.（はい，着きます）
  When ***shall I*** be able to write English well?
  （いつ英語をうまく書けるようになるだろうか）
 (b) 聞き手の意志を尋ねる：
  Shall I open the window?（窓を開けましょうか）
   Yes, please do.（はい，お願いします）
  Shall I pour you a cup of tea?（お茶をお入れしましょうか）
   cf. ***Shall we*** meet tonight?（今夜会いましょうか）
   [Shall we? = Let's は勧誘を表す]

(2) **Shall you?**：
 (a) 単純未来：現在では ***Will you?*** が普通
  When ***shall you*** arrive?（いつ着きますか）[When ***will you*** arrive?]
   I *shall arrive* at 6 in the evening.（夕方6時に着きます）
  Shall you meet him this evening?（今夕彼に会いますか）
  Shall you be going back to London?（ロンドンに戻られるのですか）

(b) 聞き手の意志を尋ねる：*Would you like to* などを用いるのが普通
Shall you dine with us on Monday?（月曜日に一緒に食事をしますか）
[*Would you like to* dine with us on Monday?]
Shall you take your umbrella?（傘を持っていきますか）

(3) **Shall he?**：
(a) 単純未来の用法はなし．
(b) 聞き手の意志を尋ねる：
Shall he go?（彼に行かせましょうか）
Mr. A wants to see you. *Shall he* come in? Yes, let him come in.
（A さんが会いたいそうです．通しましょうか．通してください）
When *shall he* come to see you? Let him come any time tomorrow.
（いつ彼をあなたに会いに行かせましょうか．明日いつでも来させてください）

(4) **Will I?**：
(a) 単純未来：
Will I be pretty?（私は美人になれるかしら）
What help *will I* get from him?
（彼からどのような援助をもらえるだろうか）
(b) 意志未来はなし：自分の意志を問うことはないから（提案の意味で用いられることはある：*Will I* call a cab, Ma?（ママ，僕がタクシーを呼ぼうか））

(5) **Will you?**：
(a) 単純未来：
Will you be at home tomorrow?（明日在宅でしょうか）
Will you see him tomorrow?（あす彼に会うでしょうか）
(b) 意志未来：
How *will you* spend tonight?（今夜はどう過ごすつもりですか）
Mary, *will you* accept this ring from John Smith?
（メアリー，ジョン・スミスからのこの指輪を受け取るつもりですか）
(c) 依頼・軽い命令：
Will you give me a hand with my bags?
（バッグを運ぶのを手伝ってくれませんか）
The grass is a bit long, *will you* be mowing it this morning,

第 17 章　助動詞

George?（芝生が少し伸びているから，朝のうちに刈ってちょうだい，ジョージ）

- (6) **Will he?**：
  - (a) 単純未来：

    Well, when *will he* be here?

    （ところで，彼はいつここに着くでしょうか）

    Will he finally realize that something wonderful has been lost for ever?（最後には彼は何か素晴らしいものが永久に失われたことに気づくでしょうか）

  - (b) 意志未来：

    What *will he* do if he fails again?

    （再び失敗したら彼はどうするつもりだろうか）

    Will he go to your house for meals?

    （君の家に行って食事をするつもりだろうか）

練習問題3　日本語に直しなさい．
1. Shall he be at home this afternoon?
2. Shall he wait in the office?
3. Will I see you tomorrow at your place or will you come to my place?

練習問題4　口頭で英語に直しなさい．
1. 彼女を昼食に招待しましょうか．（shall I）
2. コーヒーを一杯さし上げましょうか．お願いします．（get you）
3. ダンスをしましょうか．ええ，しましょう．（shall we）
4. この夏にはどこに行きましょうか．（shall we）
5. 駅まで一緒に行っていただけませんか．（walk to the station）
6. 我々に加わりませんか．（join）
7. 午後出かける時間がありますか．（will）
8. 彼はこの本を明日必要とするでしょうか．（will）

さらなる情報

1. 助動詞の「まとめ」の活用

助動詞の中で最もよく使われるのが shall と will であり，同時に使用がむずかしい助動詞でもある．その理由は人称によって異なる意味を表すからである．適切な時点で用法を一覧（まとめ）として提示するのがよい．テキストに出てくる都度教えていたのでは全体像をつかむのはむずかしい．

2. 助動詞の意味と構造の関係

助動詞は2つの意味をもつが，その2つの意味は異なる構造に対応している．単に意味を暗記するよりも，構造の違いと意味の関係に基づく説明を行うほうが，意味の理解の近道だと考えられる．

【解　答】

練習問題1　1. 私は今月末にそのお金が必要になるでしょう．
2. いい子にしていれば，キャンディーをあげよう．
3. 彼を罰してやるぞ．
4. 彼はそれまでになされたことについて文書で情報をくれるでしょう．
5. 「友よ，君はこれをとても後悔することになるだろう」と彼は言った．

練習問題2　1. I hope he will succeed.
2. You will soon be able to speak English.
3. I will lend you a thousand yen.
4. I will call you tonight.
5. I shall return.

練習問題3　1. 今日の午後彼を家に居させましょうか．
2. 彼を事務所で待たせましょうか．
3. 私が明日お宅に伺いますか，それともあなたが私の家にいらっしゃいますか．

練習問題4　1. Shall I invite her to lunch?
2. Shall I get you a cup of coffee? Yes, please do.
3. Shall we dance? Yes, let's.
4. Where shall we go this summer?
5. Will you walk me to the station? (Will you walk to the station with me?)
6. Will you join us?
7. Will you have time to go out this afternoon?
8. Will he need this book tomorrow?

2. can の用法

> 〈教材〉
> "Why, it's my husband's writing!" exclaimed Mrs. Reed, as she closely examined the faded letters. "What *can* it mean? I never saw it before. Read it, Alice; your eyes are younger than mine." ("The Hidden Treasure")
> (「おや，これは夫の筆跡だわ」とリード婦人は言って，消えそうな文字をつくづく眺めた．「一体どういうことなのでしょう．こんなものこれまで見たこともないわ．アリス，読んでみて，私よりもお若いあなたの眼で」)
> [can は可能性，what can it mean? は what does it mean? よりも意味が強い]
>
> 〈授業内容〉
> can は「能力・可能」の意味と「可能性」の意味を表します．この2つの意味は異なる構造をもちます．それが否定の解釈にも関わってきます．

(**a**) 能力・可能

「能力・可能」とは，「（本来）～する能力がある (be able to)」，本来の性質や周囲の状況から「～することが可能である」という意味です．

(1) a. I *can* play the violin. (私はバイオリンが弾ける) [能力]
　　b. He *can* run a full marathon in less than 3 hours.
　　　 (彼は3時間以内でフルマラソンを走ることができる)
　　c. He *cannot* teach mathematics. (彼は数学を教えることができない)
(2) a. I *can* spare you a few minutes now.
　　　 (今なら数分時間を割けます) [可能]
　　b. This work *cannot* wait. (この仕事は後回しにすることはできない)
　　c. A man *cannot* know everything.
　　　 (人はなんでも知ることができるのではない)

can が「許可」の意味を表すこともあります．may よりも口語的です．

(3) a. You *can* go home now.
　　　 (もう帰ってもよい) ← (君は帰ることができる)
　　b. You *can* smoke here. (ここでは喫煙してもよい)

c. "*Can* I pay by check?"（チェックでの支払いができますか）
"Yes, of course you *can*."（もちろんです）

「能力」の can は be able to で置き換えることができますが，この 2 つには違いがあって，can はもともと備わっている能力を表すのに対して，be able to は一時的に発揮される能力を表します．したがって，「英語が話せますか」という場合には Can you speak English? を用い be able to を用いるのは不自然です．ただし，can は能力を問うので少し失礼に感じられ，普通は Do you speak English? の表現を用います．

また，I *was able to* lift the suitcase. のような文の代わりに I *could* lift the suitcase. とは言えません．前者は過去の一回限りの行為を表していますが，could は過去における能力を表していて，一回限りのことを表すことはできないからです．

(**b**)　可能性

can は「～の可能性がある」の意味でも用いられます．

(4) a. ***Can*** it be true?（本当かしら）
It ***cannot*** be true.（本当であるはずがない）← （本当である可能性がない）
［肯定文の *It can be true. は不可］
b. Anyone *can* make a mistake.（誰でも過ちはする）
c. Smoking *can* cause cancer.（喫煙が癌を引き起こすことがある）

過去の事柄の可能性を表すのには **can have＋過去分詞**や **cannot have＋過去分詞**の形を用います．この形は疑問文か否定文で用いられ肯定文では用いられません．

(5) a. ***Can*** he ***have written*** this composition?
（彼がこの作文を書いたのかしら（書けそうにないのに））
b. ***Can*** he ***have said*** such a thing?（彼がそんなことを言ったのだろうか）
(6) a. He ***cannot know*** that you are my friend.［現在の可能性］
（君が私の友人であることを彼が知っているはずがない）
b. He ***cannot have known*** that you were my friend.
（君が私の友人であることを彼が知っていたはずがない）
(7) a. At that time I ***cannot have been*** more than eight years old.
（当時私が 8 歳を超えていたはずがない）

b. Her death ***cannot have been*** accidental.

   （彼女の死は偶発的なものであったはずがない）

練習問題 1 口頭で英語に直しなさい．
1. 君は 100m 泳げますか．
2. 私の声が聞こえますか．
3. 入ってもいいですか．（can）
4. 彼が言ったことが本当であるはずがない．（cannot）
5. 彼がパリに行ったことがあるはずがない．（have been）

さらなる情報

「能力」の意味と「可能性」の意味は異なる構造をもつ．

(a) 　私は［ピアノを弾くことができる］．
　　　I [***can*** play the piano]. (= I [*am able to* play the piano].)
(b) 　［これは事実である］かしら．
　　　Can [this be true]?(= *Is it possible that* [this is true]?)

まず日本語を見ると，(a) の「能力」の意味では「できる」は動詞と結びついて主語の能力を表している．これに対して，(b) の「可能性」では「かしら」は［これは事実である］という文と結びついて，その可能性を表している．英語でも同じで，「能力」の can は動詞 play と結びついて主語の能力を表しているのに対して，「可能性」の can は文と結びついてその可能性を表している．このことは括弧内のパラフレーズから明らかである．

《実　例》

1. A woman *can* do almost everything a man does.
   （女性は男性がすることはほとんど何でもすることができる）
2. The support *cannot* be measured only in purely practical terms.
   （支援は純粋に実用的な観点だけから評価することはできない）
3. You *can* find it hard to remember things.
   （物事を記憶するのはむずかしいことだと分かるようになりますよ）
4. I was just fourteen and you *cannot have been* born.
   （私は丁度 14 歳でしたから君は生まれていたはずがありません）

5. The reader *cannot have failed* to follow the story.
   （読者がその話の筋を追うことができなかったはずはありません）

【解 答】

練習問題1　1.　Can you swim 100 meters?
2. Can you hear me?
3. Can I come in?（形式的には May I come in?）
4. What he said cannot be true.
5. He cannot have been to Paris.

3.　may の用法

〈教　材〉

You *may* imagine the misery and grief the poor mother suffered — alone in her mountain dwelling; the certainty of her son's danger, and the fear that husband also *might* perish. ("Halbert and His Dog"：息子が山で遭難し，父親が助けに向かっている状況)
　（山中の家に独り取り残された可哀想な母親の悲惨さと悲しみはいかに．息子が危機にあるのは確かで夫も命を落とすかもしれないという心配もある）
　[you は読者，may（＝can）は「可能」，might は「可能性」，perish＝die]

〈授業内容〉

　may は「許可・可能」の意味と「可能性」の意味を表します．この2つの意味は異なる構造をもちます．それが否定の解釈にも関わります．

(**a**)　許可・可能

　may は「許可」を表します．「**不許可**」は **may not** で表し，「**禁止**」を表すのには **must not**（してはいけない）を用います．May I? に対して，You may と答えるのが規則ですが，下記のように，Yes, certainly や No, you cannot を用いるのが普通です．これは Yes, you may のように答えると you に対して許可を与えるという権威的感じを与えるので，それを避けるためです．

(1) a. ***May*** I go? (行ってもいいですか)

　　　　 Yes, you ***may***. (行ってもよろしい)

　　　　 ［権威的な感じ；Yes, *sure/certainly* が普通］

　　　　 No, you ***may not***. (行ってはいけない)

　　　　 ［不許可（文語），口語では No, you *cannot*］

　　　　 No, you ***must not***. (行ってはだめです)［禁止］

　 b. You ***may*** come to see me anytime you like.

　　　 (好きなときに会いに来てよい)

　 c. You ***may not*** enter this area without a ticket.

　　　 (切符なしではこのエリアには入れません)

may と can は入れ替えが可能な場合がありますが，ニュアンスが異なります．May I? は丁寧で形式的表現ですが，Can I? は口語的です．

(2) a. ***May I*** borrow this dictionary?

　　　 (この辞書をお借りしていいですが)［丁寧な表現］

　 b. ***Can I*** borrow this dictionary?［口語的］

You may は相手に許可を与えるという感じが強く権威的感じを与えるのに対して，You can はそのような感じが弱いので口語でよく用いられます（日本語の「〜していいですよ」）．

(3) a. You ***may go*** now. (行くのを許可します)

　 b. You ***can go*** now. (行っていいですよ)

また，may には「可能」の意味もありますが，can を用いるのが普通です．

(4) a. This textbook ***may*** (= *can*) be obtained for two dollars per copy.

　　　 (このテキストは一部 2 ドルで入手できます)

　 b. You ***may*** (= *can*) imagine my surprise.

　　　 (私の驚きを察することができるでしょう)

(b)　可能性

　may は状態あるいは出来事の「可能性」も表します．動詞が状態動詞 (be, remain, know など（「〜ている」の意味の動詞））のときには常にこの意味を表します．それ以外の動詞の場合には「許可」「可能性」いずれの意味でも用いられます．

(5) a. It *may* be impossible to know the truth.
    (真実を知るのは不可能かもしれない)
  b. The report *may* be true. (その報告は本当かもしれない)
  c. She *may* know that I am here.
    (彼女は私がここに居ることを知っているかもしれない)
  d. *May* my sister go with you? Yes, she *may* go. ［許可］
    (妹も君と一緒に行っていいですか．いいですよ)
    Will your sister go with us? Well, she *may* go. ［可能性］
    (あなたの妹さんは我々と一緒に行きますか．そうですね，行くかもしれません)
(6) a. The negotiation *may* end the war.
    (その交渉が戦争を終結させるかもしれない)
  b. What he said *may* be more to the point. [to the point（要領を得た）]
    (彼が言ったことのほうがもっと要領を得ているようだ)
  c. Justin *may* feel that he has to do the same.
    (ジャスティンは同じことをしなければならないと感じているのかもしれない)

「可能性」の否定表現では not の適用される範囲に注意が必要です．この場合 not は may を否定しているのではなく動詞を否定しています．このことは日本語からよくわかります．

(7) a. The rumor *may* [*not* be true]. (その噂は［本当でない］かもしれない)
  b. She *may* [*not* be happy]. (彼女は［幸せでない］かもしれない)
(8) a. Some of the facts *may never* be apparent to outsiders.
    (その事実のいくつかは外部者には決して明白ではないかもしれない)
  b. Even such evidence *may not* be enough for a theoretician.
    (そのような証拠ですら理論家にとっては十分ではないかもしれない)
    [theoretician（理論家）]

過去の「可能性」は **may have＋過去分詞**で表し，「〜したかもしれない」の意味です．

(9) a. He *may have* already *known* the truth at that time.
    (彼は当時すでに真実を知っていたかもしれない)

b. Kelly *may* or *may not have been* connected with that issue.
(ケリーはその問題に関わっていたかもしれないし，いなかったかもしれない)[issue（問題，論争）]

練習問題1 日本語に直しなさい．
1. The method may not throw light on the problem. [throw light on（の解明に役立つ）]
2. No part of this publication may be reproduced. [reproduce（複製する）]
3. She has to concede that her friend may be right. [concede（認める）]
4. The tourist may ask many questions about an unfamiliar scene.

練習問題2 口頭で英語に直しなさい．
1. 入ってもよろしいですか．はい，どうぞ．
2. 彼はそう言ったかもしれない．
3. 彼は明日東京に行くかもしれない．
4. 電話を使ってもよろしいですか．もちろんです．
5. 彼女は昨日家にいたかもしれません．(have been)

さらなる情報

1. 「許可」と「可能性」では構造上の違いがある．「許可」では may は動詞と結びついているが，「可能性」では文全体を対象としている．

「許可」： 君は［行ってよい］；You [*may* go].
「可能性」：［それは本当である］かもしれない：＿＿ *may* [it be true]. → It may be true.

「許可」では「よい」が動詞と結びついているのに対して，「かもしれない」では文と結びついている．英語でも同様のことが見られ，「許可」では may は動詞 go と結びついているが，「可能性」では文を対象としている．したがって，もとの構造は ＿＿ *may* [it be true] となっていて，主語が下線部に移動して It *may* be true. の普通の語順となる．この構造の違いが否定の違いに反映される．

「不許可」： 君が［行くのは**許されない**］；You [[*may not*] go].
「可能性の否定」：［それは本当で**ない**］かもしれない；It *may* [*not* be true].

「不許可」では not は may を否定しているが,「可能性」では not は文を否定している.

《実 例》

1. This *may* be of little help to the reader.
（このことは読者にはほとんど助けにならないかもしれません）
2. This jealousy *may* be felt to be like Othello's.
（この嫉妬はオセロの嫉妬に似ていると感じられるかもしれない）
3. The reader *may* be disappointed by what is written in the report.
（読者は報告書に書かれている内容にがっかりするかもしれない）
4. The assumption that these people have characteristics in common *may* be mistaken or misleading.（これらの人々に共通の特徴があるという仮説は間違っているかもしれないし，誤解を招く恐れがあるかもしれない）

【解　答】

練習問題1　1. その方法は問題解明に役立たないかもしれない．
2. この出版物のいかなる部分も複製は不許可です．
3. 彼女は友人が正しいかもしれないと認めざるを得ない．
4. 旅行者は見慣れない景色について多くの質問をするかもしれない（してもよい）.

練習問題2　1. May I come in? Yes, sure/certainly/of course.
2. He may have said so.
3. He may go to Tokyo tomorrow.
4. May I use your phone? Yes, sure/certainly/of course.
5. She may have been at home yesterday.

4. must の用法

〈教　材〉

"Poor child!" said the gentleman. "Is your mother living?"

"Yes, sir, she is; and I have two brothers who are at home with her now. She has been unable to leave her bed for weeks, and one of us ***must*** watch beside her, while the others go out to beg."　　　　("An Emperor's Kindness")

（「可哀想に．お母さんは生きておいでなの」とその人は尋ねた．「はい，生きております．私には２人の兄弟がいて今は家でおかあさんに付いております．お母さんは数週間前からずっと伏せっておりますので，私達のひとりが彼女の側に付いていなければいけません．その間に他のものが物乞いに出るのです」）

〈授業内容〉
must は「義務・必要」の意味と「可能性」の意味を表します．この２つの意味は異なる構造をもちます．それが否定の解釈にも関わってきます．

must には「**義務・必要**」と「**可能性**」の２つの意味があります．この２つの意味に対応して構造が異なりますが，このことは日本語の構造をみるとはっきりします．「義務」のときには「～しなければならない」は動詞と結びついていますが，「可能性」では「～に違いない」は文と結びついています．

「義務・必要」：私は [行かねばならない]．I [*must go*].
「可能性」：　　　[それは本当である] にちがいない．　　*must* [it be true].
　　　　　　→ It *must* be true. [it が下線部に移動]

英語でも同様で「義務・必要」の意味では must は動詞と結びつき，「可能性」の意味では [it be true] という文と結びついています．ただ，英語では図のように主語の移動があるので意味と構造の関係が分かりにくくなっています．

(**a**)　義務・必要
must は「義務・必要」を表します．

(1)　a.　We *must* obey the law.（法律に従わなければならない）
　　　b.　You *must* make it clear for the envelope what the letter is about.
　　　　　（君はその手紙が何についてであるか封筒に明記しなければいけません）
　　　c.　You *must* get a ticket before you enter.
　　　　　（入場前にチケットを買う必要がある）
　　　d.　I *must* confess that being a complete freelance is a strain.
　　　　　（完全なフリーランス状態は重圧であることを認めないわけにはいかない）

「義務・必要」の否定は「～する義務・必要がない」の意味なので「**不必要**」を表しますから，これは **need not** （あるいは not have to）で表します．

(2) a. **Must** I go?（行く必要がありますか）
　　　　Yes, you ***must*** (go).（はい，行く必要があります）
　　　　No, you ***need not/do not have to*** (go).
　　　　（いや，行く必要はありません）

have to ～「～する義務・必要がある」の否定形 **not have to** は，not が have to を否定しているので「～する義務・必要がない」の意味ですから「～する必要がない」の意味になります．

(3) a. You do ***not have to*** see him this morning.
　　　　（今朝彼に会う必要はありません）
　　b. You do***n't have*** to make a final decision now.
　　　　（今最終決断をする必要はない）

それでは「義務・必要」を表す must の否定形 **must not** が「<u>禁止</u>」を表すのはなぜでしょうか．must not go は must [not go] の構造をしていて not が動詞 go を否定し「[行かない] ことが義務である」の意味なので，「行ってはいけない」という禁止の意味になるのです．

(4) a. You ***must not*** tell a lie.（嘘をついてはいけない）
　　b. You ***must not*** play baseball in this park.（この公園では野球は禁止です）

(**b**) 可能性

must は may「～かもしれない」と比べるとかなり確実な可能性「～に違いない」を表します．動詞が be, know などの状態動詞である場合と「have + 過去分詞」（下記参照）である場合には，must は必ず「可能性」の意味を表しますが，それ以外の場合にも「可能性」を表す場合があります．(5) は状態動詞の場合，(6) はその他の動詞の場合です．

(5) a. He ***must*** know the truth.（彼は本当のことを知っているに違いない）
　　b. There ***must*** be a mistake somewhere.（どこかに誤りがあるに違いない）
　　c. He ***must*** be stupid to do such a thing.
　　　　（そんなことをするなんて彼はばかに違いない）
(6) a. It ***must*** rain.（雨が降るに違いない，きっと雨が降る）
　　b. He ***must*** notice the fact.（彼はその事実に気がつくに違いない）
　　c. You ***must*** lose, whichever happens.
　　　　（どちらにころんでも，君は損をするに違いない）

must の「可能性」の意味「～に違いにない」の否定は「～でないに違いない」「～でない可能性がある」となりますが，これを言い換えれば「～である可能性がない」の意味なので「～であるはずがない」の意味となり **cannot** で表します（→ 2 節 can (b) (p. 164)）．

(7) a. It *must* be true.（それは本当に違いない）
　　b. It *must not* be true. → It *cannot* be true.（それは本当であるはずがない）

(7b) の It *must not* be true. は通例正しい英語ではないと言われますが，米語では must not を「～でないに違いない」の意味で用います．このほうが論理にかなっています（→〈さらなる情報〉(p. 174)）．

(8) a. He *must* be a good boy.（彼はよい少年に違いない）
　　b. He *cannot* be a good boy.（彼がよい少年であるはずがない）
　　　（米語：He *must not* be a good boy（彼はよい少年ではないに違いない））

過去の「可能性」「～したに違いない」を表すには **must have＋過去分詞**を用います．

(9) a. It *must have been* two o'clock in the morning.
　　　（午前 2 時だったに違いない）
　　b. But it was never a simple fall. There *must have been* a push.
　　　（しかしそれは決して単なる転落ではなかった．誰かが押したに違いなかった）
　　c. I *must have left* it in my handbag and somebody's stolen it.
　　　（私はそれをバッグの中に置いていたに違いない，そして誰かがそれを盗んだのだ）
　　d. He *must have needed* money badly for that.［badly は強意表現］
　　　（彼はそのためにひどくお金を必要としていたに違いない）
　　e. He *must have known* that the information was useless.
　　　（彼はその情報が役に立たないことを知っていたに違いない）

[練習問題 1] 日本語に直しなさい．
1. You must follow exactly what the teacher says.
2. The last point must not be overlooked.［overlook（見落とす）］
3. The picture must have been painted about 1588.
4. He must have had some reason for wanting to talk to you.

5. He knew that he must have betrayed someone. [betray（裏切る）]

練習問題2　口頭で英語に直しなさい．
1. お金をすぐに払わなければいけませんか．いいえ，その必要はありません．
2. 君は毎日私の事務所に来る必要があります．
3. 彼は無罪に違いない．(innocent)
4. この本は父のものに違いない．(belong to)
5. 私が留守の間に雨が降ったに違いない．(be away)

さらなる情報

1. **must と否定**

   (1) a. **must** [**not** go]：「行かない」のが義務である → 行って**はいけない**（禁止）
       b. [**not have to**] go：行く「必要（義務）がない」→ 行く**必要がない**（= **need not** go）
       c. **must** [**not** be true]：「本当でない」に違いない → 本当である**はずがない** → **cannot** be true

(1a) の must [not 〜] の not は動詞を否定する．したがって，「〜しないのが義務である」の意味から「禁止」の意味になる．(1b) の not have to では not は have to を否定しているので「行く必要（義務）はない」となり，not have to = need not となる．(1c) の「可能性」の否定では not は文を否定する (must [not 〜]) ので，「[〜でない] に違いない」の意味になり，「[〜でない] 可能性がある」の意味なので，「〜であるはずがない」を意味し，cannot によって表される．しかし米語では must [not 〜] が「[〜でない] に違いない」の意味で「否定の可能性」の意味で用いられる．この米語用法は構造と意味が対応しているので論理的である．この場合 must not を短縮形にはできない．米語用法の例をあげる．

   (2) a. He takes the bus to work. He ***must not*** have a car.
       （彼はバスで通勤している．車を持っていないに違いない）
       b. It took me a few minutes to realized the doorbell ***must not*** work.
       （ドアベルが作動していないに違いないと分かるまで数分かかった）
       c. But Gabriel ***must not*** know any of that.

(しかしガブリエルはそれを少しも知らないに違いない)

d. You *must not* have many friends out here. By the way where are you from?（こちらには友人がたくさんはいらっしゃらないに違いない．ところでご出身はどちらですか）

2. 義務・必要の表現

「義務・必要」を表す表現には，must, have to, should, ought to, had better などがある．must は話者の意志や権威などによって決められた義務を表し，have to は客観的状況から見て必要であることを表す場合が多い．また，have to は must よりも略式であり，米口語でよく用いられる．ought to は客観的判断による義務を，should は主観的判断による義務を表すと言われる．must, ought to は特定の場合に用い，should は一般的原理の場合に用いるという指摘もある．義務の程度は must ＞ ought to ＞ should の順に弱まる．

(3) a. You *must not* throw stones.（石を投げてはいけない）[特定]
　　b. You *ought to* ask your father.（お父さんに伺ってみるべきだ）
　　c. You *should* obey your parents.
　　　（両親の言いつけには従うのがよい）[一般的]

had better は should に比べて強い表現で「～すべきだ，～せよ」という意味で一種の命令なので，一人称主語以外で用いるときには注意を要する．一方，should は「～したほうがよい」という忠告を表すので，人称にかかわらず用いて差し支えない．had better を better につられて「～したほうがよい」と理解するのは誤りである．

3. 禁止・不必要の意味

「禁止」の意味の程度は次の順で低くなる．

　　must not ＞ had better not ＞ ought not to ＞ should not ＞ not have to

must not と had better not は禁止「～してはいけない」，ought not to は「～すべきでない」，should not は「～しないほうがよい」，not have to は「～する必要がない」のような日本語に相当すると考えてよい．

【解　答】

練習問題1　1. 先生の言うことにきちんと従わないといけません．
2. 最後の点を見落としてはいけません．
3. その絵は 1588 年頃に作成されたに違いない．
4. 彼には君と話したいという何らかの理由があったに違いない．
5. 彼には誰かを裏切ったに違いないという認識があった．

練習問題2　1. Must I (Do I have to) pay the money soon? No, you needn't.
2. You must come to my office every day.
3. He must be innocent.
4. This book must belong to my father/be my father's.
5. While I was away, it must have rained.

5.　need の用法

〈教　材〉

"You shall have a short one (= lesson) today," said he, "and ***need*** say it only a thousand times, because it is your first day here. Tomorrow, you must say it a million."　　　　("I'm Going to" (Part II)：いたずら小僧の話)

（彼は言った「今日はお復習い（おさらい）を短いものにしてやろう，今日は初めての日なのだからたったの千回のお復習いでよい．明日は百万遍お復習いをするのだ」）

［say one's lesson（日課をさらう：教師の前で復唱すること），shall は話者の意志，need は助動詞用法］

〈授業内容〉

need の助動詞用法と本動詞用法を学ぶ．

need には助動詞用法と本動詞用法があります．米語では本動詞用法が一般的で，助動詞用法は改まった言い方であると言われています．一方，英国では助動詞として用いるのが一般的であると言われています．

(**a**)　助動詞用法

助動詞の need は，通例否定文や疑問文で用いられ，過去形はありません．

(1) a.　***Need*** I pay now?（今支払う必要がありますか）

　　　　Yes, you ***must*** [*have to*].（はい，その必要があります）

　　　　No, you ***needn't*** [*don't have to*].（いいえ，その必要はありません）

第17章　助動詞

- b. You *need not* worry about him.
  （彼のことを心配する必要はありません）
- c. We *needn't* waste our time waiting for him.
  （彼を待って時間を無駄にする必要はない）
- d. What he said *need not* be taken seriously.
  （彼の言ったことを真面目にとる必要はない）

need not have＋過去分詞は「～する必要はなかったのにした」という意味です．

(2) a. You *need not have worried* about him.　((1b) と比較)
   （彼のことを心配する必要はなかったのに（心配した））
- b. He though he *need not have asked* the question.
  （彼はその質問をする必要はなかったのにと思った）
- c. I wish it *need not have happened* in my life.
  （私が生きているうちにそんなことが起こらなくてもよかったのに）

(**b**)　本動詞用法

need には本動詞としての用法もあります．I *need* money.（お金が必要だ）のように目的語をとる場合と不定詞節をとる場合があります．

(3) a. You *need to* clean your room.（部屋の掃除をしなさい）
- b. Do I really *need to* go?　Yes, you do.
  （本当に行く必要がありますか．あります）
- c. We don't *need to* leave yet.　We have enough time before the game starts.（まだ出発する必要はありません．ゲームが始まるまでには充分時間がありますから）
- d. You *didn't need to* worry about him.　((2a) と比較)
  （君は彼のことを心配する必要はなかった（心配したかどうかは不明））

なお，必要度は must ＞ need ＞ should の順に低くなる．

6. would と should

〈教材1〉

"Go on, Shag," said Halbert.
Shag **would not** stir.
"Shag, go on, sir," repeated the boy. "We are nearly at the top of the glen. Look through the dark, and you can see the candle shining through our window." ("Halbert and His Dog")

(「シャッグ（犬の名），行かないか」とハルバートが言った．シャッグはどうしても動こうとしなかった．
「シャッグ，行かないか」とハルバート (the boy) が繰り返した．「ここはほとんど峡谷の頂上のところだ．暗闇を通して窓から蝋燭の光が光っているのが見えるだろう」)

［would は過去の意志］

〈教材2〉

When it (=bread) was all gone, Johnny began to think what he **should** do next. He closed his eyes as people are apt to do when they think.
("I'm Going to" (Part I))

(パンをすべて食べてしまうと，ジョニーはこれから何をしようかと考え始めた．人々が思案をするときによくするように彼は眼を閉じた)

〈授業内容〉

would と should は will と shall とは独立したそれ自身の用法をもつことを学習する．
　　would：(a) 過去の意志・決意（意志用法 will の過去形）
　　　　　(b)（現在の）可能性（推量）　(c) 過去の習慣
　　should：(a)（現在の）義務・必要　(b)（現在の）可能性（推量）

直説法の would と should は，時制の一致によって will と shall の過去形として that 節で用いられます．この場合 will と shall の用法の規則に従います．

(1) a.　He had no idea what **would** happen next.
　　　　（彼は次に何が起こるか分からなかった）
　　　　(He has no idea what *will* happen next.)　［単純未来］

He judged that it *would* be difficult to persuade her.
（彼は彼女を説得するのはむずかしいと判断した）
(He judges that it *will* be difficult to persuade her.)　［単純未来］
- b. I hoped I *would* (*should*) succeed.　［単純未来，should は英国用法］
（私は成功したいと思った）
I promised that I *would* do my best.　［意志未来］
（私はベストを尽くすと約束した）
- c. He told me that he *would* be free tomorrow.　［単純未来］
（彼は明日は時間がとれると言った）
I promised that he *should* have my assistance.　［話者の意志］
（私は彼に援助してやると約束した）

6.1.　would の用法

(**a**)　過去の意志・決意，否定文で拒否（意志用法 will の過去形）

(1) a. I *would* have a definite answer, yes or no.
（どうしてもはっきりした返事がほしかった）
- b. He *would* have everything in his own way.
（何でも自分の思い通りにしようとした）
- c. He *would not* go on.（続けることを拒否した）
- d. He *would not* take the money.
（どうしてもそのお金を受け取ろうとしなかった）

(**b**)　可能性（推量）：現在の推量

仮定の意味が弱まったもので，推量の will よりも低い可能性を表します。

(2) a. The town *would* be about 30 kilometers from here.
（その町はここから 30 キロくらいでしょう）
- b. This provision *would* be sufficient.（この食糧援助で十分でしょう）

(3) a. They *would* tell me about the information they found on the internet.（彼らはインターネット上で見つけた情報について私に知らせてくれるでしょう）
- b. His understanding of the past *would* certainly appear to have been enlarged by his researches.（歴史（過去）についての彼の理解は研究によって確かに広がったように思われます）

過去の出来事の「可能性（推量）」は **would＋have＋過去分詞** で表されます．

(4) a. What *would have been* the experience this author had?
（この著者が経験したことはどのようのものであったのだろうか）
b. The idea of telling time exactly *would have been* meaningless to our human ancestors. （正確に時間が分かるということは我々人間の祖先にとっては無意味であったのでしょう）

(**c**) 過去の習慣

過去の習慣的動作を表すので状態動詞は用いられません．同じく過去の習慣を表す **used to** は，現在との対比を表し，状態動詞も動作動詞も用いられます．

(5) a. He *would* often go out late at night when young.
（彼は若い頃よく夜遅く遊びに出歩いたものだった）
b. Kant *would* often take a nap in an easy chair in his room.
（カントは自室の安楽椅子に座ってよくうたた寝をしたものでした）
cf. a. There *used to* be a big church here.
（昔ここに大きな教会が建っていました）
b. I don't drink so much as I *used to*. （いまは昔ほど飲みません）

6.2. should の用法

(**a**) 義務・必要

shall の原義は「義務」です．should はその仮定法なので，「**弱い義務**」の意味を表します．「〜すべきである」と訳すのは強すぎて「〜するのがよい」の日本語に相当します．

(1) a. Everybody *should* do their duty.
（だれもがそれぞれの義務を果たす必要がある）
b. What *should* be done about it?
（それについてどうしたらいいのだろう）
c. We *should* not be quick to decide.
（急いで決心しないほうがよい）
d. Letters to the authorities *should* be worded carefully and courteously.
（当局に出す手紙は注意深く丁寧にことばを選んで書くのがよい）

過去の「義務・必要」を表すのには **should ＋ have ＋過去分詞**の形を用い，「〜したほうがよかったのに（しなかった）」の意味を表します．

(2) a. You *should do* it. （それをしたほうがよい）
    b. You *should have done* it.
       （それをしたほうがよかったのに（しなかった））
(3) a. We *should have known* better, but we are learning now.
       （我々はもっとよく知っておくべきであったのに，今頃学んでいる）
    b. You *should* not *have said* such a thing to him.
       （君は彼にそんなことを言ってはいけなかったのに）
    c. It *should have become* obvious that the situation has changed and his plan is no longer feasible. （状況が変わってしまって彼の計画はもはや実行不可能であることが明らかになっていたらよかったのに）

(b) 可能性（推量）：「きっと〜だろう」の意味でかなり高い確率を表します．

(4) a. He hasn't come yet, but he *should* be here in a few minutes.
       （彼はまだ来ていませんが，もうすぐ現れるでしょう）
    b. The weather forecast says that it *should* rain tomorrow.
       （天気予報によれば明日は雨のようです）
    c. The lecture *should* give you a lot of useful information.
       （その講義からきっと有益な情報をたくさん得られるでしょう）

過去の「可能性（推量）」を表すのには **should＋have＋過去分詞**の形を用い「きっと〜していたはずだ」の意味を表します．

(5) a. The plane *should have arrived* at O'Hare International Airport, Chicago by now. （飛行機は今頃はもうシカゴのオヘア国際空港に着いていたはずだ）
    b. You *should have been* gone, *have* already *arrived* perhaps, but you are still there. （君はとっくに出かけていて，すでに到着したはずなのに，まだそこにいる）

練習問題1 日本語に直しなさい．

1. I should have stayed at home.
2. The work should have been done sooner.

3. There should not be any problems about the schedule.
4. The students were able to recall details that they would otherwise have forgotten. [details (詳細), otherwise (そうでなければ)]
5. It would perhaps be very easy to show the absurdity of this answer. [absurdity (不合理)]

練習問題2　口頭で英語に直しなさい．
1. 若い頃昼食後によく水泳をしたものでした．(would)
2. 彼の名前はおそらく Tim でしょう．(would)
3. 彼はどうしても自分の誤りを認めようとはしなかった．(would not, admit)
4. いつも以上に勉強したほうがよい．(should, than usual)
5. 医者にもっと早く見てもらったほうがよかったのに．(should, see a doctor)
6. どうしたらよいか分からない．(should)

さらなる情報

可能性（推量）の確実性の度合いは，must ＞ should ＞ will ＞ would ＞ could ＞ might の順に低くなる．

His name *must* be John.（彼の名前はジョンに違いない）
His name *should* be John.（彼の名前はきっとジョンだ）
His name *will* be John.（彼の名前はジョンでしょう）
His name *would* be John.（彼の名前はおそらくジョンでしょう）
His name *could* be John.（彼の名前はジョンかもしれない）
His name *might* be John.（彼の名前はおそらくジョンかもしれない）

【解 答】

練習問題1　1. 私は家にいたほうがよかったのに（いなかった）．
2. その仕事はもっと早くしたほうがよかったのに．
3. そのスケジュールにきっと問題はないはずだ．
4. 学生はそうでなければ忘れてしまっていたであろう詳細を思い出すことができた．
5. この答えの不合理な点を証明するのはおそらく非常に容易だろう．

練習問題2　1. I would enjoy swimming after lunch when (I was) young.

2. His name would be Tim.
3. He would not admit his mistake.
4. You should study harder than usual.
5. You should have seen a doctor earlier.
6. I don't know what I should do.

Part II 基本文型

第1章 動詞の型

0. 基本文型

英語の学習において学習者が接することができる唯一の情報は英語の表層の語順です．学習者はこの情報を用いて最初の文解析を行い，それに基づいてさらに複雑な段階の解析を行います．したがって，英語学習では基本語順を正確に理解し，それに基づいて，実際の文が基本語順と同じであるのか，変更が加えられているとすればどの点かを正しく理解する必要があります．

基本文型
1. **NP-V**
2. **NP-V-C**　　　　　(C = 補語（名詞句，形容詞句，前置詞句など）)
3. **NP-V-NP/PP/Sn**　(Sn = that 節，不定詞節，動名詞節)
4. **NP-V-NP-XP**　　(XP = NP/AP/VP/PP/Sn) (Sn = that 節，不定詞節)
5. **NP-V-PP-Sn**　　 (Sn = that 節，不定詞節)

（注：C = 補語は機能範疇であって統語範疇ではありませんが，便宜上使用します．XP は 4 品詞と節から構成されているので，憶えるのは容易です）

英語の基本語順を決定する原理は次の 3 つです．

1. 英語は句の主要部が句の先頭にくる主要部先頭の言語である．
（日本語は句の主要部が句の末尾にくる主要部末尾の言語である）
2. 動詞の後に名詞と他の要素の 2 つの要素がある場合必ず名詞が動詞の直後にくる．
3. 重い要素は文末にくる．

原理1により動詞の位置が決定されます．例えば，動詞句を見ると，英語では必ず動詞が先頭に来て，eat an apple, talk about it, think that ~ となる（VO 言語）のに対して，日本語では「リンゴを食べる，それについて話す，~と思う」のように動詞が末尾にきます（OV 言語）．

原理2によって，動詞の後に 2 つの要素がくる場合，必ず名詞が動詞の直後にきます．例えば，ask（~するように A にたのむ）は名詞と不定詞節をとりますが，必ず名詞が動詞の直後にきて ask A [to do it] となり，ask [to do it]

A とはなりません．

原理 3 は重い要素を文末に置く原理です．例えば，say [that~] [to John] とは言わないで say [to John] [that~] のように重い要素の that 節が文末にきます．これらの原理によって決定される基本語順を統語範疇（品詞）によって表したものが基本文型です．上に示した文型が英語の基本文型のすべてですから，英語の基本文型はかなり簡潔であることが分かります．

基本文型の例

1. NP-V：

    John *sang/ran* in the garden.

2. NP-V-C：

    John *is* an honest man. (C=NP)　She *is* kind. (C=AP)

    This *is* of great importance. (C=PP)

3. NP-V-NP/PP/Sn：

    I *like* apples. (V-NP)

    She *talked* about her husband. (V-PP)

    I *think* that it isn't true. (V-Sn=that 節)

    I *tried* to lift the piano. (V-Sn=不定詞節)

    I *tried* lifting it. (V-Sn=動名詞節)

4. NP-V-NP-XP：

    John *gave* me the book. (XP=NP)

    I *think* John honest. (XP=AP)

    I *saw* John run along the street. (XP=VP)

    I *threw* a stone at the cat. (XP=PP)

    I *told* John that the story was false. (XP=that 節)

    I *want* John to come here soon. (XP=不定詞節)

5. NP-V-PP-Sn：

    John *said* to me that Mary was wise. (Sn=that 節)

    He *shouted* to me to go out. (Sn=不定詞節)

この基本文型によって示される要素の連続は学習者が直接観察することができる唯一の情報ですから，この基本語順が英語の理解にも発話にも最も重要です．

　基本文型は動詞が必要とする要素を表したものですから，基本文型の学習は動詞の用法の学習でもあります．言語の学習で動詞の学習が最も重要であるの

はこのためです．

　従来の学習文法書の多くでは，動詞の記述は従来の 5 文型の説明，自動詞と他動詞の区別，目的語と補語の説明などに留まっていて，動詞そのものの説明はほとんどありません．しかし生成文法の研究成果の 1 つとして，動詞の性質は意味と深い相関関係があり，動詞の意味が分かればその文法上の性質（統語的性質）は予測できることが明らかになっています．以下では，このような性質を踏まえて動詞の用法を説明します．

1. NP-V（基本文型 1）

1.1. 自動詞と他動詞

　動詞には自動詞と他動詞があります．**他動詞は直後に名詞句（目的語）がくる動詞**です．これ以外はすべて自動詞です．例えば，「到着する」を意味する表現には reach (London) と get to (London) の 2 つがありますが，reach は直後に名詞句がくるので他動詞です．一方，get は直後に名詞句ではなく前置詞がくるので自動詞です．基本文型 1 に現れるのはすべて自動詞です．

(1) a.　We *reached* London early in the morning.［他動詞］
　　　　（早朝にロンドンに到着した）
　　b.　We *got* to London before 5 o'clock.［自動詞］
　　　　（5 時前にロンドンに到着した）

自動詞は，主語が何をしたかとか，どのような状態にあるかなど，もっぱら主語に関わる行為や状態を表します．

1.2. 自動詞にも他動詞にも用いられる動詞

　動詞の中には自動詞にも他動詞にも用いられるものがあります．このような自他の交替を示す動詞はすべて，**状態の変化**を意味する動詞です．このことは英語でも日本語でもほとんど同じです．

(1)　　　　自動詞　　　　他動詞
　　a.　鳴る　　　　鳴らす　　　（ring）
　　b.　壊れる　　　壊す　　　　（break）
　　c.　開く　　　　開ける　　　（open）
　　d.　変わる　　　変える　　　（change）

e.　横たわる　　　横たえる　　(lie-lay)
   f.　上がる　　　　上げる　　　(rise-raise)

日本語では語尾が少し変化しますが，英語では（1e, f）のような特別な例を除くと自動詞も他動詞も同じ形をしています．

(2) a.　The bell *rings* at noon.（正午にベルが鳴ります）
　　b.　They *rings the bell* at noon.（正午にベルを鳴らします）
(3) a.　The front door *opened* at 10 and many people rushed in.
　　　　（10時に正面のドアが開いて，たくさんの人々がどっと入った）
　　b.　They *open the front door* at 10.（10時に正面のドアを開けます）
(4) a.　Smoke was *rising* up into the sky from the volcano.
　　　　（火山から空に向かって煙が上っていた）
　　b.　He *raised his hand* to greet me.（彼は片手を上げて私に挨拶をした）

[練習問題1]　口頭で英語に直しなさい．
1. 花瓶が粉々に割れた（into pieces）．
2. 彼は花瓶を粉々に割った．
3. 信号が赤から緑に変わった．
4. 私は5日前にe-mailのアドレスを変えました．
5. 彼はあお向けに横たわった（lie on his back）．
6. 彼女は彼の肩に頭をもたせかけた（lay ... on his shoulder）．

―――― さらなる情報 ――――

　自動詞と他動詞の区別は，直後に名詞句（目的語）をとるかどうかという形式で教えるのが最もよく，意味によって教えようとするとうまく行かない．例えば，shoot は shoot an elephant（象を撃つ（当たった））とも shoot at an elephant（象を狙って撃つ（当たらないこともある））とも言えるが，ともに「象を」と「を」格が用いられているので，意味からは自他の区別を説明するのはむずかしい．
　自他交替を示す動詞は状態変化動詞がほとんどである．

(i)　**break** クラス（状態が変化し原形を留めない）
　　break（壊す，壊れる），chip（削る，削れる），crack（ひびを入れる，ひびが入

る), crash (がちゃんと砕く, がちゃんと砕ける), fracture ((腕などを) 折る, 折れる), rip (裂く, 裂ける), shatter (粉々にする, 粉々になる), smash (粉々にする, 粉々になる), snap (ポキンと折る, ポキンと折れる), splinter (裂く, 裂ける), split ((竹などを) 割る, 割れる), tear (裂く, 裂ける)

(1) a. John *smashed the glass* with a rock.
 (ジョンはグラスを石で粉々にした)
 b. The glass *smashed* on the floor. (グラスは床に落ちて粉々になった)

destroy (破壊する) は状態変化動詞であるが, 自他交替はせず, 他動詞用法しかない.

(ii) **bend** クラス (形状の変化を表す)
 bend (曲げる, 曲がる), crease (しわくちゃにする, しわになる), crinkle (縮ませる, 縮む), crumple (くしゃくしゃにする, くしゃくしゃになる), rumple ((紙など) しわくちゃにする, しわくちゃになる), wrinkle ((皮膚など) しわくちゃにする, しわくちゃになる)

(2) a. John *bent the rod* with both of his hands.
 (ジョンは両手でその棒を曲げた)
 b. The bamboo is *bending* with the strength of the wind.
 (竹は風の力でたわんでいる)

fold (折りたたむ, 折りたためる) や read の (読む, 読める) のように, 一見自他交替のように見える動詞があるが, これらの動詞の自動詞用法 (折りたためる, 読める) は, いわゆる能動受動態の用法 (p. 95) である. このことは可能の意味が含まれていることから分かる.

(iii) **cook** クラス (料理に関する動詞)
 bake ((パンなどを) 焼く, 焼ける), boil (沸騰させる, 沸騰する), broil ((肉などを) 焼く, 焼ける), cook (煮る, 煮える), fry (フライにする, フライになる), grill ((肉などを網で) 焼く, 焼ける), roast ((オーブンなどで肉を) 焼く, 焼ける), toast (きつね色に焼く, 焼ける)

(3) a. My mother *baked a cake* for my birthday.
 (母が私の誕生日のためにケーキを焼いてくれた)
 b. The potatoes *baked*. (ポテトが焼けた)

(ⅳ) その他の自他交替動詞（多数あるが比較的基本的な動詞を上げておく）

(a) advance, alter, awake, burn, burst, change, close, collapse, contract, decrease, degrade, dissolve, double, enlarge, expand, fade, freeze, grow, halt, heal, improve, increase, mature, melt, shrink, sink, soak, sprout, stretch, subside, thaw, tilt, topple, etc.

(b) 形容詞と関係するもの：clear, clean, cool, dirty, dry, double, loose, narrow, open, shut, slow, smooth, thin, warm, etc.

(c) 色に関係するもの：blacken, brown, crimson, gray, green, purple, redden, tan, whiten, yellow

(d) -en がつくもの：awaken, brighten, broaden, dampen, darken, deepen, flatten, freshen, harden, hasten, lengthen, lighten, loosen, ripen, sharpen, shorten, soften（発音に注意）, steepen, stiffen, straighten, strengthen, thicken, weaken, widen, worsen

(4) a. The captain ***advanced his troops*** toward the enemy.
（指揮官は敵に向かって軍団を前進させた）

b. The troops ***advanced*** toward the enemy.
（軍団が敵に向かって前進した）

自他交替動詞は頻繁に出てくるが，基本動詞であるから理解しているはずであると見なさないで，その都度十分に説明し習熟するように指導することが基礎力の充実につながる．「基本動詞は粗末に扱ってはならない」が基本原則．

【解 答】

練習問題1　1. The vase broke into pieces.
2. He broke the vase into pieces.
3. The signal changed from red to green.
4. I changed my e-mail address five days ago.
5. He lay on his back.
6. She laid her head on his shoulder.

2. NP-V-C (基本文型 2)

2.1. 補語をとる動詞

補語（名詞や形容詞など）をとる動詞は，大まかに言えば主語と補語の関係が＝で表される意味をもつ動詞で，補語は主語の状態や性質を述べます．補語をとる動詞は意味によって4つに分かれます．

(a) **be** タイプ：be, keep, remain, stay など（**状態を表す**：「～である」）
(b) **become** タイプ：become, come, get, go, grow, turn など（**変化を表す**：「～になる」）
(c) **seem** タイプ：seem, appear, look, feel, smell, sound, taste など（**感覚**に関わる：「～のようだ」）
(d) **prove** タイプ：prove, turn out など（**判明**：「～であると分かる：判明する」）

それぞれのタイプが意味的にまとまっている点に注意してください．

(a) **be** タイプ
　　He *is* asleep.（彼は寝ている）
　　The child *kept* quiet.（その子どもは静にしていた）
　　He *remained* silent during the meeting.（彼は会議中沈黙していた）
(b) **become** タイプ
　　The new book *became* a best seller.（その新しい本がベストセラーになった）
　　It's *getting* colder and colder.（だんだん寒くなっている）
　　Fish *goes* bad quickly.（魚はすぐに腐る）
　　She *grew* a pretty woman.（彼女は成長して美しい女性になった）
　　The leaves *turned* red.（葉が赤くなった）
(c) **seem** タイプ
　　He *seems* intelligent.（彼は知性があるようだ）
　　The skin *feels* smooth.（肌がすべすべしている）
　　The apple *smells* delicious.（そのリンゴは美味しそうな香がする）
　　The music *sounds* good.（その音楽は心地よく響く）
　　These grapes *taste* sweet.（これらのブドウは甘い味がする）
(d) **prove** タイプ
　　The rumor *proved* false.（そのうわさは嘘だと分かった）

The plan *turned out* a failure. (その計画は失敗だと分かった)

2.2. 補語をとる動詞の意味の違い

これらの動詞の意味の違いに注意しましょう．

(a) be タイプの keep, remain, stay は状態の継続を表します．

(b) become は変化を表す一般語
get は口語的
go はよくない変化 (go bad/mad/worse)
come はよい変化 (come true/good ((夢などが) 実現する，よくなる))
grow は ((成長して) 〜になる)
turn ((変化して) 〜になる)
(いずれも動詞の元の意味を保持していることに注意)

(c) seem は思考上，appear と look は視覚上，feel は触覚上，smell は嗅覚上，sound は聴覚上，taste は味覚上の判断を表します．(感覚に基づく)

(d) prove ((証拠などによって) 〜と分かる)，turn out ((結果として) 〜と分かる)

練習問題1　どの動詞を使うのが最も適切かを考えて，口頭で英語に直しなさい．
1. 彼女の声は心地よく響く．
2. 彼の夢が実現した．
3. その計画はうまく行かなかった．(bad)
4. 彼は成長して立派な紳士になった．
5. 彼は一生独身のままだった．(single, all through his life)
6. 彼の話は (結果として) 間違っていると分かった．(his story)
7. その紙は (触ると) ざらざらしている．(rough)

さらなる情報

be 動詞の用法は3つあると理解しておくと便利である．

(i) 補語をとる場合：
He *is* good at math. (彼は数学が得意だ)
He *is* a professor. (彼は教授だ)

(ii) 存在を意味する場合：
My father *is* in the garden.（父は庭にいる）
There *is* a cat on the roof.（屋根に猫がいる）
(iii) 同定（同じもの）を意味する場合：
Our leader *is* John Smith.（我々のリーダーはジョン・スミスです）
The fact *is* that she doesn't love you any more.
（事実彼女はもう君を愛していない）

補語には，形容詞や名詞の他に副詞，不定詞，分詞，動名詞，that 節，形容詞的意味を表す前置詞句がくる．

(1) a. The results are *of great importance* (=greatly important).
（とても重要だ）
b. The theme is *of great interest* (=very interesting).（とても面白い）

これらの動詞が NP-V-C に現れる基本動詞のすべてである．この型は簡単に見えるために，どのような動詞が用いられるのかが十分に指導されないことがある．これらの動詞に出会う度に注意させる必要がある．

《実　例》

1. We *got* wet during a torrential downpour after dinner.
（夕食後の土砂降りでずぶ濡れになった）
2. This will help you to *keep* warm and ease the pain.
（これが（身体を）暖かく保ち痛みを和らげるのに役立つでしょう）
3. What he said may *sound* nice and may deceive people.
（彼の話はよさそうに聞こえるから人々が騙されるのかもしれない）
4. The trade may *turn out* not too bad.
（その取引はそれほどひどい結果にはならないかもしれない）
5. The pensions business has *proved* successful.
（年金ビジネスはうまく行った）

【解 答】

練習問題1 1. Her voice sounds good/nice.
2. His dream came true.
3. The plan went bad.
4. He grew a fine gentleman.
5. He remained single all through his life.
6. His story turned out false.
7. The paper feels rough.

3. NP-V-NP/PP/Sn (基本文型3)

まとめ 動詞が直後に要素を1つだけとる型です．その要素は名詞句，前置詞句，節の3つに限られます．まずこの文型の全体像を見ておきましょう．

(i) **V + NP**

動詞が名詞句（目的語）をとり，一般にSVOと呼ばれているものです．この型に現れる動詞は非常にたくさんありますが，これらの動詞に共通の特徴は，動詞が目的語に直接的影響を与える意味をもつ点です．eat pizzaではピザは食べるとなくなりますから，目的語が直接的影響を受けていることは明らかです．

John *ate* the pizza. (ジョンはピザを食べた)
He *broke* the window. (彼は窓を壊した)

(ii) **V + PP**

動詞が前置詞句をとる場合です．どの前置詞をとるかは動詞ごとに決まっています．

We *talked* about the plan/ to John/ with our boss.
(私たちはその計画ついて話した／ジョンに話しかけた／上司と話をした)
He *laughed* at the scene. (彼はその光景を見て笑った)
Let's *prepare* for the farewell party. (さよならパーティーの準備をしよう)
Something good will *happen* to me. (私に何かよいことが起こるだろう)

(iii) **V + Sn**

動詞が節をとる場合です．節にはthat節，疑問節，不定詞節，動名詞節があります．

(a) **V** + that 節・疑問節

I ***think*** (*that*) *you are right.* (君が正しいと思う)

Do you ***remember*** *what he said to you*?

(彼が君に何と言ったか覚えていますか)

The paper ***says*** *that our exports are down.*

(新聞は輸出が減少していると報じている)

(b) **V** + 不定詞節

John ***tried*** *to save the drowning boy.*

(ジョンは溺れている男の子を助けようとした)

Finally she ***decided*** *to go to America for study.*

(ついに彼女はアメリカに留学することに決めた)

I ***want*** *to get a better job.* (私はもっとよい仕事が欲しい)

(c) **V** + 動名詞節

I ***prefer*** *driving* to walking. (私は散歩よりもドライブが好きだ)

I ***enjoyed*** *playing tennis* very much after lunch.

(私は昼食後テニスをとても楽しんだ)

I'll ***finish*** *writing my letter* in five minutes.

(私は5分で手紙を書き終えます)

さらなる情報

まとめの必要性

動詞の型は当該の動詞が出てきたところでその都度教えることになるが，ある段階で「まとめ」を行う必要がある．どの段階で行うかは内容と量によって違ってくるが，この文型のように動詞が1つの要素しかとらない単純な場合には，上記のような予備的「まとめ」を行って全体像が見通せるようにしてから，各項目を指導するのが効果的であると思われる．さらに各文型を学習した後で文型を整理して提示することは不可欠である．

3.1. V–NP (1) (動詞＋名詞句)

3.1.1. 動詞と目的語の関係 (影響性)

この型は動詞が名詞句を直後にとる型で，一般に SVO と呼ばれているもの

です．この型に現れる動詞は非常にたくさんありますが，この型の動詞に共通の特徴は，動詞が表す行為や状態が目的語に**直接的影響**を与える意味をもつことです．

(1) a. John *ate* the pizza. (ジョンはピザを食べた)
  b. He *broke* the window. (彼が窓を壊した)

これらの例では，ピザは食べるとなくなり，窓は壊れると形がなくなりますから，目的語が直接的影響を受けていることははっきりしています．次の例はどうでしょう．

(2) a. He *speaks* English very well. (彼は英語を上手に話します)
  b. John *knows* the truth. (ジョンは真実を知っている)
  c. We *enjoyed* the baseball game very much.
   (我々は野球をとても楽しんだ)

これらの例では，(1)におけるように明確に目的語に直接的影響が及んでいるようには見えません．しかし動詞と目的語の間に密接な関係があり，その結果として主語と目的語の間に緊密な関係が生じます．例えば，(2a)は He is a good speaker of English. を意味しますし，I know John. と I know of John. を比べると，前者は直接目的語をとっていて「ジョンと知り合いだ」という意味であるのに対して，前置詞が介在している後者は単に「ジョンについて知っている」という意味です．

3.1.2.「動詞＋目的語」と「動詞＋前置詞句」の意味上の違い

動詞が目的語をとる場合と前置詞を介在している場合では意味が違います．

> believe you (君の言うことを信じる), believe in you (君を信頼する), believe in God (神の存在を信じる), grasp his arm (彼の腕をつかむ), grasp at his arm (彼の腕をつかもうとする), prepare a speech (講演の準備をする), prepare for a dinner (夕食のための準備をする), search a house (家の中を調べる (家宅捜索)), search for a house (家を探し求める), shoot an elephant (象を撃つ (当たった)), shoot at an elephant (象をねらって撃つ (当たったかどうかは不明)), meet John (ジョンに会う), meet with the president (約束して会う，会談する)

この違いは目的語が動詞の影響を直接的に受ける影響性の条件よるものです．

3.1.3. kiss her on the cheek と kiss her cheek

「彼女の頬にキスする」は kiss her on the cheek のように，彼女にキスしたと述べた後で，キスした場所を特定化するのが英語の慣用的表現です．

(1) a. John *kissed her **on** the cheek*.
    b. John *kissed her cheek*.

(1a) では目的語である her に重点があり，彼女に直接的影響が及んだことを示した表現となっています．これに対して，(1b) では人に重点があるのではなく，キスした場所に重点が置かれた表現になっています．英語は人に重点を置く言語ですから (1a) が慣用的言い方となります．

(2) catch him ***by*** the sleeve（袖をつかむ），grab him ***by*** the hand（手をつかむ），hit him ***on*** the head（頭をたたく），kiss her ***on*** the forehead（額にキスする），slap him ***on*** the face（顔をひっぱたく）

3.2. V-NP (2)（心理動詞）

人間の心理を表す心理動詞には2種類あります．1つは「驚かせる」「いらいらさせる」のような使役の意味を持つ surprise タイプ，もう1つは「好き」「嫌い」「怖がる」のような心理を表す like タイプです．

(a) surprise タイプ

日本語では「驚く」「満足する」のように言いますが，英語では be surprised, be satisfied のように受身形で表します．これは surprise, satisfy が「驚かせる」「満足させる」という使役動詞だからです．したがって，be surprised は「(人が) 驚かされる」→「(人が) 驚く」，be satisfied は「(人が) 満足させられる」→「(人が) 満足する」のようになるのです．一方，the surprising news は「(人を) 驚かせるニュース」→「驚くべきニュース」となり，the satisfying meal は「(人を) 満足させる食事」→「満足のいく食事」となります．この過去分詞 (surprised) と現在分詞 (surprising) の意味の違いはこの動詞が使役動詞であることに起因します．この使役動詞のタイプを surprise タイプと呼ぶことにしましょう．

amaze（あきれさせる），amuse（楽しませる），anger（怒らせる），astonish（ひどくびっくりさせる），bother（悩ませる），disappoint（失望させる），encourage（勇気づける），fascinate（うっとりさせる），frighten（怖がらせる），

horrify（ぞっとさせる），interest（興味をもたせる），please（喜ばせる），satisfy（満足させる），scare（怖がらせる），startle（ぎょっとさせる），stun（呆然とさせる），surprise（驚かせる）

(1) a. The news *surprised* me very much.
   （そのニュースは我々をとても驚かせた）
   b. His plan *satisfied* me.（彼の計画は私を満足させた）

これらの心理動詞は次の表現でよく用いられます．

be surprised at, be interested in, be scared of, be satisfied with, be pleased with, be disappointed with, be amazed at/by, be frightened of/at/by/with

例えば，be surprised at は次のようにしてできた表現です．

The news *surprised* me.（そのニュースが私を驚かせた）→
I *was surprised by* the news.（私はそのニュースによって驚かされた）→
I *was surprised at* the news.（私はそのニュースに驚いた）

過去分詞の surprised は今では形容詞のように感じられて「によって」の by が at に変わっています．他の表現も同様です．現在ではこれらの表現の過去分詞はすべて形容詞とみなされていて very によって強めることができます．

(2) a. I'*m scared of* dying.（死ぬのが怖い）
   b. I *am* rather *pleased with* my new house.
      （新しい家をかなり気に入っている）
   c. She *was frightened by* the sight of a man looking in through the window.（彼女は男が窓から中をのぞき込んでいるのを見てぎょっとした）
   d. The trainers *were amazed at* the speed with which the dolphins could learn.（調教師達はイルカの学習速度の速さに驚嘆した）

練習問題 1　英語は日本語に，日本語は口頭で英語に直しなさい．
1. a. The subject matter will interest a number of students in the class.
   b. 私は UFO にとても興味がある．
2. a. The child did not wish to disappoint her parents.
   b. 彼は自分の新しい自転車にがっかりした．

3. a. It may surprise you to hear that he has finally failed in business.
   b. 私は彼の決心に非常に驚いた．(decision)
4. a. Charlie finds surprising ways out of every trouble.
   b. 私は昨日すごい航空ショウをみた．(amazing)

(b) like タイプ

abhor（嫌悪する），admire（りっぱだと思う），detest（ひどく嫌う），dislike（嫌う），fear（怖がる），hate（嫌う），like（好き），love（愛する）

これらの動詞は，主語が目的語に対してもつ（好き，嫌い，感嘆，恐怖など）心理状態を表します．dislike ＜ hate ＜ abhor, detest の順に嫌悪感が強くなります．これらは状態動詞なので進行形では使えません．

(3) a. I *like* that movie.（私はあの映画が好きだ）
    b. My son *fears* dogs.（息子は犬を怖がります）
    c. He *admires* her kindness.（彼は彼女の思いやりに感心している）
    d. Tom *hated* the job.（トムはその仕事が大嫌いだった）

練習問題2　口頭で英語に直しなさい．
1. 私はリンゴが好きです．
2. 私は暴力は大嫌いだ．(hate)
3. 人々は彼の勇気を賞賛した．(courage)
4. 子どもは暗がりを怖がる．(the dark)

【解　答】

練習問題1　1. a. その主題はクラスのたくさんの学生の興味を引くでしょう．
   b. I'm very interested in UFOs.
2. a. その子どもは両親を失望させたくないと思った．
   b. He was disappointed with his new bicycle.
3. a. 彼が最終的には事業に失敗したと聞いてあなたは驚くかもしれませんね．
   b. I was very surprised at his decision.
4. a. チャーリーはどんな困難からでも抜け出す驚くべき方法を見つけ出す．
   b. I saw an amazing air show yesterday.

[練習問題2]　1. I like apples.
2. I hate violence.
3. People admired his courage.
4. Children fear the dark.

3.3. V-PP（動詞＋前置詞句）

動詞が前置詞句をとる場合です．どの前置詞をとるかは動詞によって決まりますが，一定の規則性があります．come from, die of, belong to, happen to, leave for などは自動詞的ですが，deal with, laugh at, talk to, look for などは他動詞的で V＋P が1つの単位をなし他動詞のように振る舞います（→ Part I 第11章3.3節（p. 89）参照）．

(1) The girl began to ***suffer from*** the disease that the atomic bomb had caused.（その少女は原子爆弾が引き起こした病気に苦しみはじめた）
(2) Doctors did not know how to ***deal with*** the disease.
　　（医者はその病気の対処の仕方が分からなかった）
　　cf. The problem ***was*** soon ***dealt with***.（その問題はすぐに処理された）

3.3.1. 動詞＋前置詞句

この結合の前置詞は動詞によって決まります．非常に多くの例がありますが，その一部を上げましょう．

V＋at：aim at（をねらう），laugh at（を笑う），look at（を見る），work at（に取り組む）

V＋about：go about（仕事などに取りかかる），hear about（について聞く），know about（について知っている），talk about（について話す），think about（について考える）

V＋for：arrange for（の手はずを整える），wait for（を待つ），work for（に務めている），look for（を探す），pay for（の代金を払う），reach for（取ろうと～に手を伸ばす），stand for（を指示する，を表す），long for（を切望する），ask for（を求める），call for（を求める），cry for（を求めて叫ぶ），leave for（に向かって出発する）

V＋to：adapt to（に適合・順応する），apply to（に適用する），belong to（に属する），lead to（に至る），get to（に到着する），relate to（に関係する），listen to（を聞く），happen to（に起こる），write to（に手紙を書く）

V + in：believe in（の存在・忠誠を信じる），fail in（に失敗する），result in（結果～になる）

V + from：come from（に由来する，出身である），keep from（を避ける，慎む），refrain from（を控える，慎む），suffer from（に苦しむ）

V + with/without：compete with（と張り合う），go with（(食べ物などが)よく合う，調和する），meet with（約束して会う，遭遇する），struggle with（と取り組む，に苦労する），fight with（と戦う），deal with（を扱う，処理する），begin with（から始める），go without（なしで済ませる）

V + of：die of（で死ぬ），hear of（について聞く），know of（について知る），dream of（を夢見る），think of（について考える），complain of（について不平を言う），approve of（を承認する），boast of（を自慢する）

V + on：feed on（を餌にする），live on（を主食とする），operate on（(患者)を手術する），rest on（に基礎をおく，を当てにする），depend on（を当てにする，次第である），rely on（を当てにする，信頼する），count on（を当てにする），start on（を始める），work on（に取り組む），come upon（に出会う，思いつく）

V + by/with：start by/with（から始める），begin by/with（から始める）

V + through：go through（通り抜ける，経験する）

3.3.2. 前置詞選択の規則性

動詞がとる前置詞の選択に一定の規則性が見られます．

(1) a. count on, depend on, rely on, rest on のように**依存**を表すには **on**
   b. hear of, know of, dream of, think of, complain of では「～について」の意味で **of**
   c. adapt to, apply to, belong to, lead to, get to, relate to, listen to, happen to, write to など**対象**を表す場合は **to**
   d. wait for, reach for, long for, ask for, call for, cry for など**求める対象**を表すには **for**
   e. come from, keep from, refrain from, suffer from など**原因・出所**は **from**

(2) a. You can *reply on* my support for education.
   （君は私の教育支援を当てにしていいですよ）
   b. Children soon *adapt to* a new environment.

(子どもはすぐに新しい環境に順応します)
- c. We have *heard about* it on today's news.
  (我々は今日のニュースでそれについて聞いた)
- d. You should *refrain from* using a cell-phone in a bus.
  (バスの中では携帯電話の使用は控えるのがよい)

3.3.3. 2つの前置詞句をとる場合

動詞の中には前置詞句を2つとることができるものがあります．(a) が普通の語順ですが，(b) のように2つが入れ替わることもあります．

(1) a. I *talked to* Mary *about* John. (ジョンについてメアリーに話す)
　　b. I *talked about* John *to* Mary. (メアリーにジョンについて話す)
(2) a. We *fought against* the enemy *for* our country.
　　　 (祖国のために敵と戦う)
　　b. We *fought for* our country *against* the enemy.
　　　 (敵と祖国のために戦う)
(3) a. He *wrote to* his mother *about* his girlfriend.
　　　 (ガールフレンドについて母に手紙を書く)
　　b. He *wrote about* his girlfriend *to* his mother.
　　　 (母にガールフレンドについて手紙を書く)

[練習問題1]　口頭で英語に直しなさい．
1. 彼は新しい本の中で自分の幼年時代について書いた．(write, childhood)
2. 今日は第三章から始めましょう．(start/begin)
3. 会議中は喫煙はお控えください．(keep/refrain)
4. 彼はテーブルの上の塩を取ろうと腕を伸ばした．(reach)
5. 我々日本人の主食は米です．(live)

【解　答】

[練習問題1]　1. He wrote about his childhood in his new book.
2. Let's start/begin with Chapter 3/the third chapter today.
3. Please keep/refrain from smoking during the meeting. [refrain は形式的]
4. He reached for the salt on the table.
5. We Japanese live on rice.

3.4.　V-Sn

まとめ　節には that 節/wh 節，不定詞節，動名詞節があります．どの節を取るかは動詞ごとに決まっていますが，その選択は動詞の意味から予測できます．3.4.1 節で that 節/wh 節をとる動詞を，3.4.2 節では不定詞節をとる動詞を，3.4.3 節では動名詞節をとる動詞を扱います．ここで「まとめ」をしておきます．

　3.4.1 節で扱う that 節/wh 節をとる動詞は「～と思う」「～と言う」「～かしら」の意味をもつ動詞です．

- (a)　think + that 節タイプ
- (b)　say + that 節タイプ
- (c)　know + that 節/wh 節タイプ
- (d)　acknowledge + that 節タイプ
- (e)　wonder + wh 節タイプ

　3.4.2 節では不定詞節をとる動詞を扱います．**不定詞節は一般に未来の事柄**を表します．したがって，不定詞節をとる動詞は，未来のことを表す**意図・決心・計画・願望・同意・開始などの意味を表す動詞**です．

- (a)　try タイプ（意図）
- (b)　agree/refuse タイプ（同意・拒否）
- (c)　want タイプ（願望）
- (d)　begin タイプ（開始）
- (e)　remember/forget タイプ（記憶・忘却）
- (f)　manage タイプ

　3.4.3 節では動名詞をとる動詞を扱います．**動名詞は事実や一般的事柄**を表すので，その時点での**事実や一般的事柄を表す動詞**が動名詞をとります．例えば，finish や stop は「終了」を意味しますが，終了するためにはその事柄が事実としてその時点で存在する必要があります．したがって，これらの動詞は動名詞節をとります．

- (a)　like タイプ（好嫌）
- (b)　bear/avoid タイプ（忍耐・回避）
- (c)　begin タイプ（開始）
- (d)　stop タイプ（終了）
- (e)　delay/continue タイプ（延期・継続）
- (f)　permit/prohibit タイプ（許可・禁止）
- (g)　enjoy など（その他）

3.4.1.　V-that 節/wh 節
3.4.1.1.　think＋that 節タイプ

　動詞が that 節をとるかどうかは，動詞の意味から分かります．例えば，日本語の「～と思う」という動詞はその意味から節（文）をとることが分かりますが，その点は英語でもまったく同じです．このタイプの動詞は「～と思う」という意味を共有していますが，それぞれの動詞の原義が基本にあることに注意してください．

> **think** タイプ：「～と思う」の意味の動詞
> believe（(信じて)～と思う），consider（(よく考えて)～と思う），doubt（～でないと思う，疑う），figure（(米語)～と思う），guess（(予測して)～と思う），imagine（(想像して)～と思う），suppose（(仮定して)～と思う），suspect（～であると疑う（通例好ましくない内容）），think（一般語）など．

(1) a.　I ***think*** (*that*) he will come soon.（彼は直ぐ来るだろうと思う）
　　b.　I can hardly ***imagine*** that he is over seventy.
　　　　（彼が 70 歳以上だなんてほとんど想像できない）
　　c.　I ***doubt*** that he is the right person for the position.
　　　　（彼がその地位に適任な人だとは思えない）
　　d.　She ***suspects*** that her husband is lying.
　　　　（彼女は夫が嘘をついていると疑っている）

　これらの動詞の中には wh 節をとるものもありますが，その時には「～と思う」という軽い意味ではなく，次の例に見るように原義で用いられています．(think, suppose, suspect は that 節しかとりません)

(2) a.　***Guess*** what is in this box.（推測する）
　　　　（この箱の中に何があるか当ててごらん）
　　b.　I can well ***imagine*** what the scene looks like.（想像する）
　　　　（その場面がどのようであるか十分に想像できます）
　　c.　I ***doubt*** whether his story is true.（疑う）
　　　　（彼の話が本当かどうか疑っている）

[練習問題 1]　日本語に直しなさい．
1.　I don't think you would know who I am.［would は推量を表す］
2.　Suppose you had lived on the moon.［仮定法］

3. I doubt whether that professional training can be put into practice.
   [professional training（職業訓練），put into practice（実行する）]
4. Few biologists doubt that this is part of the truth. [biologist（生物学者）]
5. I suspect that my child is involved in something undesirable.
   [be involved in（〜に巻き込まれる），undesirable（望ましくない）]

|練習問題2| 口頭で英語に直しなさい．
1. 彼女はコンピューターゲームに興味をもつだろうと思います．(think)
2. 私は彼女に会ったほうがよいと思う．(consider, it would be better)
3. 君が今どう感じているか想像できます．(imagine)
4. 私は彼が正直であるとは思わない．(doubt)
5. 私は彼がすでに真実を知っているのではないかと思う．(suspect)

さらなる情報

(i) これらの動詞は「〜と思う」の意味を共有するが，それぞれの動詞の原義が保持されていることに注意する．

(ii) **I don't think**

not は think を否定しているのではなく，that 節内を否定している．

I ***don't think*** he is honest.（彼は正直ではないと思う）

次の文のように言うと，正直ではないことが強調された感じになる．

I think he *isn't* honest.

(iii) **I think I will** ＝ I am going to　主語の意志を表す慣用表現．

I think I will go to sleep now.（もう寝るつもりだ）
I think I will have a juice.（ジュースを飲もうと思う）

(iv) **I think I know**：直截的な I know と言う表現を和らげる表現．

I think I know what Paddy means.
（パディの言っていることはわかるような気がします）
I think I know what your answer will be.
（君の返答がどうなるかわかるような気がします）

《実例》

wh 節をとるときには，動詞は原義である点に注意．

1. Try and *think* how you would feel if that happened to you. [think＝考える]（それが自分の身に起こったらどう感じるか考えてごらんなさい）
2. *Guess* what the wrapped-up presents are. [guess＝推測する]（包装してあるプレゼントが何か当ててごらん）
3. I *doubt* that this book will be of any use to the professional.（私はこの本は専門家には役に立たないだろうと思う；doubt に否定の意味が含まれているので，否定文に用いられる any が用いられている点に注意）
4. Some people actually *imagine* that a photograph shows the world as it is.（写真は世界をあるがままに写していると実際に思っている人達がいる）
5. It would have been natural to *suppose* that genes were made of DNA.（遺伝子が DNA で作られていると考えるのがそれまでは自然であったのだろう）

【解　答】

練習問題1　1. 君は私が誰であるかを知らないと思う．
2. 君が月に住んでいたと仮定しよう．
3. その職業訓練は実行できるかどうか疑わしいと思う．
4. これが真理の一部であることを疑っている生物学者はほとんどいない．
5. 私の子どもが何か望ましくないことに巻き込まれているのではないかと思う．

練習問題2　1. I think (that) she will be interested in a computer game.
2. I consider that it would be better to see/meet her.
3. I can imagine how you are feeling now.
4. I doubt that he is honest.
5. I suspect that he has already known the truth.

3.4.1.2. say＋that 節タイプ

　このタイプの動詞は「〜と言う」という意味を共有していて，that 節の内容を伝達する意味をもちます．この意味からこれらの動詞が wh 節をとらないことが分かります．

　　say タイプ：「〜と言う」の意味の伝達動詞
　　　announce（〜と発表する），argue（〜と主張する），affirm（〜と断言する），

assert（〜と断言する），complain（〜と不平を言う），declare（〜と宣言する），insist（〜と主張する），report（〜と報告する），say（〜と言う），state（〜と述べる），write（〜と書く）など．

(1) a. He **said** that he was really tired.（彼は本当に疲れたと言った）
   b. They **announced** that the school would be closed because of the typhoon.（台風のために休校になると知らせを出した）
   c. My brother **complains** that his room is too small.
      （兄は自分の部屋が狭すぎると不平を言っている）
   d. The newspaper **reports** that a big forest fire broke out in California yesterday.（新聞報道によれば，昨日カリフォルニアで大きな森林火災が発生した）

練習問題1　日本語に直しなさい．
1. Bush announced that the US was sending $100m in food aid to Poland.　［$100m = 100 million dollars, food aid（食糧援助）］
2. One customer in the hotel complained that a water pipe was leaking in his room.　［leak（漏れる）］
3. Smith asserted that cultural and language differences could produce misunderstandings.

練習問題2　口頭で英語に直しなさい．
1. 彼は決して二度とそんなことはしないと言った．（say, do such a thing）
2. 新聞は首相が今夕テレビ演説をすると報じている．
   (announce, the Prime Minister, speak on TV)
3. 何が起こったかが重要であると彼は主張した．（argue, happen）
4. 彼は自分は無実であると主張した．（insist）

さらなる情報

伝達動詞は，It is said/reported/argued/stated/asserted/insisted/written/ etc. that ... の受動文の型で文語でよく用いられる．（→ Part I 第 11 章 3.4 節 (p. 90)）

(1) *It is said that* they learn to ride before they learn to walk, and this is

almost true.（彼らは歩くことができる前に馬に乗ることを覚えると言われていて，そのことはほぼ本当です）

(2) *It is* commonly *reported that* older people prefer to receive care from family members rather than state agencies.（一般に報道されているところによれば，高齢者は州機関による介護よりも家族による介護を受けることを望んでいる）［receive care（介護を受ける），state agency（州機関）］

(3) *It is argued that* a man has a moral duty to obey the law.
（人は法律に従う道徳上の義務があると主張される）

(4) In recent literature *it is stated* the new medicine gives the best results in the treatment of patients suffering from cancer.（最近の研究では新薬が癌患者の治療に最もよい成果を上げていると言われている）

(5) *It is insisted that* in Cabinet there was too much argument and not enough discussion.（内閣では自説の主張ばかり多くて，議論が十分でなかったことが強く指摘されている）

【解　答】

練習問題1　1. ブッシュはアメリカ合衆国がポーランドに対して100万ドル相当の食糧援助を行っていると発表した．
2. ホテル客の一人が部屋で水道管から水漏れがしていると苦情を言った．
3. スミスは文化と言語の違いが誤解を生み出す可能性があると強く主張した．

練習問題2　1. He said that he would never do such a thing again.
2. The paper announces that the Prime Minister will speak on television this evening.
3. He argued that what happened mattered/was important.
4. He insisted that he was innocent.

3.4.1.3. know＋that節/wh節タイプ

このタイプの動詞は that 節と wh 節（疑問節）をとります．wh 節をとることができることは動詞の意味から分かります．日本語で「誰がそれをしたか知っている」のように「知る」は疑問節をとりますが，know も同様に wh 節をとります．

know タイプ：「〜とわかる・知っている」の意味の動詞

discover（〜とわかる），know（〜と知る），find（〜とわかる），learn（〜と知る），note（〜と気づく），notice（〜と気づく），observe（〜と気づく），realize（〜と悟る），recall（〜であると思い出す），remember（〜と覚えている・思い出す），see（〜とわかる）など

(1) a. I *know* that he is working very hard.
（彼がよく働いていることは知っている）
  b. I have *found* what I really want to do.
（私は本当に何をしたいかが分かった）
  c. The man *realized* that there was no chance for him in the local city.（その人はその地方都市では自分にチャンスがないと悟った）
  d. You must *learn* what you can do and what you can't do.
（自分にできることとできないことを自覚しなければならない）

練習問題1 日本語に直しなさい．
1. You will learn that experience becomes useful as you go on.
   [as（〜につれて）]
2. We need to realize what we've done to other species. [species（種）]
3. Erika, I notice that you have got your left leg injured.
   [have got A injured（A を怪我をしている）]
4. "You see what I mean" he said to me.
5. Jane was pleased to find that there was nothing wrong with her lungs.
   [lung（肺）]

練習問題2 口頭で英語に直しなさい．
1. 彼がいい人だと言うことは知っている．(know)
2. 私たちが以前東京で会ったのを思い出した．(recall)
3. その信号が何色か気がつきましたか．(notice)
4. かなり以前に人間 (men) はミツバチが時間感覚をもっていることを発見した．(discover, many years ago, a sense of time：時制の一致なし，一般的事実だから)
5. ミツバチはどのようにして彼の朝食時間がいつであるかを知るのだろうか．(know, it is his breakfast time)

さらなる情報

　このタイプの動詞に共通する意味は「わかる・知る」だが，それぞれの動詞が原義を残している点に注意する．例えば，discover は「（発見して）わかる」，learn は「（学んで）わかる」，realize は「（悟って）わかる」等々．

《実　例》

1. a. I *realized* that climbing, my first love, was losing its appeal.
   （一番すきな山登りに魅力を感じなくなっているのを実感した）
   b. All concerned *realize* what is wanted.
   （関係者一同が何が不足しているか理解している）
2. a. I could *see* that he was upset by the news.
   （彼がその知らせに気が動転していることが分かった）
   b. I don't really *see* whether there's anything you can do to help.
   （援助のためにあなたができることがあるのかどうか私は本当にはわからない）
3. a. Critics *note* that China does not obey human-rights guarantee contained in its own constitution.（評論家達は中国が自国の憲法に含まれている人権保障条項を守っていないことに注目している）[human-rights guarantee（人権保障条項）]
   b. *Note* what would happen if there was a revolution and the monarchy was overthrown.（革命が起こって君主制が打倒されるとしたらどのようなことが起こるかに注意してください）[revolution（革命），monarchy（君主制），overthrow（打倒する）]
4. a. Looking out of the car window, we *noticed* the storm was over and already the streets were dry again.（車の窓から外を見て，嵐は去っていてすでに道路がもとどおりに乾いているのに気がついた）
   b. The people do not seem to *notice* what things are like in that country today.
   （人々は今日その国の情勢がどのようであるかについて分かっていないようだ）

【解　答】

練習問題1　1. 先に進むにしたがって経験が役に立つことがわかるでしょう．
2. 我々はこれまで他の種に対してどのようなことをしてきたかを認識する必要がある．
3. エリカ，あなたが左足を怪我していることには気がついていますよ．
4. 「私が何を言いたいか（私が言いたいことが）わかるだろう」と彼は私に言った．
5. ジェーンは肺に異常がないとわかって喜んだ．

練習問題2　1. I know that he is a good person/man.
2. I recalled that we had met in Tokyo before.
3. Did you notice what color the signal was?
4. Many years ago men discovered that bees have a sense of time.
5. How do bees know when it is his breakfast time?

3.4.1.4.　acknowledge＋that 節タイプ

　このタイプの動詞は「認める」という意味から明らかなように that 節しかとりません．admit は通例不都合な内容を「しぶしぶ認める」ことを意味し，grant はあまり深く考えないで「一応認める」という意味です．take it for granted that（〜を当然のことと認める）という形でよく用いられます．

　acknowledge タイプ：「〜と認める・判断する」の意味の動詞
　　acknowledge（〜と認める），admit（（通例しぶしぶ）認める），decide（判断する），grant（（一応）認める），guarantee（保証する）など．

(1) a. He ***acknowledged*** that it was true.（彼はそれが正しいと認めた）
　　b. He ***admitted*** that he made a mistake.
　　　（彼は間違いをしたと（しぶしぶ）認めた）
　　c. I ***grant*** that he is honest.（彼は正直だと（一応）認めます）
　　d. They ***guarantee*** that this watch keeps good time.
　　　（この時計は正確であるとの保証つきです）
　　e. We are apt to take it for ***granted*** that any air will do for us; stale air, dirty air, even poisonous air.（我々はどんな空気でもよいと考えてしまいがちである，むっとするような空気，汚い空気，有毒な空気さえも）
　　　［Any air will do.（どんな空気でもよい），stale（むっとする）］

練習問題1　日本語に直しなさい．
1. US officials admit that they knew about the coup plans as early as last Saturday.［officials（高官），coup plans（クーデター計画）］
2. We acknowledge that you have made the best choices possible in the situ-

ation.［make a good choice（よい選択をする）］
3. Her colleagues took it for granted that she would go back to work and I would look after the baby.［colleague（同僚），look after（面倒を見る）］

|練習問題2| 口頭で英語に直しなさい．
1. 彼らは自分たちが間違っていることをしぶしぶ認めた．(admit)
2. 我々はわが国がたくさんの問題を抱えていることを認めます．(acknowledge)
3. 科学は急速に進歩することが当然であると認めましょう．(let's, grant, advance rapidly)

さらなる情報

admit と take it for granted について『コウビルド英語辞典 (COBUILD)』には次のように記してある．

> *admit*: agree, often reluctantly, that it is true（しばしば不承不承）
> *take it for granted*: you believe that it is true without thinking about it very much or looking for proof（よく考えないで，あるいは証拠を見つけないままにそれが真であると思う）

したがって，admit は自分にとって認めたくない内容がくることが多いし，grant には一応認めておくという感じがある．

《実　例》
1. Most of these critics *admit* that The Times is one of the world's great newspapers, perhaps the greatest.（これらの批評家の大半は『タイムズ紙』が世界の大新聞の1つであり，おそらく最も偉大な新聞であることを認めている）
2. Many people would *acknowledge* that things would have been different without her.（彼女がいなければ状況は異なっていたであろうと多くの人々が認めるでしょう）
3. The leader *decided* that the revolution had been completed.
（指導者は革命が完了したと判断した）
4. However, let's *grant* that the linguistic theory is true.
（しかしながら，言語理論が正しいと一応認めることにしましょう）
5. The girls would readily *acknowledge* that she gave them as much affection as they had received from their own parents.（その女の子達は，

彼女ら自身の両親から受けた愛情と同じくらいの愛情を彼女が彼女らに注いだことをすぐに認めるでしょう）

【解　答】

練習問題1　1. 合衆国の高官はクーデター計画について早くも先の土曜日には知っていたと認めている．
2. 君がその状況の中でできる限りの最善の選択をしたと認めます．
3. 彼女の同僚達は，彼女が職場に復帰して，私が赤ん坊の面倒をみるのが当然であると考えていた．

練習問題2　1. They admitted that they were wrong/mistaken.
2. We acknowledge that our country has a lot of problems.
3. Let's take it for granted that science advances rapidly.

3.4.1.5.　wonder＋wh 節タイプ

このタイプの動詞が wh 節しかとらないことは「～かしらと思う」「尋ねる」などの意味から明らかです．

wonder タイプ：wh 節をとる動詞
　　ask（尋ねる），inquire（問う），investigate（調査する），question（～かどうか疑う），wonder（～かしらと思う）

(1) a.　I *wonder who* he is.（彼は誰かしら）
　　b.　I *wonder what*'s keeping him.
　　　　（彼は何をぐずぐずしているのかしら（何が彼を引き留めているのかしら））
　　c.　I *wonder whether* he knows something about the matter.
　　　　（彼はその件について何か知っているのではないかしら）
　　d.　I *asked what* would happen if I didn't pay tax.
　　　　（税金を払わないとどうなるか私は尋ねた）
　　e.　We must *investigate what* is the cause of the accident.
　　　　（我々は事故原因が何であるかを究明しなければならない）

練習問題1　日本語に直しなさい．
1. I wonder what you will say in answer to this letter.
2. I asked what he meant by this.

3. He looked at her eyes and her ears and her teeth, and he inquired what she had been eating.

練習問題2　口頭で英語に直しなさい．
1. 彼女はなぜ来なかったのかしら．
2. 彼はその後何が起こったか尋ねた．(ask)
3. 我々はその研究が本当に役に立つかどうか疑った．(study, useful, question)

さらなる情報

《実 例》
1. I *wonder* whether they have really thought about other people's situations.（彼らは本当に他の人々の状況についてこれまで考えたことがあるのかしら）
2. I *wonder* if we haven't been starting from the wrong end.
（我々はこれまで手順を取り違えてこなかったかしら）[start from the wrong end（仕事の始め方を誤る，手順を取り違える）]
3. When Paul called me up to *ask* whether I was serious about this, I replied yes.（ポールが電話をかけてきて，このことについて私が本気かどうか尋ねたとき，そうだと答えた）[call up（電話をかける）]
4. We have to *ask* whether the change in environment killed off species or *whether* there was simply a gap in the record.（環境の変化が種を全滅させたのか，あるいは単に記録上空白があるだけなのか問う必要がある）[kill off（全滅させる），species（種）]
5. I *question* whether we have yet found out all the secrets.
（我々がすでに秘密をすべて探り出したかどうか私は疑問視している）

《参 考》
次の文では，ask, know は名詞句を目的語としているが，その目的語は意味上 wh 疑問文に相当する．

1. John asked the length of the bridge.（ジョンは橋の長さを尋ねた）
 ＝John asked how long the bridge was.
2. James asked the plane's arrival time.（ジョンは飛行機の到着時刻を尋ねた）
 ＝James asked when the plane would arrive.
3. I want to know the kind of person he is.（私は彼の人品(性質)を知りたい）

＝I want to know what kind of person he is.

名詞句が間接疑問文のような解釈を受けるのは，ask, know が疑問文を従えるので，直後にくる要素がいわば疑問文のように解釈されるからである．

【解　答】

練習問題1　1. あなたはこの手紙に何と返事をするのかしら．
2. 私はこれによって彼が何を言いたいのか尋ねた．
3. 彼は彼女の眼，耳，歯を診てから，彼女がこれまでずっと何を食べてきたか尋ねた．

練習問題2　1. I wonder why she didn't come.
2. He asked what had happened after that.
3. We questioned whether the study was really useful.

3.4.2.　V- 不定詞節

不定詞節は一般に未来の事柄を表します．したがって，未来のことを表す**意図・決心・計画・願望・同意・開始**などの意味をもつ動詞が不定詞節をとります．例えば，agree to meet は「会うことに同意する」の意味で，「会う」のは未来の事柄ですから不定詞節で表されます．

(a)　**try** タイプ：意図・決心・計画
attempt（～しようと試みる），expect（～するつもりだ），fail（～するのに失敗する），intend（～するつもりだ），learn（～するのを学習する），mean（～するつもりだ），try（～しようとする），determine, decide, resolve, make up one's mind（～しようと決心する），arrange（～する手はずを整える），plan（～する計画を立てる），propose（～するように提案する）

(1) a.　I *tried to* climb the rope.（ロープをよじ登ろうとした）
b.　I *intend to* take over my father's business.（父の商売を継ぐつもりだ）
c.　I *made up my mind to* go to Italy on my vacation.
（休暇にイタリアに行く決心をした）

(b)　**agree** タイプ：同意・拒否
agree（～すると同意する），consent（～すると承諾する），refuse（～するのを拒否する）

(2) a. At last he *agreed to* do the job for me.
    (ついに彼は私の代わりにその仕事をすることに同意した)
  b. He *consented to* accept the offer.
    (彼はその申し出を受けることに同意した)
  c. She *refused to* meet him. (彼女は彼に会うのを断った)

(**c**) **want** タイプ：願望・躊躇
hope（〜することを望む）, want, wish（〜したい）, like, love（〜したい）, prefer（(むしろ) 〜したい）, hate（〜したくない）, hesitate（〜するのを躊躇する）

(3) a. I *hope to* be back at work as soon as possible.
    (できるだけ早く仕事に復帰したい)
  b. I would *like to* hear from you. (君からの便りがほしい)
  c. Don't *hesitate to* ask me for help. (遠慮なく助けを申し出てください)

(**d**) **begin/continue** タイプ：開始・継続（注意：-ing 形もとります）
begin, start（〜し始める）, continue（〜し続ける）

(4) a. It *began to* rain. It began *raining*. (雨が降り始めた)
  b. They *started to* accept orders. They started *accepting* orders.
    (注文予約を受け始めた)
  c. The value of this land will *continue to* increase over time.
    (この土地の価値は時間と共に増していくだろう) [over time（時間とともに）]
    He *continued working* until midnight.
    (彼は深夜まで働き続けた（完結を含意）)

(**e**) **remember** タイプ：記憶・忘却
forget（〜するのを忘れる）, remember（〜するのを覚えている）

(5) a. Don't *forget to* turn off the room light.
    (部屋の電気を消すのを忘れないでね)
  b. *Remember to* lock the door. (ドアを施錠することを憶えておいてね)

これらの動詞は動名詞をとることもあり，その時は過去の事実を表します．

(6) a. I *forgot turning* off the room light.
    (部屋の電気を消したことを忘れていた)

b. I *remember* *locking* the door.（施錠したことを覚えている）

これらの動詞が不定詞節と動名詞節の両方をとることはその意味から分かります．「～するのを忘れる・覚えている」は未来のことを表しますから不定詞節が用いられます．「～したのを忘れる・覚えている」は過去の事実を表しますから動名詞節をとります．

(**f**) **manage** タイプ：遂行（不定詞の内容が実際に行われる）
manage to（どうにか～する），happen to（たまたま～する），see/think fit to（適切と思って～する）

これらの動詞は，未来のことを表すのでなく，行為が実際に成し遂げられたことを不定詞節によって表す例外的な動詞です．

(7) a. We *managed* to catch the train.（どうにか電車に間に合った）
 b. I *happened* to see him on the street.（偶然に通りで彼に会った）
 c. I *thought fit* to neglect the error.（その誤りを無視するのが適切と思った）

練習問題1　日本語に直しなさい．
1. The committee attempted to produce agreement between the two countries.
2. Would you consent to remain with us?
3. He would prefer to die in Colombia than spend the rest of his life in US.
4. The situation started to go out of control.
5. Remember to take plenty of rest periods during the day.［rest period（休息期間）］

練習問題2　口頭で英語に直しなさい．
1. この後何をするつもりですか．（intend）
2. 彼はインタビューされることに同意しませんでした．（agree）
3. 私はむしろいちかばちかやってみたい．（would prefer, take a chance）
4. 羊の群れが移動し始めた．（the flock of sheep, start）
5. 魚に餌をやるのを忘れないでね．（feed）

さらなる情報

不定詞節は未来志向の性質をもつので，不定詞節をとる動詞は未来の事柄を表す動詞であるというのが一般原則である．これには (f) manage タイプのような例外はあるが，憶えておく価値のある原則である．

《実 例》

1. My great-grand-father *happened* to give the hall to Harvard.（私の曾祖父がそのホールをハーバードにたまたま寄附したのです）
2. When wild birds and animals *fail* to reproduce, it isn't very long before they disappear.（野生の鳥や動物が繁殖できなくなると，絶滅するのにそんなに時間はかかりません）［reproduce（繁殖する）］
3. We *learn* to have more respect for ancient people as we explore their history.（我々は古代人の歴史を探求するにしたがって，古代人に対する尊敬の念が増します）［as（〜につれて，〜するにしたがって）］
4. Even if we *manage* to get to sleep at about 10 o'clock in the morning the sleep is likely to be shorter and broken.（朝10時頃にうまく眠ったとしても，その睡眠は短くとぎれとぎれのものになりやすい）
5. I *remember* feeling really happy when I was told I had at least six or seven years to live.（私は少なくとも6, 7年は生きられると聞いたとき本当に嬉しく感じたのを覚えています）

【解 答】

練習問題1　1. 委員会は2国間に合意を取り付けようと試みた．
2. 我々とともに残ることに同意していただけませんか．
3. 彼は合衆国で人生の残りを過ごすよりもコロンビアで死んだほうがましだと思っている．(than = rather than)
4. 状況は制御不能になり始めた．
5. 日中に多くの休憩期間をとる（ことを憶えておく）ようにしてください．

練習問題2　1. What do you intend to do after this?
2. He didn't agree to be interviewed.
3. I would prefer to take a chance.
4. The flock of sheep started to move.
5. Don't forget to feed the fish.

3.4.3. V- 動名詞節

動名詞節は**事実指向的**で，事実や過去の事柄や一般的事実を表します．この性質と合致する意味の動詞が動名詞節をとります．

(a) **like** タイプ：好嫌（一般的事柄について好き・嫌いを表す）
detest（～をひどく嫌う），dislike（～を嫌う），hate（～を嫌う）[dislike より強意]，like, love（～を好む），prefer（（むしろ）～を好む）

(1) a. I *prefer* **driving** to reading.（読書よりドライブが好き）
 b. Tom *hates* **painting** walls.（トムは壁塗りが嫌い）
 c. Mr. Morton *dislikes* **walking** to work every morning.
 （モートンさんは毎朝歩いて仕事に通うのをいやがっています）

注意：これらの動詞は不定詞節をとることもできます．不定詞節のときにはこれから行う特定の行為について述べ，動名詞節のときには一般的事柄について述べるというのが基本的区別です．内容によってはこの区別が曖昧になることがあります．
cf. a. I *prefer* **to** drive.（（今）ドライブしたい）
 b. I *hate* **to** paint the wall.（（今）壁塗りするのはいやだ）

練習問題1　口頭で英語に直しなさい．
1. 叱られるのは大嫌いだ．(hate, be scolded)
2. 歌うのが大好きだ．(like)
3. 君と同じグループに入れられるのはいやだ．(dislike, be grouped)

(b) **bear/avoid** タイプ：我慢・回避（当面の事実を我慢・回避する）
bear（じっと耐える），endure（（長期に渡って）耐える），stand（～を耐える）[一般語]，avoid（～を避ける），escape（～を免れる），can't help（～を避けられない），miss（～しそこなう），mind（～するのをいやがる）

(2) a. I couldn't *bear* **thinking** (*to think*) of the future.
 （将来のことを考えるのは耐えられなかった）
 b. I don't *mind* **being** alone.
 （独りだってかまいません（いやがりません））
 c. China tries to *avoid* **giving** the impression that Taiwan is a sepa-

rate country from China.（中国は台湾が中国とは別の独立した国であるという印象を与えることを避けるように努めている）

注意：bear, endure, stand は不定詞節もとることができます（cf. bear *eating/to eat* onions）．不定詞節を使うと，これから行う未来のことに耐えるという感じがします．can't help＋動名詞より can't help but＋原形不定詞の用法のほうが多く用いられます．

練習問題2　口頭で英語に直しなさい．
1. 彼の悪態を聞くのは耐えられない．(stand, his bad language)
2. 窓を開けていただけませんか．(Would you mind)
3. 私はそいつに同情せざるを得ない．(the guy, feel for)

(c) **begin** タイプ：開始（不定詞節もとります）
begin, start（～し始める）

(3) a. I'm going to *start* writing a report in the afternoon.
    （午後にレポートを書き始めるつもりです）
b. He *began* reading Shakespeare at the age of ten.
    （彼は10歳でシェークスピアを読み始めた）

begin, start は交換可能ですが，start は静止していたものが動き出す感じがあり stop が対応するのに対して，begin はものが始動する点に注意があり end が対応すると言われています．したがって，エンジンや乗り物には start が適しています．

練習問題3　口頭で英語に直しなさい．
1. ベルが鳴り始めた．(start, ring)
2. 彼らはお互いに話し始めた．(begin, talk to each other)
3. 鳥が巣を作り始めている．(begin, nest)

(d) **stop** タイプ：終了（当面の出来事の終了）
cease（～をやめる，～しなくなる），end up（～で終える），finish（～を終了する），halt（～を中止する），quit（～をやめる），stop（～をやめる），termi-

nate（〜を終わらせる）

(4) a. When will you *finish* typing your report?
（いつレポートのタイプが終わりますか）
　 b. There are many things that could *stop us getting* married.
（我々の結婚を妨げる可能性があることがたくさんある）
　 c. They demanded that the Cuban government *cease* admitting Jewish refugees.（彼らはキューバ政府がユダヤ人難民の受け入れを認めているのをやめるように要求した）

注意：cease は動名詞節も不定詞節もとります（cease *to exist*/cease *raining*）.

練習問題4　口頭で英語に直しなさい．
1. 私は君に質問することを止めませんからね．(I won't, stop)
2. 彼は車の清掃を終えた．(finish)
3. 泣くのはやめて仕事をしなさい．(quit)

(e) **delay/continue** タイプ：延期・継続（当面の事柄の延期，継続）
delay（(事故などで) 遅らせる），postpone（〜を延期する）［一般語］，put off（〜を延期する）［口語］，continue, keep, go on（〜を継続する）

(5) a. Most shoppers *put off* buying vegetables because they were too expensive.（野菜の値段が高すぎるので，ほとんどの買い物客は野菜を買うのを先延ばしにした）
　 b. You want summer to *delay* arriving.
（君は夏が遅く来ればいいと思っているね）
　 c. Pears *continue* ripening in store until ready for the table.
（梨は食卓に出せるようになるまで貯蔵して熟成を続けます）
　 d. I *keep* thinking of my wife and my unborn child back home.
（故郷にいる妻とまだ生まれていない子どもについてずっと考えている）

注意：continue は不定詞節もとります（continue *to climb/climbing*）. go on *doing* は「継続する」の意味で，go on *to do* は「さらに続けて（別のことを）する」の意味）

[練習問題5] 口頭で英語に直しなさい．
1. 私は医者に行くのを月曜日まで延ばした．(put off, until Monday)
2. この村に住み続けることはできません．(continue)
3. 彼は彼女の質問に答えるのを先延ばしするための口実を考えていた．(postpone, excuse)

(f) **permit/prohibit** タイプ：許可・禁止（一般的事柄の許可・禁止）
allow, permit（～を許可する），disallow（～を許可しない），prevent（～を妨げる），prohibit（～を禁じる）

(6) a. The cover ***prevents*** rain *entering* the systems. (= *prevents* rain *from* entering the systems)（そのカバーが雨がそのシステムに入り込むのを防いでいる）
   b. Parents ***prohibit*** playing with guns.（親は銃で遊ぶことを禁じている）
     (cf. The company's policy is to *prohibit* dogs *from* entering the store.（犬を店に入れないのが会社の方針です））
   c. The Government ***disallows*** funding for any program of the organization.（政府はその組織のどんなプログラムにも資金提供することを禁じている）

注意：禁止では *disallow/prevent/prohibit* A *from* doing の型がよく用いられます．許可では *allow/permit* A *to* do の不定詞節がよく用いられます．

[練習問題6] 口頭で英語に直しなさい．
1. 強風がグライダーが旋回するのを妨げた．(glider, turn, prevent)
2. ここでは喫煙は禁じられている．(prohibit)

(g) その他：事実や一般的事柄を表す．
enjoy（～を楽しむ），practice（～を練習する），recommend（～を推薦する），admit（～を（しぶしぶ）認める），appreciate（～を感謝する），excuse（～を容赦する），consider（～を考える），imagine（～を想像する）

(7) a. We ***enjoyed*** drinking in the British public house.
     （イギリスの酒場で酒を飲んで楽しんだ）
   b. Those people ***consider*** becoming volunteers for social work.

(それらの人々は社会奉仕のボランティアになることを考えている)
 c. Tommy ***practiced*** *writing* kanji between lessons.
  (トミーは業間に漢字の書き方を練習した)
 d. That's why I ***recommend*** *parking* at the post office.
  (郵便局に駐車するように勧めるのはそういうわけです)

[練習問題7] 口頭で英語に直しなさい．
1. 私は毎日バイオリンを弾く練習をしています．(practice)
2. 遅刻してすみません．(excuse)
3. 彼は不注意であることを認めた．(admit, careless)
4. 木が訪問者の頭に倒れてくることを想像してみて下さい．(imagine)

(h) 動名詞節と不定詞節で意味が変わる場合
1. to ***like*** *swimming*（泳ぎが好き），to ***like*** *to swim*（(いま) 泳ぎたい）
2. to ***go on*** *doing*（継続する），to ***go on*** *to do*（さらに続けて (別のことを) する）
3. to ***remember/forget*** *doing*［過去のこと］，to ***remember/forget*** *to do*［未来のこと］
4. to ***try*** *lifting* the heavy bag（持ち上げてみた）
 to ***try*** *to lift* the heavy bag（持ち上げようとした，上がったかどうかは不明）
5. to ***fear*** *diving* from the rock（岩からの飛び込みは怖い）
 to ***fear*** *to dive* from the rock（怖くて岩から飛び込めない）

さらなる情報

1. 注記したように，一部の動詞には動名詞節と不定詞節の両方をとるものがある．「好嫌」の動詞では動名詞節は一般的事柄を，不定詞節は特定の事柄を表すという区別がある．この区別が明確でない場合もあるが，学習文法ではこの区別を明確に教えたほうがよい．

2. 「開始」の begin と start を比較すると，begin は不定詞節をとる場合が圧倒的に多いのに対して，start では動名詞節のほうが若干多い感じがする．

3. 「継続」の continue は不定詞節をとる場合が多い．continue が動名詞節をとると完結の含意を伴う．

4. cease は不定詞節も動名詞節もとるが，不定詞節の時には（未来のことを表し）非存在の始まりを表す．cease to exist（消滅する），cease to be a burden（負担でなくなる），cease to be novel（新鮮でなくなる）

《実　例》

1. Such services *continue* to grow and prosper.
   （そのようなサービス産業は相変わらず成長し成功している）
2. Women would gladly *put off* becoming a grand mother, because it makes them feel old. （女性は祖母になること（孫をもつこと）が遅れるのをうれしがるものです，というのも祖母になると年を取った感じがするからです）
3. A good school may *cease* to be a good school if its classes are overflowing. （よい学校もクラスの人数が過剰になるともはやよい学校ではありません）
4. You should *stop* drinking alcohol until after your baby is born.
   （子どもが生まれるまで飲酒は止めたほうがよい）
5. You always *end up* buying something useless.
   （君はいつも終わってみれば無用なものを買っている）
6. You should immediately *start* using another method of teaching.
   （すぐにもう1つの別の教授法の使用を始めるのがよいでしょう）

【解　答】

練習問題1　1. I hate being scolded.
2. I like singing very much.
3. I dislike being grouped with you.

練習問題2　1. I can't stand hearing his bad language.
2. Would you mind opening the window?
3. I can't help feeling for the guy. [help は「避ける」の意味]

練習問題3　1. The bell started ringing (started to ring).
2. They began talking to each other (began to talk).
3. The birds are beginning to build their nests.

練習問題4　1. I won't stop asking you (questions).
2. He finished cleaning his car.
3. Quit crying and do your job.

練習問題5　1. I put off going to the doctor until Monday.

2. We can't continue living (to live) here in this village.
3. He was thinking of an excuse to postpone answering her question.

練習問題6　1. The strong wind prevented the glider's turning (the glider from turning).
2. Smoking is prohibited here.

練習問題7　1. I practice playing the violin every day.
2. Excuse my being late (Excuse me for being late).
3. He admitted being careless.
4. Imagine trees falling on the heads of the visitors.

4. V-NP-XP (基本文型 4)

まとめ　（XP＝名詞句・前置詞句・形容詞句・動詞句・節）動詞の後に2つの要素がくる場合，その要素間の語順とその関係が問題になります．語順は**動詞の直後に必ず名詞がくる**という簡潔な規則となっています．2つの要素の関係はそれらが V-NP-XP として独立に存在する場合と V-[$_{Sn}$NP XP] のように節をなす場合があります．全体像を把握するために，これらの型のまとめと具体例を示しておきます．

(i) **V-NP-NP** (XP＝名詞句）(SVOO と呼ばれていたもの)

　give タイプ（二重目的語）と **call** タイプ
　　a. John ***gave*** him *a bicycle*.（ジョンは彼に自転車をあげた）
　　b. We ***called*** him *William* after his grandfather.
　　（祖父にちなんで彼をウィリアムと名づけた）

(ii) **V-NP-PP** (XP＝前置詞句)

　put タイプと **provide** タイプ
　　a. I ***put*** the books *in the box*.（本を箱に入れた）
　　b. They ***provided*** students *with funds*.（学生に基金を提供した）

(iii) **V-NP-AP/NP/PP** (XP＝補語）(SVOC と呼ばれていたもの：補語になるのは形容詞句，名詞句，前置詞句などで V-[$_{Sn}$NP XP] の構造．

　think タイプ：
　　a. I ***think*** [$_{Sn}$John *honest*]．［XP＝形容詞句］
　　　（ジョンを正直だと思う）

b. I *suppose* [$_{Sn}$John *a kind person*]. ［XP＝名詞句］
 （ジョンを親切な人だと思う）

c. I *consider* [$_{Sn}$the matter *of great importance*]. ［XP＝前置詞句］
 （その事柄をとても重要だと思う）

(iv) **V–NP–VP**（XP＝動詞句）（VP＝原形動詞，現在分詞，過去分詞：V–[$_{Sn}$NP VP]）の構造．

(a) 知覚動詞

a. I *saw* [John *run* over there]. ［VP＝原形動詞］
 （ジョンが向こうを走るのを見た）

b. I *saw* [John *running* over there]. ［VP＝現在分詞］
 （ジョンが向こうを走っているのを見た）

(b) 使役動詞

a. He *made* [me *go*].   b. *Let* [me *go*]. ［VP＝原形動詞］
 （私に行かせた）   （行かせてください）

(c) have 動詞

a. I *had* [my car *stolen*].   b. I *got* [my car *washed*]. ［VP＝過去分詞］
 （車を盗まれた）   （車を洗ってもらった）

(v) **V–NP–Sn**（Sn＝不定詞節，that 節）

(a) **want** タイプ（不定詞節）: want [$_{Sn}$NP to VP]
 I *want* [*him to go to college*]. （彼に大学に行ってほしい）

(b) **persuade** タイプ（不定詞節）: persuade-NP-to VP
 I *persuaded* [the students] [*to sit down*]. （学生に着席するよう説得した）

(c) **tell** タイプ（that 節）: tell-NP-that 節
 I *told* [Mary] [*that he was a good man*]. （メアリーに彼はいい人だと話した）

4.1. V–NP$_1$–NP$_2$ (1) (二重目的語)

二重目的語をとる動詞は，(a) 授与動詞と (b) 獲得動詞です．

4.1.1. 授与動詞

授与動詞には，give のように本来「授与」の意味をもつ動詞と send のように「移動」によって授与の意味を表す動詞の2種類があります．

(a) **give** タイプ：授与の意味をもつ動詞：give A B/give B to A
　① give, grant, hand, lease, lend, loan, offer, pass, pay, promise, rent, return, sell
　② tell, show, ask, teach, read, write

　このクラスの動詞は二重目的語構文に加えて前置詞 to を用いた交替形をもちます．「B を A（人）に授与する」意味をもち，物の所有権が A に移ったことを表します．lend（貸す）では一時的に借り主に所有権が移りますし，pay では支払ったものは相手の所有になります．②では情報の移動があり，tell では話した情報が相手に伝わり，teach では教えた内容が相手に学習されるわけです．これらの動詞は本来「授与」の意味をもつので，give A B/give B to A のいずれの型でも A が B を所有した，あるいは A が B に伝わったことを表します．

(1) a. John ***passed*** me a note.（ジョンは私にメモを渡した）
　　b. John ***passed*** a note *to* me.
(2) a. The mother ***read*** her children a story.
　　　（母親は子ども達に物語を読んでやった）
　　b. The mother ***read*** a story *to* her children.

(b) **send** タイプ：移動動詞：send A to B/send B A

　① send, mail, ship［「送る」の意味］
　② bring, take（もって来る，もって行く）
　③ kick（蹴飛ばす），shoot（投げる），throw（投げる），toss（ぽいと投げる），fling（放り投げる），flip（はじき飛ばす）［「投げる・蹴飛ばす」の意味］

　このクラスの動詞は本来移動の意味を表し send A to B の型をもちます．そして A が B に移動すると，B が A を受け取ったという授与の意味が感じられます．したがって，send B A のように授与を表す二重目的語の型でも用いられます．②の動詞でも同様のことが言えます．ある人のところに物を「持ってくる」「持っていく」と，通例物が受け取られたと感じられます．したがって，授与を意味する二重目的語の型でも用いられます．③の「投げる」「蹴る」の動詞は本来動作を表しますが，場所を表す to 句がつくと，投げる・蹴ることによってその場所に物を移動する意味が生まれます．そして，移動先が人（生物）の時には移動した物を受け取ったと感じられ，授与を表す二重目

的語の型でも用いられます．

(3) a. I *sent* the bicycle *to* my nephew.（私は従兄弟に自転車を送った）
    I *sent* my nephew the bicycle.
 b. *Bring* the bag *to* me.（バッグを持ってきて下さい）
    Bring me the bag.
 c. I *threw* a banana *to* the monkey.（私はサルにバナナを投げてやった）
    I *threw* the monkey a banana.

4.1.2. 獲得動詞

(a) **get** タイプ：buy, call, catch, earn, fetch, find, gain, get, hire, leave, rent（獲得）
(b) **make** タイプ：build, cut, knit, make ［創作動詞］
(c) **bake** タイプ：bake, boil, cook, fix, pour, prepare ［料理関係］

これらの動詞は，人（A）に物（B）を「得させる」（get A B），「作ってあげる」（make A B），「料理を作ってあげる」（bake A B）の意味をもち，A（人）は受益者を表します．受益者は受益の前置詞 for によっても表すこともできますから，このクラスの動詞は get A B と get B for A の 2 つの型を持ちます．

(1) a. John *bought* me an ice cream.（私にアイスクリームを買ってくれた）
 b. John *bought* an ice cream *for* me.（私のためにアイスクリームを買った）
(2) a. Martha *made* the child a toy.
    （その子どもにおもちゃを作ってやった）
 b. Martha *made* a toy *for* the child.
    （その子どものためにおもちゃを作った）
(3) a. Mary *cooked* me a nice meal.（私に美味しい食事を作ってくれた）
 b. Mary *cooked* a nice meal *for* me.（私のために美味しい食事を作った）

この 2 つの型の間には違いが見られ，例えば，二重目的語の型（3a）では，私がその食事を食べたというニュアンスがあるのに対して，（3b）にはそのようなニュアンスはないと言われています．（3a）では me が動詞の直後にあり，人が直接的影響を受けるという感じがあるのでしょう．

練習問題1　二重目的語の型を用いて口頭で英語に直しなさい．
1. 水を持ってきて下さい．
2. 兄がその本を私に送ってくれました．
3. 父が彼にたくさんの富を残した．(wealth)
4. 読み終わったらすぐにその本を返して下さい．(have done with)
5. 何時そのお金を払ってくれるんですか．
6. 私が道をお教えしましょう．
7. その犬に骨を投げ与えた．
8. 塩を回してくれませんか．

さらなる情報

授与動詞では，所有権が相手方に移ったかどうか，相手が受け取ったという含意があるかどうかに関して違いが見られる．

(i) **give** タイプ：授与の意味をもつので，二重目的語型でも to 型でも所有権の移動があったことを意味する．

(ii) **tell** タイプ：いずれの型でも情報が伝わったことを含意するが，この含意は弱いもので無効にできる（後述 (2)）．

(iii) **send** タイプ：「送る」の意味であるので，相手が受領したという含意があるが，この含意は弱いもので無効にできる（後述 (3)）．

(iv) **throw** タイプ：本来動作を表す動詞であり，to 型によって移動を表す．それに伴って受領したという含意を持つが，この含意は弱いもので無効にできる（後述 (4)）．

tell タイプ (ii) では，情報が相手に伝わったという含意があるが，この点を tell と say を比較しながら述べてみよう．

(1) a. John *said* something *to* Mary.　　John *said* something *to* the wall.
　　　*John *said* Mary something.
　　b. John *told* something *to* Mary.　　*John *told* something *to* the wall.
　　　John *told* Mary something.

say は単に情報の移動を表す移動動詞であるので，Mary がその情報を受け取ったという含意はなく，二重目的語型では用いられない．また，単なる情報の移動を表すので，情報の着点が無生物表現 to the wall であっても問題はな

い．これに対して，tell は情報伝達の意味をもつので，相手が無生物であってはならず，また情報が相手に伝わったことを含意し，二重目的語の型に生じる．ただし，この含意は弱いもので容易に無効にできる．このことは次の例から明らかである．(tell の代わりに類例の teach を用いた)

(2) I *taught* them English for an entire year, but they don't seem to have learned a thing.（丸一年英語を教えたのに，彼らは1つも学んでいないようだ）

移動動詞 send タイプ (iii) はある場所に物を送ることを意図するが，二重目的語型でも to 型でも，物が到着し相手が受け取ったことは必ずしも含意しない．

(3) a. John *sent* Tom a bicycle, but it never arrived.
（トムに自転車を送ったが着かなかった）
b. John *sent* a bicycle *to* Tom, but it never arrived.

この点は throw タイプ (iv) でも同じである．

(4) a. I *threw* him the ball, but the wind blew it astray.
（彼にボールを投げたが，風にあおられてあらぬ方向に行った）
b. I *threw* the ball *to* Tom, but it fell short of him.
（トムにボールを投げたが，届かなかった）

しかしながら，一般的には，二重目的語型では相手に物が届いて受け取ったという含意が強く感じられる．これは影響性の条件，つまり，動詞の直後の目的語に動詞の影響が働くという条件により，間接目的語に send, throw の動詞の影響が強く働いて，物が到着し受け取ったという含意が感じられるからだと考えられる．

give タイプ (i) は，本来授与を表す意味をもつので，二重目的語型でも *to* 型でも所有権の移動を意味する．いずれの型でも意味が同じとすれば，この2つの型の使用上の違いはどこにあるのだろうか．ある研究によれば，いずれの型を用いるかは情報の流れと目的語の長さ（重さ）によって決定されるという．情報は旧情法から新情報への順に配列されるのが原則である（→ Part I 第10章 (p. 80)）．一般に，定冠詞の名詞は旧情報を，不定冠詞の名詞は新情報を表すが，これを前提として次の文を比較しよう．

(5) a. I *gave* the book *to* a boy.
    b. ??I *gave* a boy the book.　(久野暲)

この文が会話の出だしで何の前提もなく用いられたとしよう．二重目的語型の (5b) が不適切であるのは，情報の順序が新情報＞旧情報 (a boy ＞ the book) となっていて旧情報＞新情報の原則が守られていないからである．この場合，情報順序の原則に適合した (5a) の to 型が用いられる．さらに次の文を比較しよう．

(6) a. They gave a book to *John*.　*Then they gave a pencil to *John*.
    b. They gave a book to *John*.　Then they gave *John* a pencil.

John はすべて同一人物であるとする．(6a) の第 2 文では John はすでに前文で言及されているので旧情報である．そうすると，この第 2 文の語順は新情報＞旧情報の順になるので不適切である．これに対して，(6b) の第 2 文では，前文で言及されている旧情報の John が新情報の a pencil の前にあり，旧情報＞新情報の適切な順序となっている．このように二重目的語型と to 型のいずれを用いるかは情報の流れによって決まる．

　二重目的語と to 型の間の選択に関与するもう 1 つの要因は，重い要素を文末に置くという一般原則である．

(7) a. They **gave** *the girl who made an excellent speech at the contest* the first prize.
    b. They **gave** the first prize **to** *the girl who made an excellent speech at the contest*.

(7a) の斜体部のように間接目的語が長くて重い場合には，(7b) のように to 型を用いるのが適切である．

【解　答】

練習問題1　1. Bring me some water.
2. My brother sent me the book.
3. His father left him a lot of wealth.
4. Return me the book soon after you have done with it.
5. When will you pay me the money?

6. I will show you the way.
7. I threw the dog a bone.
8. Please pass me the salt.

4.2. V–NP$_1$–NP$_2$ (2)

この型には call タイプと appoint タイプがあります．この型では意味上 NP$_1$ is NP$_2$ の関係が成り立ちます．文型は二重目的語と同じですが，意味はまったく異なります．

(a) **call** タイプ

call A B（A を B と呼ぶ，名づける），baptize A B（洗礼によって A を B と命名する），name A B（A に B と名をつける），nickname A B（A に B とニックネームをつける）

(1) a. We *named* our son Yuito.（息子に唯人と名前を付けた）
    b. *Call* me Jimmy.（ジミーと呼んで（親しい間柄になったときに言う））

(b) **appoint** タイプ

appoint A B（A を B に任命する），designate A B（A を B に指名・指定する），elect A B（A を B に選ぶ），nominate A B（A を B の候補者に指名する）

(2) a. They *appointed* John manager.（ジョンを主任に任命した）
    b. We *elected* him President.（彼を会長に選んだ）

練習問題1　日本語に直しなさい．
1. We call the nightmare the Holocaust. [Holocaust（ユダヤ人大虐殺）]
2. Mr. Johnson will retire and Mr. Clinton will be nominated (as) his replacement. [replacement（代わりの人）]
3. Four out of the five places have been designated no-smoking areas. [four out of five（5つ中4つ）]
4. Her father bought a piece of land from the government in what was later called the Lower Town.

練習問題2　口頭で英語に直しなさい．
1. 私は私の新しい車に Nana と名前を付けた．
2. あの木は英語で何と呼ぶのですか．
3. 彼はその会議の議長に任命された．(chairman of the committee)

さらなる情報

call タイプは call A B の型にしか生じませんが，appoint タイプは appoint A as/to/to be B, nominate A as/for/to be B, designate A as/for B の型にも生じます．

(1) The commander we meet is **nicknamed** Earthquake.
（我々が会う司令官は「地震」というニックネームである）

(2) John Welsby was **appointed** as press secretary. [press secretary（報道官）]
（ジョン・ウェルスビーが報道官に任命された）

(3) Some of Malaysian's forests have been **designated** as permanent forest estate.（マレーシアの森林のいくつかは永久保存森林遺産に指定されている）[permanent forest estate（永久保存森林遺産）]

(4) He was **nominated** for an Oscar for his screenplay for Ben Hur.
（彼は『ベン・ハー』の映画台本でオスカー賞の候補者に指名された）[screenplay（映画の台本），Ben Hur（映画『ベン・ハー』）]

(5) Matsui started the game as the **designated** hitter, batting fourth.
（松井は4番指名打者としてそのゲームに先発出場した）

【解　答】

練習問題1　1. 我々はその悪夢をホロコーストと呼ぶ．
2. ジョンソン氏が退職し，クリントン氏がその後任に指名されるだろう．
3. 5箇所のうちの4つが禁煙区域に指定された．
4. 彼女の父親は，後にローワータウンと呼ばれるところに政府から土地を一区画買った．

練習問題2　1. I have named my new car Nana.
2. What do you call that tree in English?
3. He was appointed (as) chairman of the committee.

4.3. NP-V-NP-PP

この型をとる動詞は基本的に「**物の移動**」を表す動詞で前置詞句で表される位置に物が移動します．

4.3.1. 移動動詞

(**a**) **put** タイプ：移動する物と移動先の **2 つの要素を必ず必要**とします．
put A in/under/on/onto/etc. B：
install（設置する），place（置く），position（配置する），put（置く）

(1) a. I *put* the books *on/under/in* the box．［*I put the book. は不可］
    b. He *placed* the book *on* the shelf．（彼は本を棚に置いた）

(**b**) **throw** タイプ：二重目的語可．
throw A to B：
kick（蹴る），pitch（投げる），throw（投げる），toss（放り投げる）

(2) a. Father *threw* the ball *to* his son．(＝Father threw his son the ball.)
    （父は息子にボールを投げた）
    b. The boy *kicked* the ball *out of* the room．（部屋からボールを蹴り出した）

投げたり，蹴ったりして物を移動する意味を表します．at を用いると「〜にねらって投げつける」(*throw* a stone *at* the dog) の意味になります．

(**c**) **send** タイプ：二重目的語可．
send A to B：hand（手渡す），mail（郵送する），pass（回す），send（送る）

(3) a. John *sent* a nice present *to* Mary．(＝John *sent* Mary a nice present.)（ジョンはメアリーにすてきなプレゼントを送った）
    b. Please *hand* this paper *to* your father．(＝Please *hand* your father this paper.)（この書類をあなたのお父さんに渡してください）

一定の手段・方法で物を移動する意味を表します．

(**d**) **bring**（持ってくる）と **take**（持って行く）：二重目的語可．

(4) a. Please *bring* an apple *to* me．(＝Please *bring* me an apple.)
    （リンゴを 1 つ持ってきてください）
    b. Please *take* this message *to* John．(＝Please *take* John this mes-

sage.)（このメッセージをジョンのところに持って行って下さい）

bring は come に対応し，話し手の所に物を持ってきたり人を連れてくることを，take は go に対応し，話し手から離れたところに物を持って行ったり人を連れていくことを意味します．

(e) **load** タイプ：load A on(to) B / load B with A
load（A を B に積む），pile（A を B に山と積む），splash（A を B にはねかける），spray（A を B に吹きかける）

(5) a. They *loaded* hay *onto* the truck.
（トラック（の荷台の一部）に干し草を積んだ）
b. They *loaded* the truck *with* hay.
（トラック（の荷台全面）に干し草を積んだ）

物をある場所に「積む」「はねかける」「吹きかける」の意味の動詞．動詞の目的語は動詞の表す行為や状態から直接的影響を受けるという影響性の条件により，(5b) では目的語の truck が「積む」という行為の直接的影響を受けて，トラックの荷台全面に干し草が積まれることを意味します．一方，(5a) では truck は直接目的語ではありませんから，通例干し草がトラックの荷台の一部に積まれていることを意味します．

|練習問題 1| 口頭で英語に直しなさい．
1. コーヒーにミルクを入れましょうか．(put, shall I)
2. 私のほうにボールを蹴ってください．(kick)
3. 彼にこのメモを渡して下さい．(pass, note)
4. 新聞をお父さんのところにもって行ってちょうだい．(take)
5. 農夫は荷車に材木を山と積んだ．(pile A with B, cart, wood)
6. その男は若い馬を門まで引っ張って行った．(drag)

4.3.2. 供給・贈与動詞

provide タイプ：人に物を「供給する」「贈呈する」の意味の動詞．
furnish A with B / furnish B to A （A に B を供給する）
present A with B / present B to A （A に B を贈る，贈呈する）
provide A with B / provide B for/to A （A に B を供給する）

supply A with B / supply B for/to A（A に B を供給する，支給する）

(1) a. The government cannot ***provide*** all young people ***with*** a job.
   （政府はすべての若者に仕事を供給することはできない）
   b. They ***provided*** enough food ***for*** the refugees in the camp.
   （彼らは収容施設の難民に十分な食糧を供給した）［refugee（難民）］

|練習問題2|　口頭で英語に直しなさい．
1. わが国の政府は生徒に教科書を支給している．
   (the government, supply A with B)
2. 校長先生がその生徒に金時計を贈呈した．(present A with B)
3. 彼は必要な情報を我々に知らせてくれた．(supply A to B)

4.3.3. 除去動詞

(a) **remove** タイプ：remove A from B：移動によって除去する．
   delete（B から A を削除する），eject（B から A を取り出す），exile（B から A を追放する），omit（B から A を省略する），remove（B から A を取り除く）

(1) a. Please ***remove*** your books ***from*** the desk.
   （机から君の本を片付けてください）
   b. He ***ejected*** a disk ***from*** the computer.
   （コンピューターからディスクを取り出した）

(b) **deprive** タイプ：deprive A of B：本質的なものを取り除く．
   cure（A（人）の B（病気）を治す），deprive（A から B を奪う），ease（A（人）から B（苦痛）を取り除く），relieve（A（人）から B（負担など）を取り除く），rid（A から B を取り除く），rob（A から B（物・権利など）を奪う），strip（A から B（衣類・肩書きなど）をはぎ取る）

(2) a. We should not ***deprive*** people ***of*** their educational opportunities.
   （我々は人々から教育の機会を奪ってはいけない）
   b. He was ***cured of*** lung cancer. （彼は肺ガンが治った）

steal A from B と rob B of A はともに「A から B を盗む」の意味ですが，steal は移動動詞なので移動を表す from を用います．一方，rob は除去動詞なので（奪格の）of を用い，本質的な打撃を与えるので「強奪・略奪する」の意

味をもちます．

(c) **clear** タイプ：clear A from B/clear B of A：中身を取り除いて空にする．移動の意味では from をとり，除去の意味では of をとります．
clear（B から A を取り除く），clean（B から A を取り除く），drain（B から A（液体）を排出する），empty（B（容器）から A（中身）を出して空にする）

(3) a. ***Clear*** all weeds ***from*** the ground. ***Clear*** the ground ***of*** all weeds.
（地面の草をすべて取ってください）
b. Iron needs to be ***cleaned of*** rust.（鉄はさびを取る必要がある）

練習問題3 口頭で英語に直しなさい．
1. 私は居間から椅子を移動してかたづけた．（remove）
2. その男が私からバッグを奪った．（rob）
3. 私はそのパラグラフから3つの文を削除した．（delete）
4. 彼は道路から雪をかたづけた．（clear A from B）
5. 彼はその箱の中身を全部とりだして空にした．（empty A of B, its contents）

4.3.4. 交換・差し替え・代用の動詞

exchange A for B（A を B と交換する），replace A with B（A を B と取り換える），substitute A for B（A を B の代わりに使う）

(1) a. We have to ***exchange*** yen ***for*** dollars.（円をドルに両替する必要がある）
b. ***Replace*** the old battery ***with*** a new one.
（古い電池を新しいのと入れ替えなさい）
c. Let's ***substitute*** coal ***for*** oil.（石炭を油の代わりに使いましょう）

さらなる情報

load に関連して，動詞の目的語は動詞の表す行為や状態から直接的影響を受けるという影響性の条件により交替形の間に意味の違いがあることを述べた．この影響性の条件により deprive（A of B）タイプの目的語 A（人）が本質的な影響を受けるという含意が生じる．

The failure ***deprived*** me of my confidence.（その失敗で私は自信を喪失した）

I have to *rid myself* of my bad habit. (悪い習慣を断ち切らねばならない)

《実　例》

1. When ants enter a house they *clear* it of all living things. Cockroaches are devoured in an instant. Rats and mice spring round the room in vain. (アリが家の中に入るとすべての生き物を殺してしまう．ゴキブリはたちどころに食われてしまう．ネズミやハツカネズミは部屋をはね回るが無駄である) [devour (むさぼり食う), in vain ((結果を表し) 無駄である)]
2. They had not yet found the old track; neither had they *supplied* themselves with water to cool their parched lips. (彼らはまだもとの道を見つけ出せないでいたが，からからに乾いた唇を冷やすための水もなかった) [not yet (まだない), old track ((道に迷ったときの) もとの道), parched (からからに乾いた)]

【解　答】

練習問題1　1. Shall I put (some) milk in your coffee?
2. Kick the ball to me. (Kick me the ball.)
3. Please pass this note to him. (Please pass him this note.)
4. Take the newspaper to your father. (Take your father the newspaper.)
5. The farmer piled the cart with wood. (cf. pile wood onto the cart)
6. The man dragged the young horse to the gate.

練習問題2　1. The government in our country supplies students with textbooks.
2. The principal presented the student with a gold watch.
3. He supplied the necessary information to us.

練習問題3　1. I removed my chair from the dining room.
2. The man robbed me of my bag.
3. I deleted three sentences from the paragraph.
4. He cleared snow from the road.
5. He emptied the box of all its contents.

4.4. NP-V-NP-AP/NP/PP (＝補語)

　この型は従来 SVOC と呼ばれていたもので，補語 C には形容詞句，名詞句，前置詞句などがきます．この型をとる動詞は think タイプ「A を C であると思う」と make タイプ「A を C にする」です．A と C の間には主部・述

部の関係がありますから，A＋C は「小さな節」を構成し V＋[$_{Sn}$A C] の構造をもちます．

(a) **think** タイプ
believe ((信じて) 〜と思う)，consider ((よく考えて) 〜と思う)，figure ((米語) 〜と思う)，find (〜と分かる)，guess ((予測して) 〜と思う)，imagine ((想像して) 〜と思う)，suppose ((仮定して) 〜と思う)，think [一般語]

「A を C であると思う」の A と C の間には主部・述部の関係があるので，A と C は（小さな）節を構成します．これはこの部分を *that* 節で表すことができることからも明らかです．

(1) a. She ***thinks*** [$_{Sn}$*John honest*]．　(cf. She *thinks* [(that) John is honest].)
　　　　 V　　　 NP　 AP　　　　([$_{Sn}$ジョンを誠実だ] と思っている)
　　b. I ***believe*** [$_{Sn}$*Mary a wise girl*]．　(cf. Mary is a wise girl.)
　　　　 V　　　 NP　　 NP　　　(メアリーを賢い娘だと思う)
　　c. We ***consider*** [$_{Sn}$*the problem of great importance*]．
　　　　　 V　　　　　 NP　　　　　　 PP
　　　(cf. The problem is of great importance.)
　　　（我々はその問題をとても重要であると考える）

(1b) は V-NP-NP の語順となって，二重目的語と同じ型になりますが，動詞の意味と構造がまったく違います．また，(1c) は put 動詞と同じ V-NP-PP の語順となっていますが，動詞の意味と構造がまったく違います．このように動詞の後に2つの要素がある場合，その要素間の関係を正しく捉えることが必要です．そしてその関係は動詞の意味から容易に分かります．

練習問題1　口頭で英語に直しなさい．
1. 私は自分自身を幸運な人間と思う．(believe, person)
2. 最初私は英語を書くのはやさしいと思った．(at first, think, it … to)
3. しかしそれがまったく逆であることがすぐに分かった．(find, quite the contrary)
4. 自分が億万長者だと想像してみてください．(imagine, millionaire)
5. 彼は彼女が無罪だと思っていた．(suppose, innocent)
6. 私の父は自分が以前よりも幸せであることに気がついた．(find)

(b) make タイプ

make, get, render, set, turn, drive（A を C にする）[drive は通例好ましくない状態にする時]

(1) a. John ***made*** [$_{Sn}$ *her happy*].（ジョンは [$_{Sn}$ 彼女を幸せに] した）
　　　　　　V　　NP　AP
　　b. The noise is ***driving*** *me crazy*.（騒音で気が変になりそうだ）

(2) a. The news ***rendered*** *him speechless*.（ニュースを聞いて彼は絶句した）
　　b. Smoking ***turns*** *me sick*.（喫煙すると気分が悪くなる）

これらの動詞は「A を C にする」の意味であり，A と C の間には主部・述部の関係があるので，A と C は（小さな）節を構成します．

この型の応用形として**結果を表す構文**（結果構文）があります．

(3) a. They ***wiped*** the windows *clean*.（窓を拭いてきれいにした）
　　b. He ***pushed*** the door *open*.（ドアを押し開けた）
　　c. He ***hammered*** the metal *flat*.（金属を叩いて平らにした）

これらの文の基底には make A C の構造があり，(3) は (4) の make の代わりに，wipe, push, hammer の動詞が用いられた文です．つまり，意味的に wipe が make と重なって「拭く」の意味が「拭いて〜にする」に拡張していると考えると理解しやすいでしょう．

(4) a. They ***made*** the windows *clean* by *wiping* them.（→ ***wipe*** the windows *clean*）
　　b. He ***made*** the door *open* by *pushing* it.（→ ***push*** the door *open*）
　　c. He ***made*** the metal *flat* by *hammering* it.（→ ***hammer*** the metal *flat*）

[練習問題2] 英語は日本語に，日本語は口頭で英語に直しなさい．
1. Poverty drove him to crime. [crime（犯罪）]
2. The prisoner was set free after all.
3. The lotion guarantees to turn your grey hair black again. [lotion（化粧水），guarantee（保証する）]
4. 彼の答えが彼女を怒らせた．(make)
5. すぐに夕食を準備してください．(get)
6. 彼はドアを引っ張って開けた．(pull)

さらなる情報

1. この型は従来 SVOC として教えられたものであるが，O と C の間に主部・述部の関係があることから，think [$_{Sn}$NP AP] のように節をなす構造であると説明するのがよい．この説明は，think 動詞が that 節をとることからも容易に理解できる．従来のように「SVOC の O は目的語であるが C の主語である」というような説明は学生を混乱させるだけである．make は「A を C にする」という意味であり，A と C の間には主部・述部の関係があることから，make [$_{Sn}$NP AP] の構造である．従来の 5 文型が学習上役に立たないことについては Part II 第 4 章 (p. 312) を参照．

2. think タイプは次の 3 つの型をとるが，これらの間には意味上の違いがある．

(1) a. I found that the chair was very comfortable.
  b. I found the chair to be very comfortable.
  c. I found the chair very comfortable.

(1c) の V–NP–AP 型は，実際に椅子に座って確かめた直接体験による判断を述べているのに対して，(1a) の that 節は他人からの伝聞による判断でもよい．一般に表現が簡潔になると，より直接的関係があると言える．これは know the man（その人と知り合いだ）と know of the man（その人について知っている）に見られる違いに似ている．

《実 例》

1. I *consider* all my family equal.（私は家族はすべて同等であると考える）
2. When I came back, I *found* him more puzzled than when I left him.（帰ってみると，私が出ていったときよりも彼はさらに困惑した状態になっていた）
3. I *consider* Ezra Pound the most important living poet in the English language.（英語で詩を書く最も重要な当代の詩人はエズラ・パウンドであると考える）
4. If you had seen the owner of the little voice, perhaps you would not have *thought* him anything remarkable.（その小さな声の持ち主の姿を見たならば，おそらく彼を注目すべき人だとは思わなかったでしょう）
5. What *makes* the matter worse is, that we can not help spoiling air ourselves by the very act of breathing.（さらに事態を悪くすることには，我々

はまさに呼吸をするという行為によって空気を汚染せざるを得ません）[spoil air（空気を汚す），ourselves と very は強調語なので強勢が置かれる]
6. The translation has *rendered* the book accessible to the general reader.
（翻訳によってその本は一般読者にとって近づきやすいものとなった）

【解　答】

練習問題1　1. I believe myself a lucky person.
2. At first I thought it easy to write English.
3. But I soon found it quite the contrary
4. Imagine yourself a millionaire.
5. He supposed her innocent.
6. My father found himself happier than before.

練習問題1　1. 貧乏が彼を犯罪に駆り立てた.
2. その囚人は結局解放された.
3. そのローションで白髪が再びもとの黒髪になると保証します.
4. His answer made her angry.
5. Get dinner ready soon.
6. He pulled the door open.

4.5. V-NP-VP（XP＝VP（原形動詞，現在分詞，過去分詞））

原形動詞（原形不定詞）をとる動詞には (a) 知覚動詞と (b) 使役動詞 (make, let, have) があります．知覚動詞は現在分詞も過去分詞もとります．(c) have 動詞は過去分詞をとって「～してもらう」「～される」の意味を表します．

（**a**）　知覚動詞（原形動詞，現在分詞，過去分詞）
I *saw* [John run]. I *saw* [John running]. I *heard* [my name called].
（**b**）　使役動詞（原形動詞，過去分詞）
I *made* [John go]. I *made* [my car repaired].
（**c**）　have, get（原形動詞，現在分詞，過去分詞：get は to 不定詞）
I *had* [him go]. I *had* [my bike stolen].
I got [him to go]. I could *get* [the engine working].

これらの動詞はすべて V＋[$_{Sn}$NP＋VP] の構造をもち，[NP＋VP] が節を構成します．

4.5.1. 知覚動詞

feel（感じる），hear（聞く），listen to（耳を傾ける），look at（見る），notice（気づく），observe（気づく），see（見る），smell（においを感じる），watch（注意してみる）

知覚動詞は視覚・聴覚・触覚・嗅覚の知覚を表す動詞です．see（［～が～するのを］見る），hear（［～が～するのを］聞く）の意味ですから，知覚動詞は節をとり V + [$_{Sn}$ NP + VP] の構造をしています．

(1) a. I *saw* [$_{Sn}$ <u>the man</u> <u>enter the building</u>]．（ビルに入るのを見た）
　　　　　　 V　　NP　　　 VP
　 b. Did you **hear** him come in? （彼が入ってくる音が聞こえましたか）
　 c. I *felt* my heart beat violently．（心臓が激しく動悸するのを感じた）
　 d. I *watched* the jeeps disappear in the distance in the cloud of dust.
　　　（私は遠方のもうもうと立ち上る砂埃の中にジープの姿が消えていくのをじっと見ていた）

節が進行形の意味になると「［～が～しているところを］見る」という意味になるので，VP には進行形を表す現在分詞が用いられます．

(2) a. I *saw* [the man *entering* the building].
　　　（ビルに入っていくところを見た）
　 b. I *noticed* [her *shivering* with cold].
　　　（彼女が寒さで震えているのに気がついた）
　 c. I can *smell* [the bread *baking*]．（パンが焼けているにおいがする）

また，節が受動態の意味になると VP には受動態を表す過去分詞が用いられます．

(3) a. I *heard* [my name *called*]．（名前が呼ばれるのを聞いた）
　 b. I didn't *notice* [my purse *stolen*].
　　　（財布が盗まれるのに気がつかなかった）

知覚動詞自体が受動態になると不定詞の to が復活しますが，その理由はいまのところ明らかではありません．現在分詞，過去分詞をとる場合には変化はありません．

(4) a. The man *was seen to* enter the building.
   (その人がビルに入るのが見えた)
   b. The man *was seen* entering the building.
   (その人がビルに入っていくのが見えた)
   c. The words *were heard* uttered just after the meeting.
   (会議の直後にそのことばが発せられるのが聞こえた)

練習問題1 日本語に直しなさい．
1. She did not see my father's car coming down the road.
2. It is important just to listen to him complain.
3. To hear him talk we would think he knew everything.
   ［仮定法で条件は不定詞］
4. I am always surprised when I hear women talking about sex equality as though it were something desirable. [sex equality (性の平等), as though (あたかも～のように), desirable (好ましい)]

練習問題2 口頭で英語に直しなさい．
1. 彼女は人々が居間で彼女について話すのを聞いた．(living room)
2. 母親は子供たちが運動場で遊んでいるのを見ていた．(look at, playground)
3. 私は顔が赤くなって行くのを感じた．(turn red)
4. 子供たちはその植物が生長するのを数週間にわたって観察した．(watch, the plants, grow, over several weeks)

4.5.2. 使役動詞

(a) make, have, let, help は原形動詞（原形不定詞）をとる：help は to 不定詞もとるが原形動詞が普通．
(b) cause, get は to 不定詞をとる．
(c) have, get は現在分詞，過去分詞もとる．

使役動詞は「［～が～するように］させる」の意味を表すので節をとり，V + [$_{Sn}$NP + VP] の構造をもちます．

(**a**) 原形動詞（原形不定詞）をとるもの
　make「強制して～させる」，let「許可して～させる」，have は当然やってもらえるような場合の消極的使役を表します．

(1) What ***makes*** [$_{Sn}$*you think so*]? (どうしてそう思うのですか)
    V NP VP
(2) I'll ***have*** [*him come* tomorrow]. (明日彼に来させましょう)
(3) The teacher ***let*** [*the student go* out of the class].
  (先生はその学生がクラスから出ていくのを許した)
(4) He ***helped*** [*the old man carry* the bag upstairs].
  (彼は老人が二階にバックを運ぶのを手伝った)

make は原形不定詞のほかに過去分詞をとりますが, 現在分詞はとりません.

(5) a. Can you ***make*** yourself understood in French?
  (君はフランス語で自分の言うことを理解させることができますか (君のフランス語は通じますか))
 b. I tried to ***make*** myself heard.
  ((騒音の中で) 自分の声が聞こえるように努めた：自分の意見を聞いてもらうように努めた)
 c. He ***made*** his bike repaired. (彼はバイクを修理させた)
 d. Mother ***made*** her children *eat*/*eating their lunch in silence.
  ［現在分詞は不可］(母親は子供たちに黙って昼食をとるようにさせた)

let は原形動詞だけをとり過去分詞も現在分詞もとりません.

(6) a. ***Let*** the door *be* closed. (ドアを閉めてください)
 b. ****Let*** the door *closed*.［現代英語では不可］
 c. ****Let*** him *eating* his lunch.
  cf. He ***had/got*** the door *closed*. (ドアを閉めさせた, 閉めてもらった)

(**b**) to 不定詞をとるもの

cause は意図的ではない使役を表しますから, 主語に事物がくることが多いようです. get は「誘導・説得して〜させる」の感じがあります.

(7) a. His idleness ***caused*** [*him to leave* school].
  (彼は怠慢で学校をやめさせられた)
 b. What ***caused*** [*him to change* his mind]?
  (どうして彼は心境が変化したのか)
(8) a. She ***got*** [*him to check* her car].
  (彼女は彼に車のチェックをさせた (してもらった))

b. He *got* [Susan to help him clean the room].
（彼はスーザンに部屋の掃除の手伝いをさせた（してもらった））

(c) 過去分詞・現在分詞をとるもの

have, get のとる節が受動文であれば過去分詞を，進行形であれば現在分詞をとります．過去分詞をもつ場合，「～が～されるようにさせる」の意味で，よい事柄であれば「～してもらう」の意味に，悪い事柄であれば「～される」の意味になります．進行形では「～している状態にさせる」の意味です．

(9) a. She *had* [*all her books stolen*]．（本を全部盗まれた）
b. I *had* [*the roof of my house repaired*]．（家の屋根を修理してもらった）
c. She always *has* [*the radio going at full blast*].
 （いつも大音量でラジオをかけている）
(10) a. She *got* [*her right arm broken*]．（右腕を骨折した）
b. I must *get* [*the work finished* by eight].
 （8時までに仕事を終わらせる必要がある）
c. He could finally *get* [*the computer working*].
 （やっとコンピューターを動かすことができた）
d. Let's try and *get* [*the dialogue going*].
 （対話が継続するように努めよう）

使役動詞の意味のまとめ：
 make（強制して～させる）
 let（許可して～させる）
 have（当然やってもらえるような状況で～させる）
 help（手助けして～させる（to 不定詞をとる用法もある））
 cause（意図的にではなく～させる（to 不定詞をとる））
 get（説得して～させる（to 不定詞をとる））

|練習問題3| 日本語に直しなさい．
1. He found it hard to get his name known in the world.
2. I had my driver's license taken away.［take away（取り上げる）］
3. Get an expert to inspect the whole glider carefully, paying particular attention to the wings.［expert（専門家），the whole glider（グライダー全体）］

練習問題4 口頭で英語に直しなさい．
1. 彼に書類に署名をさせます．（get, sign the papers）
2. 到着時刻を知らせていただけませんか．（let, the time of your arrival）
3. 私はこれらの本を東京から送ってもらった．（have）
4. 彼は強風で帽子を飛ばされた．（have, blow off, by the strong wind）

さらなる情報

1. 知覚動詞

《実 例》

1. It is comforting to *hear* your team-mates shouting their encouragement.
   （チームメイトが応援してくれる声を聞くと励まされる）
2. She could *hear* him repeating the phrase to himself.
   （彼女は彼がそのことばを繰り返し自分に言い聞かせているのを聞いた）
3. You will sometimes *watch* a sightseeing bus overtake your car.
   （ときどき観光バスが君の車を追い越していくのを見るでしょう）
4. On most Fridays I *listen to* children reading books inside.
   （金曜日にはほとんど，中で子供達が本を読んでいるのが聞こえます）
5. It is frustrating to *watch* Julie tripping around the flat.
   （ジュリーがアパートの回りを跳ね回っているのを見るとイライラします）

2. 使役動詞 have

使役の have が原形不定詞をとる場合，経験の意味をもつことがある．

(1) "Well, you know I love you, Alice, and am always delighted to *have* you come," said Mrs. Reed.（「アリス，私があなたを好きなことを知っているでしょう．だからあなたが来るのはいつでも嬉しいわ」とリード夫人は言った）

(2) I *had* many travelers visit me.（たくさんの旅人が私を訪ねてきてくれた）

(1) は I am always delighted when you come. の意味であり，経験の意味を表している．次の文は使役と経験のどちらの意味にも解釈できて多義である．

(3) The professor *had* half the students walk out of his lecture.
   （教授は半数の学生を講義から出て行かせた（追い出した））［使役］
   （教授は半数の学生に講義から出て行かれた）［経験］

第 1 章　動詞の型　　　　　　　　　　　　　　　　　　　　249

《実　例》

1. The teacher used type that *made* the letters stick out from the page.（先生は文字をページから突き出させるようにできる活字を用いた）［点字の話：type（活字），stick out（突き出る）］
2. A man may lead the horse to the water, but he cannot *make* him drink.（ことわざ：馬を水辺まで連れていくことはできるが，水を飲ませることはできない）［may＝can］
3. One wonders whether it will ever be possible to *get* this plan going effectively.（この計画を効果的に運ぶようにすることがそもそも可能であるかしら）［ever（そもそも）］
4. He was much bruised and *had* his ankle dislocated, but was not otherwise hurt.（彼には多くの打撲傷があり足首を脱臼していたが，それ以外の傷はなかった）［bruised（打撲傷のある），ankle（足首），dislocate（脱臼させる）］
5. This trial pleased me so much that I wished to *have* it repeated.（その試行は非常に私を満足させるものであったので，繰り返しやってみたいと思った）

【解　答】

練習問題1　1. 彼女は私の父の車が道路を下ってくるのを見ていなかった．
2. 彼が不平を言うのをただ聞くことが大切です．
3. 彼が話すのを聞くと，我々は彼がなんでも知っているかのように思うでしょう．
4. 女性たちが性の平等があたかも好ましいことであるかのように話しているのを聞くと，私はいつも驚いてしまう．

練習問題2　1. She heard people talk about her in the living room.
2. Mother looked at the children playing in the playground.
3. I felt my face turning red.
4. The children watched the plants grow over several weeks.

練習問題3　1. 彼は自分の名前を世に知られるようにする（世間に顔を売る）のはむずかしいことだと知った．
2. 私は運転免許証を取り上げられた．
3. 特に翼に注意を払って，専門家にグライダー全体を注意深く検査させなさい．

練習問題4　1. I will get him to sign the papers.
2. Will you let me know the time of your arrival?
3. I had these books sent from Tokyo.
4. He had his cap blown off by the strong wind.

4.6. V-NP-to VP (XP=to 不定詞節)

この型の動詞はそれが従える構造にしたがって2つに分かれます．1つは，NPとto VPが主部・述部の関係をもちV+[$_{Sn}$NP+to VP]の節を構成するI型，もう1つは，NPとto VPとが独立していてV+[NP]+[to VP]の構造のII型です．

(I) V+[$_{Sn}$NP+to VP]
 (a) want タイプ (b) allow タイプ (c) think タイプ
  I want [John to go]. I allowed [John to go]. I think [John to be honest]

(II) V+[NP]+[to VP]
 (a) tell タイプ (b) promise
  I told [John] [to go]. I promised [John] [to go].

4.6.1. V+[$_{Sn}$NP+to VP] (I型)

この型をとる動詞には，次の3つのタイプがあります．

 (a) want タイプ：(〜が〜することを) 望む
 (b) allow タイプ：(〜が〜することを) 許す
 (c) think タイプ：(〜が〜であると) 思う

これらの動詞の意味の「〜が〜すること」の部分は節をなすので，これらのタイプの動詞はV+[$_{Sn}$NP+to VP]の構造をもちます．

(a) **want** タイプ (願望・意図・好嫌)
 want, wish (〜してほしい：願望)，intend (〜させるつもりである：意図)
 like, prefer, hate (〜してほしい・してほしくない：好き・嫌いの動詞)

want her to come は「彼女が来ることを望む」→「彼女に来てほしい」で日本語では her は「彼女に」となるので目的語のように見えますが，実際には「来る」の主語です．したがって，want [$_{Sn}$her to come] の構造をもちます．(つまり，want の「目的語」は文 (Sn) です)

(1) a. I *want* [$_{Sn}$*him to go* to college].
  (私は [彼が大学に行くことを] 望んでいる)
 b. She *likes* [*him to stay* longer].
  (彼女は [彼にもう少しいて] ほしい)

c. I *intend* [*my son to take* over the business].
（[息子に商売を引き継がせる] つもりだ）

これらの動詞はすべて，意味上の主語をもつ（表面上主語のない）不定詞節もとります．

(2) a. I *want to go* to college. [I want [$_{Sn}$ △ to go to college]]
（私は大学に行きたい）
b. She *likes to stay* here longer. [She likes [$_{Sn}$ △ to stay here longer]]（彼女はもっとここにいたい）
c. They didn't *intend to stay* longer. [They didn't intend [$_{Sn}$ △ to stay longer]]（彼らはそれ以上留まるつもりはなかった）

表面上主語のない不定詞節にも意味上の主語△が存在するので，括弧で示す構造になります．このように，不定詞節は表面上主語がある場合もない場合も同じ構造をしています．

練習問題1 口頭で英語に直しなさい．
1. 来週はすてきな休暇を過ごしたい．(wish, a nice holiday)
2. あなたに私を駅まで連れていってほしい．(want)
3. 私はその質問には答えたくありません．(I would prefer)
4. 私はジャーナリストになりたい．(I'd like)
5. キツネ (Fox) はカメ (Tortoise) と僕が競争することを望んでいる．(want, have a contest)

(**b**) **allow** タイプ（許可・強制・要求）
allow ((～するのを) 許可する), permit ((～するのを) 許可する)
order ((～するように) 命令する), force ((～するように) 強制する), compel ((～するように) 強制する) [force よりも弱い], expect ((～するように) 期待する), require ((～するように) 要求する)

allow Bob to leave は「[ボブが去ること] を許可する」の意味ですから，Bob to leave は主部・述部関係をもち，allow [$_{Sn}$ Bob to leave] の構造をしています．

(3) a. They didn't *allow me to smoke* in the room.
（彼らは私が部屋で喫煙するのを許さなかった）

b. The man *ordered the boy to bring* him a newspaper.
     (その人は少年に新聞をもってくるように命じた)
   c. He *forced her to get* out of the room.
     (彼は彼女を無理やり部屋から追い出した)
   d. The lawyer *ordered me* not *to read* the paper until then.
     (弁護士は私にその時までその文書を読まないように命じた)

 allow タイプの動詞は，一見対応する日本語（人に〜するのを許す）から見ると「人に」が目的語のように見えて，節をとらないように見えますが，節をとることは次の事実から分かります．

(4) The government will never *allow* [there to be a demonstration].
    (政府はデモを行うことを決して許さない)
(5) Nick's father *ordered* [some water to be put on the stove].
    (ニックの父親はストーブに水を掛けるように命じた)

動詞の直後の there や some water を動詞の目的語とみなすことはできません．虚辞の there や無生物の some water に許可したり命じたりすることはできないからです．「[デモをすることを]許さない」「[水をストーブにかける]ように命じた」の意味ですから，括弧の部分が節をなしていると考えなければなりません．

|練習問題2| 日本語に直しなさい．
 1. My family wouldn't allow me to go without her.
 2. I decided to force myself to get on well with her. [get on well with（仲良くやる）]
 3. In those days women were expected to stay home and do housework.

|練習問題3| 口頭で英語に直しなさい．
 1. 私は彼女が部屋に入るのを許可した．（allow）
 2. 私は無理やり勉強をさせられた．（force）
 3. この事が起こると予測していましたか．（expect）
 4. 医者は私に十分に休養をとるように命じた．（order, take a rest）

第 1 章　動詞の型

(c) **think** タイプ（認識動詞）

assume, believe, consider, feel, find, figure, guess, imagine, know, think, suppose

これらの動詞は次の 3 つの型をもちます．(6b) がここで扱う型ですが，動詞の後の NP to VP が節をなしていることは，(6a) のようにこの部分を that 節で表すことができることから明らかです．

(6) a. I *believe* [that her story is true].
　　b. I *believe* [$_{Sn}$ her story *to be* true].
　　c. I *believe* [her story true].

(6b) よりも to be が削除された (6c) 型 (→ 4.4 節 (p. 239)) のほうが好まれます．(ちなみに，フランス語などでは (6a, c) の構造はありますが，(6b) の構造はありません)

(7) a. Most people *considered* him to be a genius.
　　　（ほとんどの人々が彼を天才だと思っている）
　　b. Suppose *the distance to be* 10 kilometers.
　　　（その距離が 10 キロメートルだとしましょう）
　　c. I felt *his plan to be* unwise.
　　　（私は彼の計画をあさはかだと感じた）
　　d. The government considers *this man to be* a great danger.
　　　（政府はこの男を非常に危険な存在と考えている）

[練習問題 4]　口頭で英語に直しなさい．
1. 我々はこの案が非常に重要であると考えている．(consider)
2. 私は彼の言ったことは間違っていると思う．(think)
3. その理論が正しいと仮定してみよう．(let's suppose)
4. 彼は賢い人だと思いますか．(believe)

さらなる情報

1. allow クラスの expect が that 節をとる場合と不定詞節をとる場合で意味上の違いが見られる．

(1) a. We *expected* that John would accept the offer.
　　b. We *expected* John to accept the offer.

(1a) は「ジョンがその申し出を受け容れること」に対する客観的な期待を表していて，John に対しては間接的期待しかない．これに対して，(1b) では John 自体に期待が向けられていて，John がそうすることが期待されている．動詞の直後の John に影響性の条件が働くためであると考えられる．

ついでながら，動詞がどの文型をとるかはその動詞の意味から決定される，という原則を見るために expect を例に取ろう．この動詞は 3 通りの意味で用いられるが，それぞれの意味に応じて異なる文型をとる．1 つは「（予測して）と思う」の意味で think タイプに，2 つ目は「期待する，要求する」の意味で allow タイプに，3 つ目は「〜するつもりである，〜の予定である」の意味で try タイプに属す．

(**a**)「（予測して）と思う」の意味：(think タイプ)
　(1) a. I *expect* he'll be late.（彼は遅れると思う）
　　　b. I *expect him to be* late.

(**b**)「期待する，要求する」の意味：(allow タイプ)
　(2) a. I *expect you to succeed*.（君が成功すると期待している）
　　　b. We *expect him to win* the speech contest.
　　　　（弁論大会で優勝すると期待している）

(**c**)「〜するつもりである」の意味：(try タイプ)
　(3) a. I *expect to be* back on Sunday.（日曜日に帰ってくるつもりです）
　　　b. I *expect to pay* you back soon.（すぐに返済するつもりです）

この事実は，動詞がどの型をとるかはその動詞の意味から決定されるという原則を支持している．

2. think タイプの動詞が不定詞節をとるとき，不定詞節に生じる動詞は状態動詞に限られ，活動動詞（run, hit など）は許されない．

(4) a. I *think* John *to know* the truth.（ジョンは真実を知っていると思う）
    b. *I *think* John *to run* to the station.［不可］
       （ジョンは駅へ走って行くと思う）

ただし，活動動詞が完了形や進行形になると状態を表すので許される．

(5) a. I *think* John *to have run* to the station.
       （ジョンは駅へ走って行ったと思う）
    b. I *think* John *to be running* to the station.
       （ジョンは駅へ走っているところだと思う）

3. ここで述べた3つのタイプの動詞には受動化に関して違いが見られる．think タイプと allow タイプは受動化が可能だが，want タイプは不可である．理由は今のところ不明（→ p. 96）．

(6) a. He *is considered to be a* genius.（彼は天才だと考えられている）
    b. He *was allowed to come* into the room.（彼は入室を許された）
    c. *He *is wanted to go* to college.［不可］

《実　例》

1. He would *wish* them to be happy and fruitful.
   （彼は彼らが幸せで実り多いことを望んでいる）
2. If you would *like* to know more about this product, please contact Chris Richard.（本製品についてもっと知りたい場合には，クリス・リチャードまでご連絡ください）
3. In karate competition you will not be *allowed* to wear a sweatband or jewelry such as earrings, necklaces, bracelets or rings.（空手の試合ではスウェットバンドやイヤリング，ネックレス，腕輪や指輪のような装飾品を身につけるのは許されません）
4. To *permit* things to proceed as they are is to invite further disorder in Germany.（物事が現状通りに進展するのを許しておくと，ドイツにさらなる混乱を引き起こすことになる）［proceed as they are（物事が現状通りに進む），further disorder（さらなる混乱）］

【解　答】

練習問題1
1. I wish to have a nice holiday next week.
2. I want you to take me to the station.
3. I would prefer not to answer that question.
4. I'd like to be a journalist.
5. Fox wants Tortoise and me to have a contest.

練習問題2
1. 家族は彼女と一緒でなければ私が行くのを許さないでしょう．
2. 私は無理にでも彼女とうまくやって行こうと決心した．
3. 当時は女性は家にいて家事をすべきであるとされていました．

練習問題3
1. I allowed her to come into the room/enter the room.
2. I was forced to study.
3. Did you expect this to happen?
4. The doctor ordered me to take a good rest.

練習問題4
1. We consider this idea (to be) very important/of great importance.
2. I think what he said (to be) false/wrong.
3. Let's suppose the theory (to be) right.
4. Do you believe him (to be) a wise man?

4.6.2.　V+NP+to VP (II型)

(II) には次の2つのタイプの動詞があります．

(a)　**tell** タイプ：(～に～するように言う)
(b)　**promise**：(～に～すると約束する)

これらの動詞は目的語と不定詞節をとる V+[NP]+[to VP] の構造をしています．

(a)　tell タイプ
　　ask (人に～するように頼む)，advise (人に～するように忠告する)，convince (人に～するように説得する)，persuade (人に～するように説得する)，request (人に～するように頼む (形式的))，tell (人に～するように言う・命じる)

これらの動詞の直後の NP は目的語で，その後に不定詞節がくる構造をしていることは，NP (目的語) をそのままにして不定詞節を that 節に書き換えることができることから明らかです．

(1) a.　The teacher ***told*** [*the students*] [△ *to sit down*].
　　　(学生に座るように命じた)

b. The teacher ***told*** [*the students*] [*that they should sit down*].

不定詞節の意味上の主語は目的語で，△ = the students となります．

 (2) a. I ***asked*** [*him*] [*to carry my bag*].
   （私は彼にバッグを運んでくれるように頼んだ）
  b. John ***persuaded*** [*Mary*] [*to leave*].
   （ジョンはメアリーに出発するように説得した）
  c. The doctor ***advised*** [*her*] [*to take a complete rest*].
   （医者は彼女に絶対安静するように忠告した）
  d. The Queen then ***asked*** [*them*] [*to dine with her that evening*].
   （それから女王はその晩夕食をともにするように彼らをお招きになった）

(b) promise（(人に)〜すると約束する）

 この場合も，(3b) のように NP（目的語）をそのままにして不定詞を that 節に書き換えることができるので，目的語と不定詞節は独立した要素であることが分かります．

 (3) a. John ***promised*** [*Mary*] [△ *to be there on time*].（△ = John）
   （ジョンは時間通りにそこに行くとメアリーに約束した）
  b. John ***promised*** Mary that he would be there on time.

tell タイプと違うのは，不定詞節の意味上の主語が主文の主語を指している点です．このことは「約束する」の意味から容易に理解できます．

 promise は約束の内容や約束の相手が文脈から明らかであるときには省略可能です．

 (4) a. John ***promised*** (me).（(私に) 約束した）
  b. John ***promised*** (me) to help.（(私に) 手助けすると約束した）
  c. John ***promised*** (me) that he would help.
   （(私に) 手助けすると約束した）

[練習問題 1] 日本語に直しなさい．
 1. So I must ask you again to allow me to inspect the morning's mails.［inspect（点検（精査）する）］
 2. We strongly advise you to think about another career.［career（職業）］

3. He was persuaded by his mother to go into the family business.
4. With your help we promise to do much more.

練習問題2　口頭で英語に直しなさい．
1. 彼は私に一緒にきてくれるように頼んだ．（ask, come with him）
2. 我々は彼を説得してその決定を延期させた．（persuade, put off the decision）
3. 父がここにあるどんなものにも触るなと言った．（tell, anything）
4. 彼はその仕事を6時までに完了すると約束した．（promise, finish the work）

さらなる情報

1. promise, promise to VP の型はよく用いられるが，promise NP to VP の型の使用頻度は低く，この意味を表すには promise NP that 節を用いるのが一般的なようである．これは不定詞の意味上の主語が主文の主語を指すという promise だけに見られる特殊事情を回避するためであると思われる．

(1) a. He ***promised*** her *to* help her mother.
（彼は彼女に彼女の母を援助すると約束した）
b. He ***promised*** her *that* he would help her mother.

2. V + NP + to VP の構造には2通りあることの根拠を述べよう．

I 型：　V + [$_{Sn}$NP + to VP]
II 型：　V + [NP] + [$_{Sn}$ △ to VP]

(i)　動詞が従える節が受動態になったときの同義関係

(2) a. I want [the doctor to examine John].
（私はその医者がジョンを診察することを望んでいる）
b. = I want [John to be examined by the doctor].
（私はジョンがその医者に診察されることを望んでいる）
(3) a. I think [the doctor to have examined John].
（私はその医者がジョンを診察したと思っている）
b. = I think [John to have been examined by the doctor].
（私はジョンがその医者に診察されたと思っている）
(4) a. I told [the doctor] [to examine John].

(私はその医者にジョンを診察するように命じた)
  b. ≠I told [John] [to be examined by the doctor].
   (私はジョンにその医者に診察してもらうように命じた)

能動文と受動文は基本的に同義である．受動化は文（節）に適用される．このことを前提として (2) と (3) を見ると，これらの文は同義であるので，括弧の部分が節をなしていることが分かる．一方，(4) では意味が異なり，(4a) で命令を受けているのは医者であるのに対して，(4b) ではジョンである．このような違いが生じるのは，(4a) の the doctor, (4b) の John がそれぞれ目的語の位置にあり，命令を受ける人が異なるからである．このことから，(4) では the doctor to examine John の部分が節をなしていないことが分かる．

(ii) 虚辞 there の分布

 (5) a. I wanted *there* to be three boys in the room.
   b. I think *there* to be three boys in the room.
   c. *I told *there* to be three boys in the room.

there 構文の there は主語の位置にしか生じない．(5c) が正しくない文であるのは there が目的語の位置に生じているからである．上の2つの事実から want 動詞と think 動詞が節をとるのに対して，tell 動詞はそうではないことが明らかになった．

(iii) 意味上の主語をもつ（表面上主語のない）不定詞をとれるかどうか．

 (6) a. I *wanted to* examine John.
   b. *I *think to* have examined John.
   c. *I *told to* examine John.

(iv) 主節を受動態にすることができるかどうか．

 (7) a. *The doctor *was wanted to* examine John.
   b. The doctor *was thought to* have examined John.
   c. The doctor *was told to* examine John.

これらの特徴をまとめると次のようになる．

	(i)	(ii)	(iii)	(iv)
want 動詞	○	○	○	×
think 動詞	○	○	×	○
tell 動詞	×	×	×	○

(i) と (ii) によって want, think 動詞と tell 動詞が区別され，(iii) と (iv) によって want 動詞と think 動詞が区別される．このように，これら3種類の動詞は V + NP + to VP の文型に現れるけれども異なる特徴をもつことが分かる．

《実　例》

1. It's a good idea to *ask* your doctor to check your blood pressure each visit.（回診の度にお医者さんに血圧を測ってもらうように頼むのはいい考えですね）
2. I *advise* you to book early to avoid disappointment.
   （失望しないために早めに予約を取っておくことをお勧めします）
3. "*Tell* her to stay there," she ordered Katrina.
   （「そこにいるように彼女に言いなさい」と彼女はカトリーナに命じた）
4. Some *tell* us to relax and hope he grows out of the bad habit.
   （気持ちをゆったり構えて彼が成長して悪癖から抜け出すことを期待しなさいと言う人がいます）
5. Will you *promise* me to post the letter so that it will go out tonight?
   （今夜発送されるようにその手紙を投函すると私に約束してくれませんか（投函してくれませんか））

【解　答】

練習問題1　1. だから午前中のメールを点検するのを許していただくように再度お願いします．
2. 別の職業をお考えになるように強くお勧めします．
3. 彼は母親に家の商売（家業）を継ぐように説得された．（彼は母親に説得されて家業を継いだ）
4. 君の助力でさらにもっと力を尽くすことを約束します．

練習問題2　1. He asked me to come with him.
2. We persuaded him to put off the decision.
3. Father told me not to touch anything here.
4. He promised (me) to finish the work by 6 o'clock.

4.7. V–NP–that 節/wh 節

この型の動詞には that 節をとる convince タイプと wh 節をとる ask タイプがあります.

 (a) convince タイプ (V + NP + that 節) (〜に that 節の内容を納得させる)
 (b) ask タイプ (V + NP + wh 節) (〜に wh 節の内容を尋ねる)

(a) **convince** タイプ：(確信・忠告・警告) V + NP + that 節

 advise (人に〜せよと忠告する), assure (人に〜であると請け合う・確信させる), convince (人に〜であると納得・確信させる), inform (人に〜と知らせる), persuade (人に〜するよう説得する), request (人に〜してほしいと頼む) [形式的], remind (人に〜であることを思い出させる), show (人に〜であることを示す), tell (人に〜であると話す), warn (人に〜であると警告・注意する)

(1) a. She ***convinced*** him that she could earn money with her pen.
   (彼女はペンで稼ぐことができることを彼に納得させた)
  b. She ***reminded*** him that smoking was not allowed in the room.
   (彼女は部屋の中では禁煙だということを彼に思い出させた)
  c. The weatherman ***warned*** people that a big storm was coming up.
   (天気予報官は人々に大嵐が近づいていると警告した)
  d. I was not able to ***assure*** her that I loved her.
   (私が彼女を愛していることを彼女に確信させることができなかった)
  e. Your mother ***tells*** you that you must not go out until you have cleaned up your room. (お母さんは部屋の掃除が済むまで外出してはいけないと言っていますよ)

これらの動詞は不定詞節もとります (→ 4.6.2 節 (p. 256)).

(2) a. I ***advised*** her to go by taxi. (タクシーで行くように彼女に助言した)
  b. ***Remind*** me to call my mother tonight.
   ((忘れていたら) 今夜母に電話するように私に注意し (思い出させ) てください)
  c. I ***warned*** him to drive carefully.
   (彼に注意深く運転するように警告した)

練習問題1　日本語に直しなさい．
1. She could never find the right words to convince Bella that he was a dangerous man. [right（適切な），dangerous（危険な）]
2. I can assure you all that Hawaii is as breathtaking as you imagine. [breathtaking（息をのむような），as ～ as you imagine（想像通りに～）]
3. He wanted to show her mother that he could do it by himself. [by oneself（独力で）]

練習問題2　口頭で英語に直しなさい．
1. 彼は私にジョンソンの論文を読むように助言してくれた．(advise, paper)
2. 私は彼に飛行機で行くべきであると説得した．(persuade, by air)
3. その子どもは母親に犬の世話ができることを示した．(show, take care of)

(b) **ask** タイプ：V + NP + wh 節

advise（人に～（すべきかどう）か助言する），ask（人に～か尋ねる），inform（人に～か知らせる），show（人に～か説明する・示す），teach（人に～か教える），tell（人に～か話す）

(3) a. Now ***tell*** me ***what*** you think of Mr. Trump.
（さてトランプ氏について君がどのように思っているか話して下さい）
b. "***Show*** me ***what*** you've done," said Lucy.
（「あなたは何をしたのか私に明らかにしてください」とルーシーは言った）
c. Mary ***asked*** me kindly ***what*** was the matter with me.
（メアリーは親切にも私にどうしたのか尋ねた）
d. Your doctor will ***advise*** you ***whether*** any other exercise is necessary.（お医者さんが何かほかの運動が必要かどうかあなたに助言してくれるでしょう）

これらの動詞は二重目的語の型でも用いられます（→ 4.1.1 節 (p. 227)）．

(4) a. John ***asked*** me a question.（ジョンが私に質問した）
b. He ***teaches*** us English.
（彼は我々に英語を教えている（我々の英語の先生だ））
c. She ***told*** us an interesting story.
（彼女は私たちに興味深い話をしてくれた）

第 1 章　動詞の型

練習問題 3　日本語に直しなさい．
1. He asked me what I had seen there.
2. He advised me what I should do at such a situation.
3. I don't need you or anybody else to tell me what I can or cannot do.
4. This check shows you whether your gas appliances are safe to use. [gas appliances（ガス機器）]

練習問題 4　口頭で英語に直しなさい．
1. その本がどこで手に入るか私に教えて下さい．（inform）
2. 彼はいつ帰るか私には言いませんでした．（tell, be back）
3. 彼は私にその CD が欲しいかどうか尋ねた．（ask, want）

さらなる情報

《実　例》

convince タイプ
1. Suddenly a terrific roar, and at the same time a cry of pain and a shout, *warned* us that Guapo had met the jaguar.（突然恐ろしい咆哮と同時に苦痛の悲鳴と叫び声が聞こえ，それがグァボウがジャガーに出くわしたことを我々に知らせた）
2. The need here is to *convince* people that they must change their behavior.（この地で必要なことは人々に日頃の生活様式を変える必要があることを納得させることである）
3. I can *assure* all our customers that the water we are providing is absolutely safe to drink.（我々が提供している水は飲み水として絶対安全であるとすべてのお客様に保証いたします）

ask タイプ
1. *Show* me what you are talking about.
（何について話しているのか私に明らかにしてください）
2. What are the signs that *tell* us whether or not we are making genuine progress in a particular area of study?（特定の研究分野で本当に進歩しているかどうかを見分ける印は何ですか）
3. Wait till I catch up with him. I'll *show* him what it means to walk out on his family.（私が彼に追いつくまで待ってください．家族を見捨てるということがどんなことなのかを彼に教えたいのです）[walk out on（を見捨てる，

に愛想をつかす)]

【解　答】

練習問題1　1. 彼が危険人物であることをベラに納得させるための的確なことばを見つけ出すことが彼女にはどうしてもできなかった.
2. ハワイはご想像通りに息をのむように美しいこと請け合いです.
3. 彼はそれを自分独りでできることを母親に示したかった.

練習問題2　1. He advised me that I should read Johnson's paper. (= advised me to read Johnson's paper)
2. I persuaded him that he should go by air. (= persuaded him to go by air)
3. The child showed his mother that he could take care of the dog.

練習問題3　1. 彼はそこで何を見たか私に尋ねた.
2. 彼はそのような状況で何をすべきかについて助言をくれた.
3. 私に何ができて何ができないかを君にも他のだれにも言ってもらう必要はない.
4. この検査はガス機器が使用上安全かどうかを示すものです.

練習問題4　1. Please inform me where I can get the book.
2. He didn't tell me when he would be back.
3. He asked me if/whether I wanted the CD.

5. V-PP-Sn (基本文型5)

　ここで扱う型は，本来は基本型ではなくて，基本型から派生した派生形です．しかしながら，その派生形が固定した型を作っているので，独立した型として認めることにします．この型は次のようにしてできたものです．

(1)　John *said* [something] ***to Mary***. (ジョンはメアリーに [何か] 言った)
(2)　John ***said to Mary*** [that he wanted strong coffee].
　　　(ジョンはメアリーに [濃いコーヒーが欲しい] と言った)

say の基本型は (1) の say A to B です．(2) では (1) の something の代わりに節が用いられていて，say [that he wanted strong coffee] to Mary となるはずですが，重い要素は文末に移動するという原則に従って that 節が文末に移動します．したがって，この型は say A to B から派生した派生形ですが，この型で固定しているので1つの型として覚えましょう．これには節が that/wh 節の場合と不定詞節の場合があります．

(a) NP＋V＋PP＋that 節：John **said** *to me* ***that Mary was wise***.
[Sn＝that 節]
(b) NP＋V＋PP＋不定詞節：He **shouted** *to me* ***to go out***.
[Sn＝不定詞節]

5.1　V＋PP＋that 節/wh 節 (suggest タイプ)

explain（人に～であると説明する），indicate（人に～であると示す・知らせる），propose（人に～と提案する），say（人に～であると言う），suggest（人に～と提案する・それとなく言う），whisper（人に～であると囁く）

このタイプの動詞を suggest タイプと呼ぶことにします．基本形は suggest A to B で情報の移動を表します．

(1) a. She ***said to*** us *that* she was sorry for being late.
（彼女は我々に遅刻してすみませんと言った）
b. You should ***explain to*** your teacher *why* you were late this morning.（今朝どうして遅刻したかを先生に説明するのがよい）
c. He ***suggested (proposed) to*** us *that* the work should be done at once.（彼はすぐに仕事を終わらせるのがよいと我々に提案した）
d. He ***indicated to*** us *that* he would soon resign.
（彼はまもなく辞任するつもりだと我々に知らせた）

練習問題1　日本語に直しなさい．
1. I was able to explain to Jenny how everything was done.
2. I suggested to the committee that we should adopt the following approach. ［approach（方法）］
3. The difference between falling and rising intonation on tag questions is supposed to indicate to the listener what sort of response is expected. ［tag question（付加疑問文），be supposed to（～するものと考えられている），response（返答）］

練習問題2　口頭で英語に直しなさい．
1. 彼女は自分がどう感じているかを彼に説明しようとした．(explain to)
2. 彼は頂上に着いたことを彼らに知らせるために片手を上げた．(raise a hand, indicate to, reach the summit)

3. 私はボーイフレンドにそれとなく今日は一緒に行くことができないと言った．(suggest to)

5.2 V+PP+不定詞節 (wait for タイプ)

appeal to (〜に〜するように懇願する), call on (〜に〜するように頼む)
count on (〜が〜するのを当てにする), depend on (〜が〜するのを当てにする)
look to (〜が〜するのを当てにする), plead with (〜に〜するように懇願する)
rely on (〜が〜するのを当てにする), shout to/at (〜に〜せよと叫ぶ)
wait for (〜が〜するのを待つ), whisper to (〜に〜するように囁く)

この型では動詞＋前置詞 (V＋P) が意味上他動詞に相当します．例えば，wait for John to come. では wait for は他動詞の await に相当して，wait+for でいわば一語とみなされ，[wait for]＋NP＋to VP のようになります．したがって，これらの動詞は tell や ask と同じ V＋NP＋to VP の型をとっていることになります．

(1) a. He *shouted to* me *to* go out. (彼は私に出て行けと叫んだ)
     (cf. *tell* me *to* go out)
   b. I *waited for* John *to* come out of the house.
     (私は彼が家から出てくるのを待った)
   c. Larkin *called on* the men *to* make fast the boat to the ice.
     (ラーキンは水夫にボートを氷にしっかりつなぐように命じた) [men (水夫たち), make fast (しっかり固定する)] (cf. to *order* the men *to* make fast the boat to the ice)

これらの文の構造は次のようになります．不定詞節の意味上の主語は前置詞の目的語を指しますが，これは意味から容易に分かります．

(2) a. He *shouted to* me [$_S$ △ to go out]. [△＝me]
   b. I *waited for* John [$_S$ △ to come out of the house]. [△＝John]

練習問題3 日本語に直しなさい．
1. We would wait for our mother to come home from work when we were children.
2. You can depend on us to get this work done quickly.

3. She got really worried and pleaded with me not to talk about dying.
4. They laughed a little, and whispered to each other to be quiet.
5. You are the chief of these people. They look to you to guide them. [chief （(部局の) 長)]

さらなる情報

1. suggest タイプに関して

重い要素が後置される現象はよく見られる．例えば，explain A to B で A が重い要素の場合，(1b) に示すように文末に移動するのが一般原則である．

(1) a. He explained *the fact that the earth is round* to his son.
　　b. He explained to his son *the fact that the earth is round*.
　　　（彼は地球は丸いという事実を息子に説明した）

これと同様に，重い要素である節は (2b) のように文末に移動する．

(2) a. *He explained *that he couldn't stay any longer* to Rosa.
　　b. He explained to Rosa *that he couldn't stay any longer*.
　　　（彼はこれ以上留まることはできないとローザに説明した）

(2a) のように動詞の直後に that 節が留まっていると，動詞と to Rosa との関係を正しく捉えることが困難となり正しくない文と判断される．

《実　例》

1. Nicola *whispered to* several people that she was hired by Bloom.
　（ニコラは数人の人々にブルームに雇われたと囁いた）
2. There's little to *indicate to* an early reader that this was indeed the same magazine. （初期の読者にとってこれが実際に同じ雑誌であったことを示すものはほとんどない）
3. The sooner we can *indicate to* our suppliers that a particular style or color isn't selling, the better for both of us. （特定の型や色が売れていないことを製造業者に知らせることができるのが早ければ早いほど，我々両者にとってよい）
4. I didn't have to *explain* to him how I felt; he knew. （私は彼にどのように感じているかを説明する必要がなかった．彼は知っていたから）

5. The incident *suggests to* Japan that she should make peace with the Kremlin. (その事件は日本に対してクレムリン（ロシア政府）と和解するのがよいことを示唆している) [she = Japan]

2. wait for タイプに関して
動詞＋前置詞で他動詞に相当する点に注意する．

《実　例》

1. I *appeal to* Mr. Jakes to sign this petition.
（ジェイクスさんにこの嘆願書に署名してくれるように頼みます）
2. You could *count on* this to help you with many of the software problems. (これはソフトウエアに関する多くの問題の解決に役に立ちますよ)
3. Hearn rang him at his home to *plead with* him to change his mind.
（ハーンは彼の家に電話して，彼に考え直すようにお願いをした）
4. "If I missed a green light he would *shout at* me to go through anyway," continued Ted. (「青信号に間に合わないとしても，彼は私にとにかく通り抜けろと叫ぶでしょう」とテッドは続けていった)
5. Many family members *look to* the female members to take on the lion's share of responsibility for children. (家族の多くは女性の家族が子どもに対して不当に大きな責任を負うことを当てにしている) [cf. the lion's share (不当に大きい分け前)]

【解　答】

練習問題1　1. 私はジェニーに万事がどのように行われたかを説明することができた．
2. 私は委員会に対して次の方法を採用するのがよいと提案した．
3. 付加疑問における下降調と上昇調のイントネーションの違いは，聞き手に対してどのような返答が期待されているかを知らせるものであると考えられている．

練習問題2　1. She tried to explain to him how she was feeling.
2. He raised a hand to indicate to them that he had reached the summit.
3. I suggested to my boyfriend that I couldn't go with him today.

練習問題3　1. 私たちは子どもの頃母が仕事から帰ってくるのを待っていたものでした．
2. 我々がこの仕事をすばやく終わらせることを当てにしていいですよ．
3. 彼女は本当にうろたえて，臨終の話はしないでくれと私に懇願した．

4. 彼らはちょっと笑って,静かにしましょうとお互いにささやいた.
5. 君がこれらの人々の長なんだから,彼らは君が彼らを導いてくれることを当てにしているんだよ.

6. there 構文の動詞

there 構文は物や人の存在や出現を表すのに用いられる構文です.この構文で注意すべき点は 3 つあります.

1. 動詞は,(a) **存在**を表す動詞と (b) **出現**を表す動詞に限られます.
2. 動詞の直後にくる名詞は不定冠詞 (a(n), some, any, many など) あるいは無冠詞のものに限られます.
   There is a/*the book on the desk. There is snow on the road.
3. その理由は,この構文は新情報を導入する働きをするので,新情報を表す不定冠詞や無冠詞の名詞句のみが許されるからです(新情報については Part I 第 10 章 (p. 80) 参照).

(a) **be** タイプ(存在を表す動詞)
be (ある,いる), dwell (住んでいる), exist (存在する), live (生きている,住んでいる), remain (残っている), reside (存在する,住んでいる)

(1) a. ***There is*** *a liter of milk* in the bottle.
   (ボトルに 1 リットルのミルクがある)
   b. The incident occurred in the dead of winter, when ***there was*** *snow* upon the ground. (その出来事は冬の最中,地面に雪が積もっているときに起こった) [in the dead of ~ (~の最中に)]
   c. ***There is*** *nothing wrong* in what he said.
   (彼の言ったことに間違がった点は何もない)
   d. ***There exists*** *a big gap* between two generations.
   (2 つの世代間に大きなギャップが存在する)
   e. ***There live*** *a lot of Brazilians* in this small town.
   (この小さな町にはたくさんのブラジル人が住んでいる)

練習問題1　日本語に直しなさい．
1. There is no one at home who can help and look after him.
2. There was an error in his proposal on the matter.
3. There is a nice smell in her room.
4. There's a message on the board from Tony's brother.

練習問題2　口頭で英語に直しなさい．
1. この井戸にはまだたくさん水が残っている．（remain, well, still）
2. 先週ロンドンの地下鉄で爆発があった．（explosion, London Underground）
3. 「君のために私ができることは何もない」と彼は言った．（do for）
4. 以前ここには大きなレンガ造りの家がありました．（used to）

(b) **appear** タイプ（出現を表す動詞）
appear（出現する），arise（生じる，起こる），arrive（到着する），come（現れる，起こる），develop（発生する，発展する），grow（生じる，育つ），result（(結果として) 生じる），rise（生じる，起こる）

(2) a. ***There appeared*** *a ship* on the horizon.（地平線に船が現れた）
b. ***There arose*** *a typhoon* in the Pacific Ocean.
（太平洋に台風が発生した）
c. Suddenly ***there came*** *a knock* on the door.
（突然ドアをノックする音がした）
d. ***There arrived*** at the window *a pigeon* with a green band on one leg.（窓のところに片足にグリーンのバンドをした鳩が現れた）

練習問題3　日本語に直しなさい．
1. At the end of the road there rose three large stone arches. [arch（アーチ）]
2. And there arose a fierce gale of wind and the waves were breaking over the boat. [fierce（激しい），gale of wind（突風），break over（打ち寄せる）]
3. There grow about 400 different types of plants in this forest.

練習問題4　口頭で英語に直しなさい．
1. 通りの角にバスがやって来た．（at the corner of the street）
2. 突然暗闇に鋭い叫び声が上がった．（rise, a keen scream）
3. 三台のタクシーが駅前に到着した．

4. 難民でいっぱいの小さなボートが海岸に着いた．(full of, refugee)

さらなる情報

there 構文には定冠詞や所有格をもつ名詞句は生じることはできず，不定冠詞 (a(n), some, any, no など) や無冠詞の名詞句など新情報を表す名詞句が用いられる．その理由は，この構文が新しい話題を導入する機能をもつので，新情報を表す不定冠詞や some, any などを伴う名詞句に限られるからである．次の文を比較しよう．

(1) a. #A book is on the desk.
   b. *There is **a book*** on the desk. (It is your book.)
(2) a. Your book is on the shelf.
   b. **There is *your book*** on the shelf.

(1a) では突然新情報が出てくるので，聞き手はどの本か特定できず，かなり不自然な文と感じる．これに対して，(1b) では there によってあらかじめ新しい話題を導入することを予告し，a book という新情報が導入される．その後 It is your book. のように話が展開し，さらにこの旧情法を主語として，(2a) のような文が展開する．これに対して，(2b) では，新情報を導入するための文に旧情法 (your book) が導入されているので非文法的な文となる．教授において there 構文の新情報導入の機能を説明すると，なぜこの構文に不定名詞句しか生じないのかを理解しやすくなる．

ただし，there 構文には定冠詞を伴う名詞句が用いられている場合もある．

(3) a. There arose *the question* whether he was dishonest in giving a false name. (彼が偽名を使ったときに不正があったかどうかという問題が持ち上がった)
   b. There remains *the possibility* of a misjudgment.
     (判断が誤っている可能性が残っている)

この the は後方照応の the と呼ばれるもので (→ p. 57)，名詞の後ろにそれを限定する要素 (関係節，同格節，前置詞句など) がくることを予め知らせる働きをするものであって，これらの名詞句は意味上は不定冠詞の名詞と同じく新情報を担っている．

there は虚辞で意味をもたないが，訳し下げの原則に従うと「そこに本があ

る，本棚の上に」のように，まず there を「そこに」と（頭の中で）訳して，その場所が「本棚の上に」のように後で出てくるというように指導するほうが分かりやすいと思われる．これは It is important that ~ で，「それが重要である，「それ」は that 以下である」，というように理解したほうが分かりやすいのと同じである．この説明は正しい言語分析に基づいたものではないが，教授上は有効な方法であると思われる．

《実 例》

1. *There is* nothing complicated about the matter.
 （その件について複雑な点は何もありません）
2. *There is* something about him that suggests youth, despite his worn face.
 （疲れた顔つきとは裏腹に，彼には若さを感じさせるものがある）
3. *There is* a very good chance that we can't help. [help（避けて通る）]
 （逃すことのできないとてもよい機会があります）
4. *There is* an urgent need for further investigation into those who have disappeared. （失踪した人々のさらなる捜査を行う緊急の必要性がある）
5. *There is* no evidence that either of them had knowledge of the events leading to the coup. （彼らのいずれもクーデターにつながる一連の出来事を知っていたという証拠はない）

【解　答】

練習問題1　1. 家には彼を手助けし面倒を見ることができる人がいません．
 2. この件についての彼の提案には誤りが1つあった．
 3. 彼女の部屋はいい香がする．
 4. 掲示板にトニーの兄からのメッセージがある．
練習問題2　1. There still remains a lot of water in this well.
 2. There was an explosion in London Underground last week.
 3. "There's nothing I can do for you," he said.
 4. There used to be a big brick house here.
練習問題3　1. 道路の突き当たりに3つの大きな石のアーチがそびえていた．
 2. そしてはげしい突風が吹き，波がボートに押し寄せてきた．
 3. この森には約400の異なる種類の植物が育っている．
練習問題4　1. There came a bus at the corner of the street.
 2. Suddenly there rose a keen scream in the dark.

3. There arrived three taxis in front of the station.
4. There arrived on the beach a small boat full of refugees.

7. it ... that 構文の動詞

この構文に生じる動詞は，次の3つのタイプです．

(a) seem タイプ（that 節の内容の可能性を表す動詞）
appear（(見たところ)〜らしい），seem（(思うに)〜らしい）
(b) happen タイプ（that 節の内容が偶然生じたことを表す動詞）
happen（たまたま〜する），chance ［happen を用いるのが普通］
(c) prove タイプ（that 節の内容が判明したことを表す動詞）
prove（(証拠などによって)〜であると分かる），turn out（(結果として)〜であると分かる）

(a) seem タイプ

このタイプの動詞は that 節の内容の可能性を表しています．appear は「外見上〜らしい」ことを，seem は「思考上〜らしい」ことを表します．

(1) a. ***It seems that*** the situation has changed.
（状況が変わってしまったようだ）
b. ***It appears that*** there is a significant difference between the two.
（その2つの間には有意味な相違があるように見える）

この型は次のような書き換えが可能です．

(2) a. It seems [***that*** John likes Mary]. 〈that 節を不定詞節に変える〉→
b. It seems [John to like Mary].
〈正しくない文，John を It の位置に移動〉→
c. John seems ***to*** like Mary.

このように (2a) と (2c) の間には書き換えの関係があるのでほぼ同じ意味を表しますが，両者の間には少し違いがあります．(2a) は他人からの伝聞に基づく判断でもよいのに対して，(2c) は自分自身が John に会うなど直接に得た John に関する情報に基づく判断を表します．また，(2a) では that 節が新情報であるのに対して，(2c) では John を話題とした文であり，John は旧情報です（→〈さらなる情報〉2. (p. 242)）．

練習問題1　日本語に直しなさい.
1. So it seems that we have made the right decision.
2. However, it appears that there is no way of finding stolen objects.
3. But it appears that I am not in control of this event, either.
4. It seems that we have not learned that much from what happened two months ago. [that (それほど，そんなに)]

練習問題2　口頭で上記の (2a) 型と (2c) 型の2通りの英語に直しなさい.
1. ジョンはそのニュースにとても喜んでいるように見える．(appear, pleased/glad at)
2. ジョンは私たちにとても親切なように思える．(seem)
3. 最終決定はまだなされていないようだ．(seem, make a decision)

(b) **happen** タイプ
このタイプの動詞も次の2つの型で用いることができます.

(3) a. ***It happened that*** he was out when she came.
　　b. He ***happened to*** be out when she came.
　　　（彼女が来たとき彼はたまたま留守でした）
(4) a. ***It happened that*** I met a very famous movie star on the train.
　　b. I ***happened to*** meet a very famous movie star on the train.
　　　（私は列車中で偶然にとても有名な映画俳優に出会った）

練習問題3　英語は日本語に，日本語は口頭で2通りの英語に直しなさい.
1. Furthermore, it happens that our ideas are more strong and lively than others.
2. It happened that I recently saw a black-and-white video made 42 years ago.
3. その部屋はその夜たまたま鍵がしてありませんでした．(be unlocked, that night)
4. たまたまパンプキンパイが彼女の大好物の1つなのです．(favorite)

(c) **prove** タイプ
このタイプの動詞も次の2つの型をもちます.

(5) a. ***It*** may ***turn out that*** what they said is the truth.
  b. What they said may ***turn out*** (***to*** be) the truth.
  （彼らの言ったことが真実であると判明するかもしれない）
(6) a. ***It proved that*** the information was very useful to many people.
  b. The information ***proved*** (***to*** be) very useful to many people.
  （その情報は多くの人々にとって大変有益であると分かった）

(6a) 型の頻度は (6b) に比べると低いようです．(5b) でも (6b) でも to be は省略できます．

練習問題 4　英語は日本語に，日本語は口頭で 2 通りの英語に直しなさい．
1. It turned out that the animal was nearly eight feet long.
2. It proves to me once again that war is not just immoral but stupid.
   [immoral（道義に反する）]
3. そのニュースは間違っていると判明した．(turn out, false)
4. 彼は友人として頼りがいがあると分かった．(prove, reliable as a friend)

さらなる情報

1. 2 つの型の意味の違い

　これらの動詞は 2 つの型に現れ，ほぼ同義なので，その 2 つの型は文法規則によって結びついていると考えられる．しかしながら，形が違えば意味の違いもあるのが言語の常である．seem タイプの 2 つの型の意味の違いについてはすでに上で述べたが (p. 273)，happen タイプや prove タイプでも，何を主題に据えるかに関する違いが見られる．

(1) a. ***It*** may ***turn out that*** what they said is the truth.
  b. What they said may ***turn out to*** be the truth.

(1a) では that 以下が新情報となっている（したがって it を主語に立てて，新情報が最初に来ないようにしている）のに対して，(1b) では what he said が話題であり，これが旧情法として扱われ「彼が言ったこと」(what he said) について述べた文となっている．

2. 否定について

(1) a. It seems that John does***n't*** understand.
   b. John does***n't*** seem to understand. (John seems ***not*** to understand.)
   （ジョンは理解していないらしい）

(2) a. It turned out that they were***n't*** unpleasant surprises.
   b. They did***n't*** turn out to be unpleasant surprises. (They turned out ***not*** to be unpleasant surprises.) （それらは不愉快な驚きではないと分かった）

書き換えによって not が前に移動する場合と括弧内に示したように後ろの位置（元位置）に残る場合があるが，どちらも用いられる．後者を少し形式的に感じる話者もいる．この否定に関する現象は think の場合と似ている．

(3) I do***n't*** think that he will come. (← I think that he will ***not*** come.)

「彼は来ないと思う」の普通の表現は (3) である．括弧内の言い方は「来ないこと」を強調した表現である．

ついでながら，アメリカ英語では (4a) の意味で (4b) の表現が用いられるが，イギリス英語では can't seem を用いないで (4a) か (4c) を用いる．

(4) a. I seem to be unable to solve the problem.
   （私はその問題を解くことができないように思う）
   b. I can't seem to solve the problem.
   c. I don't seem able to solve the problem.

not が移動していない例をあげておこう．

(5) a. They seem ***not*** to have followed this rule of thumb.
   （彼らはこの経験則を守らなかったようだ）
   b. This proved ***not*** to be a difficulty.
   （この事はむずかしいことではないと判明した）
   c. The fact will turn out ***not*** to have the kind of importance you anticipated. （その事実は君が予想したような重要性はもっていないことが判明するでしょう）

第1章　動詞の型

《実　例》

1. It *proves* that practice is a big part of improvement.
   （練習が上達の重要な一環であることが分かっている）
2. The two groups *happened* to tell each other and it *turned out* that both had had the same or similar experiences. (2つのグループはたまたま打ち明け話をして，その結果両方が同じあるいは類似の経験をしていたことが分かった)
3. It *appears* that as many as 24 people were killed and 100 injured.
   （どうやら24人もの人が亡くなり，100人が怪我をしたらしい）
4. Won't it be wonderful when it *happens* that you and I will be able to share a little secret? （たまたま君と私が小さな秘密を共有できるなんてすてきじゃないか）
5. You *seem* to have an eye to essentials.
   （君には本質を見極める鑑識眼があるようだ）
6. At first sight this might not *seem* to be a serious problem.
   （一見したところ，これは深刻な問題には思えないかもしれない）
7. That project may *turn out* to be flawed or even utterly mistaken in the short run. （あの計画には欠点があるとかあるいは短期的にはまったくの間違いでさえあると分かるかもしれない）［in the short run（短期的に見ると）］
8. I think it *proves* that people want to live close to where they work.
   （人々が職場に近いところに住みたいと思っていることが分かると思う）

【解　答】

練習問題1　1. だから我々は正しい決断をしたように思われます。
2. しかしながら，盗まれたものを見つけ出す方法はないようです。
3. しかし私もまたこの出来事を制御（コントロール）できないように思える。
4. 我々は二ヶ月前に起きたことからそれほど多くのことを学んでいないようだ。

練習問題2　1. It appears that John is very pleased/glad at the news.
John appears (to be) very pleased/glad at the news.
2. It seems that John is very kind to us.
John seems (to be) very kind to us.
3. It seems that a final decision has not been made yet (has yet to be made).
A final decision seems not to have been made yet (seems to have yet to be made)./A final decision doesn't seem to have been made yet.

練習問題3　1. さらに，たまたま我々のアイディアのほうが他のものより力強く生き生きとしているのです．
2. 私は最近42年前に制作された白黒のビデオをたまたま見ました．
3. It happened that the room was unlocked that night.
   The room happened to be unlocked that night.
4. It happens that pumpkin pie is one of her favorites.
   Pumpkin-pie happens to be one of her favorites.

練習問題4　1. その動物は (測ってみたら) ほぼ8フィートの長さがあることが分かった．
2. 戦争は単に道義に反するだけでなく愚かなことであると私にとってはまたしても明らかである．
3. It turned out that the news was false.
   The news turned out (to be) false.
4. It proved that he was reliable as a friend.
   He proved (to be) reliable as a friend.

第2章　形容詞の型

1. 限定用法と叙述用法

　形容詞には a tall girl のように形容詞を名詞の前に置く限定用法と，The girl is tall. のように形容詞を述部に置く叙述用法があります．

限定用法は名詞を限定し分類する働きをもつ．
叙述用法は主語の状態・性質を記述する働きをもつ

例えば，wooden houses は houses の集合を限定し，石作りやレンガ作りの家と区別・分類する働きをもちます．これに対して，The houses are wooden. は，家についてそれが木作りであるという性質を述べているに過ぎません．次の対比を見ましょう．

(1) a.　Look out, the pencil is sharp.
　　　　（気をつけなさい，鉛筆の先が尖っているから）
　　b.　#Look out, it's a sharp pencil.
　　　　（気をつけなさい，それは先の尖った鉛筆だから）

「気をつけなさい」という状況で，(1a) のように言うのは自然ですが，(1b) のように言うのは少し不自然です（# によってこのことを示しています）．この場面では鉛筆の先端が尖っているという性質が問題となるので，主語の性質を記述する叙述用法 (1a) は適切ですが，名詞を限定・分類する限定用法 (1b) は不適切です．次の例も同様に理解できます．

(2) a.　I can't hear you: you're not loud enough. ［一時的］
　　　　（君が言っていることが聞こえません．声が聞き取れるほど十分に大きくないから）
　　b.　#I can't hear you: you're not a loud enough man. ［分類的］
　　　　（君が言っていることが聞こえません．君は十分に声の大きい人ではないから）

　一般に叙述用法はその性質が一時的に問題なる場合に用いられ，名詞の後に形容詞が単独で用いられる場合も叙述用法と同じ性質をもちます．例えば，a girl faint（気が遠くなった女の子）の faint は一時的状態を表すので名詞の後に

用いられ，*a faint girl のように名詞の前に用いることはできません．a- の付く形容詞（ablaze（燃えさかって），afire（燃えている），afloat（浮かんで），asleep（眠っている））も同様の理由で名詞の前には用いられません（*an asleep baby）．

2. 形容詞の型

まとめ　形容詞には後ろに要素（補部）をとるものがあります．その要素は前置詞句，that 節，不定詞節のいずれかです．どの要素をとるかは形容詞の性質（意味）によって異なります．また，it is … that 節，it is … to 不定詞節の型に現れる形容詞もあります．これらを形容詞の型と呼ぶことにしましょう．形容詞の型をまとめると次の2つになります．（動名詞をとる少数の形容詞がありますが，それには本文中でその都度ふれることにします）

形容詞の型
(I)　NP + be + 形容詞 + 前置詞句・that 節・不定詞節
(II)　It + is + 形容詞 + that 節・不定詞節

形容詞の型の全体像が把握できるように具体例を示しておきましょう．

(I)　NP + be + 形容詞 + 前置詞句・that 節・不定詞節
　　1.　NP + be + 形容詞 + 前置詞句
　　　　I am ***fond of*** cats.（ネコが好き）
　　2.　NP + be + 形容詞 + that 節
　　　　I am ***happy that*** you have invited me to dinner.
　　　　（夕食に招待してくれて嬉しい）
　　　　NP + be + 形容詞 + that 節（should）：（強意形）
　　　　I am ***anxious that*** he should come.（彼にぜひ来てほしい）
　　3.　NP + be + 形容詞 + 不定詞節
　　　　He was ***shocked to*** hear the news.
　　　　（そのニュースを聞いてショックを受けた）

(II)　It + is + 形容詞 + that 節・不定詞節
　　1.　It + is + 形容詞 + that 節
　　　　It is clear that John loves Mary.
　　　　（ジョンがメアリーを好きなのは明らかだ）
　　　　It + is + 形容詞 + that 節（should）：（強意形）

It is surprising that he should win. (彼が勝つとは驚きだ)
2. It＋is＋形容詞＋不定詞節 (1)
   It is more economical to go by bus. (バスで行くほうが経済的だ)
3. It＋is＋形容詞 (for one)＋不定詞節 (2)
   It is hard (for him) *to* read *this book.*
   (この本を読むのは彼にはむずかしい)
   This book is hard (for him) *to* read. (この本は彼には読みにくい)
4. It＋is＋形容詞 (of one)＋不定詞節 (3)
   It is kind of him to say so. (彼がそういってくれるのは親切だ)
   He is kind to say so. (彼は親切にもそういってくれる)

3. 形容詞＋前置詞句・不定詞節・that 節

3.1. NP＋be＋形容詞＋前置詞句

前置詞は形容詞の意味によって決まります．

(**a**) 形容詞＋前置詞が他動詞に相当する場合：前置詞は **of**
aware of (＝notice 気づく), fond of (＝like 好き), forgetful of (＝forget 忘れる), envious of (＝envy うらやむ), afraid of (＝fear 怖がる), full of (＝fill で一杯の), conscious of (＝notice・realize 気づく・自覚する), ashamed of (＝shame を恥じて), proud of (＝pride を自慢して), ignorant of (＝ignore を知らない)

(1) a. I'm fully *conscious of* the importance of the matter.
      (事の重要性は充分自覚している)
　　b. My son is *afraid of* dogs. (息子は犬を怖がります)

(**b**) 対象に向けられる感情を表す形容詞：前置詞は **about, at.**
angry at (に腹を立てる), indignant at (に憤慨する), mad at (にひどく腹を立てて), good at (が得意な), bad at (が下手な), glad at/about (に喜ぶ), happy at/about (に嬉しい), pleased at/about (に喜んで), sad at/about (を悲しむ)

(2) a. She got *angry at* what he said. (彼女は彼が言ったことに腹を立てた)
　　b. He is very *pleased at* the result of the test.
      (彼は試験の結果にとても喜んでいる)

(c) 対象に対する方向・関連を表す形容詞：前置詞は **to**
subject to（を受けやすい），used to（に慣れている），hurtful to（に害がある），relevant to（に関連がある），blind to（に気がつかない），close to（に近い），crucial to（にとって重要な），indifferent to（に無関心な）

(3) a. We got ***used to*** living in Boston soon.
（すぐにボストンの生活に慣れた）
b. She is ***indifferent to*** fashion.（彼女はファッションに無関心だ）

(d) 適合を表す形容詞：前置詞は **for**
fit for（に適した），good for（に適した），appropriate for（に適した），proper for（に相応しい），suitable for（に相応しい，適した），suited for（に適した），qualified for（の資格がある），useful for（に役立つ），sufficient for（に十分な），ready for（準備ができた），late for（に遅れた）

(4) a. This book will be ***useful for*** your study.
（この本は君の勉強に役立つでしょう）
b. He is really ***fit for*** the position.（彼はその地位に本当に適任だ）

(e) 同一・同時・合致・類似を表す形容詞：同一・同時・合致では **with**，類似・同等では **to**（ただし identical は with に加えて to も可）．
identical with/to（同一である），contemporaneous with（同時である），synonymous with（同義である），similar to（類似している），equal to（相等しい），equivalent to（同等の）

(5) a. This dress is ***identical with*** that one in design.
（この服はあの服とデザインがまったく同じだ）
b. Your idea is ***similar to*** mine.（君のアイディアは私のに似ている）

(f) 有名・悪名を表す形容詞：前置詞は **for**
famous for（で有名な），infamous for（で悪名の高い），well-known for（でよく知られている）

(6) a. This small town is ***famous for*** its hot spring.
（この小さな町は温泉で有名です）
b. He is ***well-known for*** his good essays.
（彼はすぐれたエッセイでよく知られている）

(g) 相違・不一致・離脱を表す形容詞：前置詞は **from**
different from（と異なっている），absent from（欠席である），separable from（から分離できる），separate from（から離れて），free from（がない），far from（から離れて）

(7) a. The twins are quite ***different from*** each other in character.
 （その双子は性格がまったく違う）
 b. This area seems ***free from*** danger.（この区域は危険がなさそうだ）

(h) 比較の意味を表す形容詞：前置詞は **to**（ラテン語源の形容詞）
inferior to（に劣っている），superior to（に優っている）

(8) a. This new computer is ***superior*** in speed ***to*** the earlier ones.
 （この新しいコンピューターは以前のものより処理速度で優っている）
 b. This coffee is ***inferior to*** that in taste.
 （このコーヒーはあれよりも味が劣る）

練習問題 1　口頭で英語に直しなさい．
1. そのミュージアムは市の中心から遠くない．(far from)
2. この方法は初心者には適していない．(method, suitable for)
3. 今日割引率は 50 パーセントに近い．(discount rate, close to)
4. 現在の政府は貧困に対して無関心なように思われる．(indifferent to, poverty)
5. 彼女は女性が男性よりも優れているという信念をもっている．(hold the belief, superior to)
6. この小説は他の小説と文体が大変異なっている．(different from, in style)
7. この地域は黒ビールで有名です．(district, famous for, dark beer)
8. この皿はあの皿と色とサイズが似ている．(similar to, in color and size)
9. 私は彼らの成功を喜んでいる．(glad at/about)
10. 私は何か仕事口を見つける必要があることに気がついた．(aware of, the need to find)

3.2.　NP＋be＋形容詞＋that 節

that 節をとる形容詞は意味上 3 つに分けられます．

(a) 主語の「嬉しい，驚き，お詫び」などの感情を表す happy タイプ
(b) 主語の「確信，自覚，切望」などの態度を表す sure タイプ

(c)　強意の should のある that 節をとる喜怒哀楽を表す anxious タイプ

(a)　**happy** タイプ：that 節の内容に対する主語の「嬉しい，驚き，お詫び」などの感情を表す．
happy, pleased, glad（うれしい），surprised（驚いた），shocked（ショックを受けた），astonished（ひどく驚いた），amazed（愕然とした，仰天した），sorry（すまないと思う）

(1) a.　Mother was ***shocked that*** her daughter smoked.
　　　　（母親は娘が喫煙していることにショックを受けた）
　　b.　I'm ***sorry that*** I couldn't help you sooner.
　　　　（もっと早くお手伝いできなくてすみません）

練習問題2　英語は日本語に，日本語は口頭で英語に直しなさい．
1. I am deeply sorry that we were unable to reach an agreement.
2. I am happy that he is receiving good education.
3. 君が来てくれたのがとてもうれしい．
4. オリバーは彼女がその言葉を覚えていたことに驚いた．(Oliver, the words)

(b)　**sure** タイプ：that 節の内容に対する「確信，自覚，切望」などの主語の態度を表す．
angry（を怒っている），anxious（を切望している），conscious（を自覚している），certain, sure（を確信している）

(2) a.　I am ***sure that*** it will snow this afternoon.
　　　　（午後雪が降ると確信している）
　　b.　I'm ***conscious that*** I may not know the history of my own country.
　　　　（私は自国の歴史を知らないことを自覚している）

練習問題3　英語は日本語に，日本語は口頭で英語に直しなさい．
1. I'm sure that wild animals have a sixth sense that tells them they're safe.
　　［sixth sense（第六感，直感）］
2. I feel really angry that you always see me in the same negative way.
3. 彼女は彼が自分をじっと見ているのに気がついていた．(conscious, watch)

4. 彼は自分のチームが勝つと確信している．(certain)

(c) **anxious** タイプ：喜怒哀楽不承を表す形容詞で that 節に should をもち，should は「～とは驚いた」のように強意を表します．
anxious, eager（切望する），hesitant（乗り気のしない），reluctant（不承不承の），loath（気が進まない），willing（かまわない，いとわない），surprised（驚いて）

(3) a. I am **surprised that** he *should* go to work so early.
   （彼がそんなに早く仕事に行くとは驚きだ）
   b. Leopold was **anxious that** his son *should* return to Salzburg.
   （レオポルドはぜひ息子がザルツブルグに帰ってくるように切望した）

|練習問題 4| 日本語に直しなさい．
1. They were eager that there be a good turnout for the opera.
  [turnout（会などへの）人出)]
2. My parents appeared to be willing that I should live with them.
3. She was most anxious that we should come and dine with her.
  [most = very]

3.3. NP＋be＋形容詞＋不定詞節
この型の形容詞は意味上 4 つに分かれます．

  (a) 主語の感情を表す形容詞（angry タイプ）
  (b) 主語の能力を表す形容詞（able タイプ）
  (c) 主語の傾向を表す形容詞（apt タイプ）
  (d) 主語の願望・不承不承を表す形容詞（eager タイプ）

(a) **angry** タイプ：主語の感情を表す形容詞
angry（怒って），delighted（うれしい），furious（ひどく怒って），happy（うれしい），pleasant（楽しい），pleased（うれしい），amazed（ひどくびっくりした），astonished（驚愕した），horrified（ぞっとした），shocked（ショックを受けた），surprised（驚いた），amused（おかしい・おもしろがって），ashamed（恥ずかしい），bored（退屈した），confused（困惑した），discour-

aged（落胆した），disturbed（気が動転した），embarrassed（どぎまぎした），excited（興奮した），impatient（いらいらした），perplexed（困惑した），sorry（残念な）

(1) a. She was ***embarrassed to*** hear the rumor.
   （彼女はそのうわさを聞いてばつの悪い思いをした）
   b. I was ***happy to*** have a quiet evening with her.
   （彼女と静かな夕べを過ごせて楽しかった）

練習問題 5 英語は日本語に，日本語は口頭で英語に直しなさい．
1. I was surprised to see how great Germanic contribution to European culture had been.
2. He wasn't ashamed to use such bad language when ladies were present.
3. 君にまた仙台で会えてとてもうれしい．(pleased)
4. 私は昨日彼のインタビューがラジオから聞こえてきてとてもびっくりした．(amazed to hear, on the radio)
5. 彼は彼女の誕生会に招待されて有頂天になった．(excited)

(b) **able** タイプ：主語の能力を表す形容詞
   able, capable（できる，有能な），competent（～する能力のある），entitled（～する資格・権利のある），qualified（～する能力・資格のある，適任の）

(2) a. I'm considering how I might be ***able to*** help you.
   （どのように君の手助けができるか考えているところです）
   b. The instructor is fully ***qualified to*** teach at our swimming club.
   （その指導員は我々のスイミングクラブで教えるのに十分な能力がある）
   c. These people are ***entitled to*** receive unemployment benefit.
   （これらの人々は失業手当を受ける権利があります）
   d. The clinic is ***competent to*** deal with drug abuse.
   （このクリニックでは薬物濫用の治療ができます）

(c) **apt** タイプ：主語の傾向を表す形容詞
   apt, liable（～しがちである），inclined（～する傾向がある），prone（(好ましくないことを) しがちである），sure（きっと～する）

(3) a. She was *apt to* confuse the past with the present.
（彼女は過去と現在を混同する傾向があった）
　　b. People enjoying themselves are usually less *inclined to* pay attention to others.（楽しく過ごしている人々は他人に対して通例注意を払わない傾向があります）
　　c. Always be *sure to* start the day with a good breakfast.
（いつも必ず十分な朝食をとって一日を始めるようにしなさい）

(d) **eager** タイプ：主語の願望・不承不承を表す形容詞
anxious（切望している），curious（好奇心の強い），eager（切望している），hesitant, reluctant（不承不承の），willing（かまわない，いとわない）

(4) a. We are *willing to* tell you that you have passed the test.（あなたが試験に合格なさったことを慎んでお知らせいたします（合格通知））
　　b. The people of Hong Kong have long been *reluctant to* speak their minds.（香港の人々は長い間ずっと本心を話すのをためらっている）
　　c. University students, once *anxious to* become civil servants or teachers, now become stockholders or market researchers.（大学生は，かつて公務員や先生になることを望んでいたが，いまでは株主や市場調査員になっている）
　　d. As Louis grew older, he was more and more *eager to* learn.
（ルイスは大きくなるにしたがって，学びたいという欲求が段々強くなった）

これらの形容詞の不定詞節は should を伴う that 節に書き換えることができますが，不定詞節を用いる用法のほうが圧倒的に多いようです（→ 3.2 節（c）（p. 285））．

【解　答】

練習問題1　1. The museum is not far from the center of the city.
2. This method is not suitable for beginners.
3. Today the discount rate is close to 50 percent.
4. The present government seems indifferent to poverty.
5. She holds the belief that women are superior to men.
6. This novel is quite different in style from the others.［in style は文末でも可］
7. This district is famous for its dark beer.

8. This dish is similar to that (one) in color and size. [in 〜 は similar の直後でも可]
9. I am glad at / about their success.
10. I was aware of the need to find some work.

練習問題2　1. 我々が合意に至ることができなかったことを大変残念に思います．
2. 私は彼がよい教育を受けていることを嬉しく思う．
3. I'm so / very happy / glad / pleased that you have come.
4. Oliver was surprised that she remembered the words.

練習問題3　1. 私は野生動物には直感があってそれが自分たちが安全であると伝えると確信している．
2. 私は君がいつも同じ否定的な見方で私を見ることに本当に腹が立つ．
3. She was conscious that he was watching her.
4. He is certain that his team will win.

練習問題4　1. 彼らはオペラを見に来てくれる人が多いことを切に望んだ．
2. 両親は私が彼らと同居するのをいとわないようでした．
3. 彼女は我々が彼女と食事をしにくることを切に望んでいた．

練習問題5　1. 私はドイツのヨーロッパ文化に対する貢献がどんなに大きかったかを知って驚いた．
2. 彼は女性がいる前でもとてもひどい言葉を使うことを恥じなかった．
3. I'm very pleased to see you again here in Sendai.
4. I was amazed to hear his interview on the radio yesterday.
5. He was excited to be invited to her birthday party.

4.　It＋is＋形容詞＋that 節・不定詞節

主語に仮主語の it をもつ形容詞は，that 節をとるものと不定詞節をとるものの2つがあります．

(i)　It＋is＋形容詞＋that 節
(ii)　It＋is＋形容詞＋不定詞節

4.1.　It＋is＋形容詞＋that 節

このクラスの形容詞には次の3つがあります．

(a)　可能性を表す形容詞（likely タイプ）
(b)　明・不明を表す形容詞（clear タイプ）
(c)　that 節に強調の should を伴う形容詞（surprising タイプと necessary タイプ）

第 2 章 形容詞の型

(a) **likely** タイプ：可能性を表す形容詞

certain（確かだ），probable（かなりありそうだ），likely（ありそうだ），possible（可能性がある）［この順に可能性の度合いが低くなる］，impossible（可能性がない），improbable（ありそうにない），unlikely（ありそうにない）

(1) a. ***It is certain that*** his claim is historically accurate.
 （彼の主張が歴史的に正確であることは確かだ）
 b. ***It is probable that*** he will become an excellent player.
 （彼がすばらしい選手になることは十分にありそうだ）
 c. ***It is likely that*** there is truth in their assertion.
 （彼らの主張には真実が含まれているようだ）

これらの中で，certain, likely, improbable, unlikely は下記の書き換えができます．（注意：possible, impossible, probable は it is ~ that 型しかもちません）

(2) a. It is likely that *John* will come.（ジョンが来ることはありそうだ）

 b. *John* is likely to come.（ジョンが来るらしい）
(3) a. It is certain that *he* will win.（彼が勝つことは確実だ）
 b. *He* is certain to win.（彼はきっと勝つ）
 （注意：It is sure that he will win. はまれで He is sure to win. を用います）

(2a, 3a) から (2b, 3b) への書き換えは that 節の主語を主節の it の位置に移動し，that 節を不定詞節に変えるものです．この 2 つの型はほぼ同じ意味ですから，文法規則によって結びついていると考えられます．しかしこの 2 つの型の間には意味上の違いが見られ，it is ~ that 型は that 以下の内容の可能性について（客観的に）述べているのに対して，John is likely 型では John についての可能性を（主観的に）述べています．後者の型の例を補足しておきます．

(4) a. He is ***certain to*** become a leading force in South African politics.
 （彼は必ず南アフリカ政治の指導的力になります）
 b. Students are provided a crash course in the types of English words they are most ***likely to*** need.（学生には最も必要になりそうな種類の英単語の短期集中コースが提供されている）

c. Scientific work is not easy, and a really deep idea is ***unlikely to*** come in the hour or so that one may spend talking with a particular person on a particular topic. (科学の研究は容易ではなく，本当に深い着想が特定の論題について特定の人と一時間やそこら話していて湧いてくることはありそうにない)

練習問題1　日本語に直しなさい．
1. It is quite possible that young babies have a very rich knowledge about the unseen existence of objects. [the unseen existence of objects (見えないものの存在)]
2. It is improbable that he had accomplished all this before 3:30 p.m. [accomplish (完了する)]
3. Indeed, it is unlikely that any human organization could either be formed or long maintained without language.

(**b**)　**clear** タイプ：明・不明を表す形容詞
apparent ((外見上) 明らかだ), clear (明白だ), evident (明らかだ) [文語的], explicit (明らかだ，あいまいなところがない), implicit (暗に示されている), obvious (明白な) [明確さの度合いが強い], plain (はっきりしている), true (本当だ), false (誤りだ)

(5) a. ***It is clear that*** John took the wrong train.
　　　(ジョンが電車を乗り間違えたのは明らかだ)
　　b. ***It is apparent that*** everything he wrote was fiction.
　　　(彼が書いたことはすべてフィクションであったことは明らかだ)
　　c. ***It was evident that*** Britain had played a major role in the important decisions. (イギリスが重要な決定で主要な役割を果たしたことは明白だった)

練習問題2　日本語に直しなさい．
1. It soon became clear that I could no longer rely on friends for help.
2. It was obvious that his visit had been planned and was not a sudden idea.
3. No matter how much food there is, it is obvious that the birth rate cannot continue to exceed the death rate. [no matter how (どんなに～であろうとも)]

(c) **should** をもつ **that** 節を伴う形容詞

   (i) 喜怒哀楽・驚きを表す surprising タイプ（感情を表す should）
   (ii) 義務・必要・命令を表す necessary タイプ（義務の should）

(i) **surprising** タイプ：
   admirable（賞賛すべき），annoying（悩ませる），awful（ひどい），awkward（ぶざまな），curious（奇妙な），depressing（気落ちさせる），disappointing（がっかりさせる），alarming（驚くべき），frightening（ぎょっとさせる），shocking（ぞっとさせる），surprising（驚くべき），upsetting（ろうばいさせる）

surprising タイプの should は予測に反して起こったことに対する**驚きや戸惑い**などの感情を表します．

   (6) a. ***It is surprising that*** he has won. ［通例の型］
       （彼が勝って驚いた）
      b. ***It is surprising that*** he *should* have won. ［強調形］
       （彼が勝ったとは驚きだ）
      c. ***It is curious that*** he *should* select such a subject for his essay. ［戸惑いの感情］（彼がエッセイにそのような題目を選ぶとは奇妙だ）

(ii) **necessary** タイプ：
   essential（絶対に必要な），imperative（絶対に必要な），necessary（必要な），urgent（緊急に必要な）

necessary タイプの should は**義務**あるいは**倫理上の責務**を表します．

   (7) a. ***It is*** obviously ***necessary that*** he *should* be permitted to attend.
       ［義務の should］（彼の出席が許される（べき）ことは当然必要です）
      b. ***It is urgent that*** peasant methods of production *be* modernized.
       （農民の生産方式を近代化することが緊急に必要である）
      c. ***It is essential that*** students entering college (*should*) have the potential to complete rigorous majors.（大学に入る学生は厳しい専攻科目を修了できる能力があることが絶対に必要である）

練習問題3　日本語に直しなさい．
  1. It was surprising that he should have arrived on the very day when she

was back.
2. It is necessary that somebody should be acquainted with the details of the finance.［be acquainted with（に精通している），details（詳細）］
3. Yet it was essential that the masters and crews be government employees in order to obviate strikes.［masters and crews（船長と乗組員），obviate（未然に防ぐ，取り除く）］

4.2. It＋is＋形容詞＋不定詞節

このクラスの形容詞は3つに分けられます．

(a) 難易を表す形容詞（easy タイプ）
(b) 価値・評価を表す形容詞（comfortable タイプ）
(c) 行為に対する話し手の判断を表す形容詞（kind タイプ）

(a) **easy** タイプ：難易を表す形容詞

dangerous（危険な），difficult, hard, tough（むずかしい），easy（やさしい）
impossible（不可能な），possible（可能な）

このタイプの形容詞は下記のような書き換えができます．

(1) a. ***It is easy*** (for me) ***to*** read *this book*.
   （（私にとって）この本を読むのはやさしい）
   b. *This book* is ***easy*** (for me) ***to*** read ___.
   （この本は（私にとって）読みやすい）

(1a) の it の位置に read の目的語の this book が移動して (1b) の文が得られます．この移動によって，(1b) の this book は表面上は主語ですが，意味上は read の目的語であることが説明されます．2つの文の間にはこのように書き換え関係がありますが，意味上どこに焦点があるかについて違いがあります．(1a) では it は to read this book という行為を指し，その行為がやさしいことを述べています．(1b) では this book の性質について，読みやすい本であると述べています（なお，(1) の for 句は不定詞の主語ではなく形容詞につくものです）．

(2) a. ***It is dangerous to*** swim in *this river*.（この川で泳ぐのは危険だ）
   b. *This river* is ***dangerous to*** swim in.（この川は泳ぐのに危険だ）

(3) a. *It is easy to* get along with *him*. (彼と上手く付き合うのはやさしい)
   b. *He* is *easy to* get along with. (彼は付き合いやすい人だ)

（注意：impossible は両方の型に生じますが，possible は it is possible to の型にしか生じません．理由は不明です）

(b) **comfortable** タイプ：価値・評価を表す形容詞

attractive（魅力的だ），bitter（つらい），boring（退屈な），comfortable（気持ちのよい），economical（経済的な），effective（効果的な），expensive（高価な），nice（楽しい），pleasant（楽しい），reasonable（値段がほどよい），regrettable（残念な），wonderful（すてきな）

(1) a. *It is* quite *nice* and *comfortable to* stay here.
   （ここに滞在するのは本当に楽しくて気持ちがよい）
   b. *It* would *be* more *economical to* go by bus than by taxi.
   （タクシーで行くよりもバスで行くほうが経済的でしょう）
   c. *It* would *be wonderful to* hear from you, really wonderful.
   （君からの便りがあればうれしい，本当にうれしい）

easy タイプの書き換えが，このクラスの形容詞でも可能です．

(2) a. *It is wonderful to* walk along *the beach* on a misty day.
   （霧の日にそのビーチを散歩するのはすてきだ）
   b. *The beach* is *wonderful to* walk along ___ on a misty day.
   （そのビーチは霧の日に散歩するとすてきだ）
(3) a. This car is *economical to* run. (この車は燃費がよい)
   b. The bungalow is *comfortable to* live in.
   （このバンガローは住み心地がよい）
   c. Power-assisted steering *is easy to* handle and *pleasant to* use.
   （パワステのハンドルは操作が簡単で使って楽しい）

|練習問題4| 日本語に直しなさい．
1. Pater's book is a classic, and easy to find in a library.
2. In bad weather even this route is tough to follow.
3. Paris is the only modern metropolis that is pleasant to live in.

> 練習問題5　口頭で英語に直しなさい．
> 1. 日本語はアメリカ人にとっては学習しにくい．(hard, for Americans)
> 2. この理論は君に説明するのは不可能だ．(impossible, explain to)
> 3. リネンは着心地がとてもよい．(comfortable, linen)
> 4. 彼は話していて楽しい．(pleasant, talk to)

(c) **kind** タイプ：話者の判断を表す形容詞

　このタイプの形容詞は「親切だ，賢い，思いやりがある」など，ある行為に対する話者の判断を表します．

> bad (悪い), clever (賢い, 小才のきく (悪い意味)), crazy (正気でない), foolish (おろかな), good (よい), kind (親切な), nice (親切な), polite (礼儀正しい), smart (利口な), stupid (ばかな), thoughtful (思慮深い), wicked (不道徳な), wise (賢明な)

これらの形容詞は次の2つの型で用いられ，その間に規則的関係があります．

(1) a. *It is kind of him to* say so. (彼がそういってくれるのは親切だ)
　　b. *He is kind to* say so. (彼は親切にもそういってくれる)
(2) a. *It was foolish of Flora to* have told him so.
　　　　(フローラが彼にそう話したとはばかなことをしたものだ)
　　b. *Flora* was *foolish to* have told him so.
　　　　(フローラはばかなことに彼にそう話してしまった)

(1a) の of him の him は意味上不定詞節の主語の働きをします．その him を主語の it の位置へ移動して得られるのが (1b) です．(1a) は不定詞節の内容について kind であると言っているのに対して，(1b) では彼についてその行為が kind だと述べていて，彼に注意が向いています．

(3) a. So *nice of* you *to* come and see me.
　　　　(君が私に会いに来てくれるとはなんと親切なことでしょう)
　　b. "*It is clever of* you *to* arrive on the right night," he said.
　　　　(「君が正に適切な夜に到着するとは如才ないことだ」と彼は言った)
　　c. *It is wise to* ask your doctor whether you can drink alcohol or not.
　　　　(医者に飲酒をしてよいかどうか尋ねるのが賢明です)
(4) a. You are *stupid to* fall on your face.

第 2 章　形容詞の型

(うつぶせに倒れるとはぶざまだ)
- b. They would be *wise to* keep taking precautions.
  (予防対策をとり続けているとは彼らは賢明だ)
- c. You are very *kind to* have thought of him.
  (彼のことを考えてくれていたとは君はとても親切だ)
- d. "You are very *kind to* come to see me so often, Alice," said Mrs. Reed. (「アリスさん，こんなに度々会いに来ていただくなんて本当にご親切ね」とリード婦人は言った)

次の文の意味の違いに注意しましょう．

- (5) a. He is kind/wise/polite to help her.
  (彼は親切・賢明・礼儀正しいことに彼女を助けた)［to help という行為に対する判断］
  - b. He *is kind/wise/polite*. ［本来親切・賢明・礼儀正しい人］

不定詞節をとる (5a) の場合には，不定詞節で示される行為に対する判断を述べているので，彼が本来親切であることを意味しません．これに対して (5b) では彼の本来の性質を述べています．

[練習問題 6]　日本語に直しなさい．
1. It was foolish of me to forget how news spreads in a village.
2. How thoughtful of you to hurry down to greet me!
3. Am I foolish to expect more of her?

さらなる情報

次の文の解釈はどちらが正しいでしょうか．

(1)　You would be so nice to come home to.
　　 a.　あなたが帰ってきてくれたらうれしいのに．
　　 b.　あなたのところに帰って行けたらうれしいのに．

これはヘレン・メリルの歌が有名なジャズの歌詞の一節である．大橋巨泉の誤訳が日本語の題名として広まったもの (金子義明 (2003)「英語学の企て」『人文社会学科の新世紀』(原研二，金子義明他 (編)，東北大学出版会))．

まず不定詞節をとる形容詞を整理しよう．(単語を合わせたために多少意味

はぎこちない)

(2) a. John is **eager to please**. (ジョンは (人を) 喜ばせたがっている)
    b. John is **kind to please**. (ジョンが (人を) 喜ばせるのは親切だ)
       (cf. It is kind of John to please.)
    c. John is **easy to please**. (ジョンを喜ばせるのは容易だ)
       (cf. It is easy to please John.)

(2a) はもともとこの形の文であって，John が主語で please の目的語は省略されているが人々を指している．(2b) の John は不定詞の意味上の主語であり，括弧内のように書き換えられる．(2c) の John は書き換えから明らかなように意味上 please の目的語であるので，please の目的語の位置から主語の位置に移動している．したがって，please の後に空所があって，この文の構造は John is easy to please ___. となる.

これをもとに (1) を見てみよう．この文では文末に前置詞 to が取り残されているので，この直後に名詞句があったことが分かる．そのような構造をもつのは (2c) なので，(1) のもとの文は次のようになる．

(3) It'd be so nice to come home to you.

これで正解は (1b) であることが判明した．
それでは，(1a) の意味「あなたが帰ってきてくれたらうれしいのに」を表す英文はどうなるだろうか．それは (4) であり，(5) のように書き換えられる．

(4) You'd be so nice to come home.
(5) It'd be so nice of you to come home.

以上のことから，nice は easy タイプにも kind タイプにも属する形容詞であることが分かる．巨泉がこのような英文法の知識をもっていたら誤訳はしなかっただろう．英文法は大切である．

【解　答】

練習問題1　1. 幼い赤ん坊が見えない物の存在についてとても豊かな知識をもっていることはまったくあり得ることです．
2. 彼がこれをすべて午後3時半前に完了していたことはありそうにない．

3. 確かに，どんな人間の組織も言語がなければ形成できないし長く維持することもできそうにない．

練習問題2　1. 私はもはや友人に援助を頼ることができないことがすぐに明らかになった．
2. 彼の訪問はすでに計画されていたものであって，突然の思いつきではないことは明らかだった．
3. どんなに食糧があるにしても，出生率が死亡率を上回る状況が続くことがあり得ないことは明白だ．

練習問題3　1. まさに彼女が帰ってきたその日に彼が到着したとは驚きだ．
2. どうしても財政の詳細に精通している人がいる必要があります．
3. けれどもストライキを避けるために，船長と乗組員は公務員であることが絶対に必要であった．

練習問題4　1. ペーターの本は古典だから図書館で容易に見つかる．
2. 天気が悪いときにはこのルートでさえもたどるのはむずかしい．
3. パリは住んで楽しい唯一の近代都市だ．

練習問題5　1. Japanese is hard for Americans to learn.
2. This theory is impossible to explain to you.
3. Linen is very comfortable to wear.
4. He is pleasant to talk to.

練習問題6　1. 村ではニュースがどのように広まるかを忘れていたのはおろかであった．
2. 急いで降りてきて挨拶してくださるとはなんとご親切な．
3. 彼女にもっと期待するのはばかげているのかな．

第3章　名詞の型

　名詞には動詞や形容詞から派生された名詞があります．例えば，invention は動詞 invent から派生された名詞です．これを派生名詞と呼びます．派生名詞は当然もとの動詞や形容詞と緊密な関係があります．次の例を見ましょう．

(1) a.　Honda *invented* a new engine.（ホンダが新エンジンを発明した）
　　b.　Honda's *invention* of a new engine.（ホンダの新エンジンの発明）

文でも名詞句でも，Honda が主語であり，a new engine が目的語であることが分かります．文と派生名詞句の間にはこのような対応関係があります．
　形容詞から派生する名詞形の場合も同様です．

(2) a.　John is *anxious* about her health.（ジョンは彼女の健康を心配している）
　　b.　John's *anxiety* about her health.（ジョンの彼女の健康についての心配）

このように，文と派生名詞形の間には緊密な関係がありますが，このことは派生名詞が対応する動詞や形容詞から派生していることを考えれば自然なことです．

1.　名詞句と文の関係

　文と名詞句の間には規則的関係があり，文の主語は名詞句では所有格によって，目的語は普通 of によって表されます．文中の副詞は名詞句では形容詞によって表されます．

(1) a.　The police *carefully* investigated the murder.
　　　　（警察は注意深くその殺人事件を捜査した）
　　b.　the police's *careful* investigation of the murder
　　　　（警察の殺人事件の注意深い捜査）

派生名詞形は対応する動詞や形容詞をもとにしていますから，通例それらの動詞や形容詞がもつ名詞句（目的語），前置詞句，that 節，不定詞節と同じものをとります．名詞の型をまとめると次のようになります．

名詞の型
- (I) 名詞＋前置詞句・不定詞節・that 節
- (II) It is a pity that 節の型
- (III) The fact is that 節の型

これらの型の具体例をあげておきましょう．

- (I) 名詞＋前置詞句・不定詞節・that 節
    - (a) 名詞＋前置詞句
        他動詞の名詞形の場合（目的語を前置詞 of で表す）
        the enemy's destruction of the city
        （敵の都市破壊，敵が都市を破壊すること）
        (The enemy *destroyed* the city.)
        自動詞の名詞形の場合（主語を所有格または of で表す）
        John's arrival at the station / the *arrival of John at* the station（ジョンの到着）
        (John *arrived at* the station.)
    - (b) 名詞形＋不定詞節
        his decision to leave（去るという彼の決意）
        (He *decided to* leave.)
    - (c) 名詞形＋*that* 節
        his claim that he is honest（正直者だという彼の主張）
        (He *claims that* he is honest.)
- (II) It is a pity that 節
    It is a pity that you can't come.（君が来ることができないのは残念です）
- (III) The fact is that 節
    The fact is that I don't want to go there.
    （実は私はそこに行きたくない）

2. 名詞の型

動詞や形容詞が一定の型に生じるように，動詞や形容詞から派生する名詞形も一定の型に生じます．

2.1. 名詞形＋前置詞句

(i) 他動詞の名詞形 + of

他動詞の名詞形では目的語を前置詞 **of** で表します．

(1) a. the *improvement of* the condition on the island
 (They *improved the condition* on the island.)
 (島の生活条件を改善すること，島の生活条件の改善)
 b. his *criticism of* the book (He *criticized the book*.)
 (彼のその本の批評)
 c. our *election of* Trump as leader (We *elected Trump* as leader.)
 (我々がトランプをリーダーに選ぶこと)
 d. his careful *examination of* the paper (He carefully *examined the paper*.) (彼の注意深い論文の検討)

名詞形では主語が表されないことがよくあります．たとえば，(1a) の the improvement of the condition on the island (島の生活条件の改善) では目的語は of で示されていますが，主語は示されていません．文脈から (市当局など) 予測できるからです．そのような場合定冠詞がよく用いられます．いくつか例をあげましょう．

(2) *the invention of* transistor (トランジスターの発明)
 the discovery of truth (真理の発見)
 the hunting of animals (動物の狩猟)
 the observation of nature (自然観察)
 the destruction of the temple (その寺院の破壊)

[練習問題 1] 口頭で英語に直しなさい．
1. コロンブスのアメリカ大陸発見 (Columbus, discovery)
2. ゴジラの突然の出現 (Godzilla, appearance)
3. 彼らのアマゾンの探検 (exploration, the Amazon)

(ii) 他動詞の名詞形が独自の前置詞句をとる場合：名詞形の意味によって前置詞が決定される．

(3) a. the best *discussion of* the problem (その問題についての最善の議論)

a ***discussion about*** the best way to cook trout
（鱒の最善の料理法についての解説）
a proper ***discussion on*** AIDS（エイズに関する適切な議論）
(They *discussed* the problem.)
 b. a Jewish ***resistance to*** Nazism（ユダヤ人のナチズムに対する抵抗）
(The Jewish *resisted* Nazism.)
 c. the ***love of*** Jesus shown by you（あなたが示したイエスに対する愛）
his ***love for*** her（彼の彼女に対する愛情）(cf. He *loves* her.)

(**iii**) 名詞形が対応する動詞・形容詞の前置詞を引き継ぐ場合
(**a**) 動詞に対応する名詞形

(4) a. your ***belief in*** what he is doing
（彼がやっていることをよいと君が信じていること）
(You *believe in* what he is doing.)
 b. our ***participation in*** the social movement
（その社会運動に我々が参加すること）
(We *participated in* the social movement.)
 c. his ***fight with*** Tyson（彼のタイソンとの戦い）
(He *fought with* Tyson.)
 d. their ***quarrel about*** who uses the car
（誰が車を使うかについての彼らの口論）
(They *quarrel about* who uses the car.)

動詞が2つの要素をとる場合には，目的語が *of* で示され，残りの部分はそのまま引き継がれます．

(5) a. the Government's ***provision of*** cheap houses ***to*** its young supporters（政府が安価な家屋を若い支持者に供給すること）
(The Government *provided* cheap houses *to* its young supporters.)
 b. their ***comparison of*** the economy of Japan ***with*** that of America
（彼らの日本経済とアメリカ経済の比較）
(They *compared* the economy of Japan *with* that of America.)
 c. their ***distribution of*** fund ***to*** charities（彼らの慈善事業に対する基金配分）(They *distributed* fund *to* charities.)

(**b**) 形容詞に対応する名詞形

(6) a. the ***curiosity about*** the planet on which we live
(我々の住んでいる惑星についての興味：curious about)
b. his ***anxiety about*** the trip to Poland
(ポーランド旅行についての彼の心配：anxious about)
c. a striking ***similarity*** to traditional music
(伝統的音楽とのきわだった類似性：similar to)
d. her ***pleasure at*** being seen
(彼女の見られているという快感：pleased at)

(**iv**) 名詞形に対応する動詞・形容詞がない場合：前置詞の選択は通例，名詞と前置詞の意味関係の適合性によって決まります．

(7) a. your ***reason for*** becoming an actor
(君が俳優になる理由)
b. the French ***custom of*** naming women after flowers
(花にちなんで女性に名前をつけるフランスの習慣)
c. the general ***attitude towards/to*** handicapped people
(ハンディキャップのある人々に対する一般的態度)
d. the main ***advantage over*** other existing products
(他の既存の製品に優る主たる利点)

(**v**) 自動詞に対応する名詞形
(a) 主語が所有格で表される場合，(b) 主語が of によって表される場合があります．

(8) a. *the doctor's* ***arrival*** at school/the ***arrival*** *of the doctor* at school
(医者の学校への到着) (The doctor *arrived* at school.)
b. *God's* ***existence***/the ***existence*** *of God* (神の存在) (God *exists*.)
c. the ***appearance*** *of television* (テレビの出現) (The television *appeared*.)
d. *tomatoes'* ***growth***/the ***growth*** *of tomatoes* (トマトの生長)
(Tomatoes *grow*.)
e. *Michael's* sudden ***emergence*** as a pop singer/the sudden ***emergence*** *of Michael* as a pop singer (マイケルのポピュラー歌手としての突然の出現) (Michael suddenly *emerged* as a pop singer.)

2.2. 名詞形＋不定詞節

名詞形のもとの動詞・形容詞が不定詞節をとる場合，名詞形も不定詞節をとります．

(**a**) 名詞形が動詞に対応する場合

(1) a. his ***decision to*** be a poet-writer (He *decided to* be a poet-writer.)
（作詩家になるという彼の決意）
 b. his ***refusal to*** pay taxes (He *refused to* pay taxes.)
（彼の税金支払いの拒否）
 c. his ***plan to*** climb Mt. Fuji (He *planned to* climb Mt. Fuji.)
（彼の富士山登山の計画）
 d. her ***promise*** (to me) ***to*** clean her room (She *promised* (me) *to* clean her room.)（(私に対する)部屋を掃除するという彼女の約束）
 e. the ***proposal to*** ban fox-hunting (They *proposed to* ban fox-hunting.)（キツネ狩り禁止の提案）

[練習問題2] 日本語に直しなさい．
1. There was once a proposal to build an international airport.
2. She was surprised to hear my decision to travel in Africa.
3. They came to an agreement to cease fire. [cease fire (停戦する)]
4. The Swedish government renewed a promise to close down the nuclear plants within 20 years. [renew（更新する），promise（契約），nuclear plant（原子力発電所）]

[練習問題3] 口頭で英語に直しなさい．
1. アフガニスタン（Afghanistan）にビジネス世界を構築するという彼の計画 (build business world)
2. 祖母の世話をするという彼女の約束 (take care of)
3. 話し合いを継続するという合意 (agreement, talk)
4. チャップリンの運命から抜け出そうとするきちがいじみた企ての数々 (Chaplin, attempts, escape)

(**b**) 名詞形が形容詞に対応する場合

(2) a. her ***quickness*** and ***eagerness*** to learn (be *quick* and *eager to* learn)
（彼女の学習の速さと熱心さ）
b. people's ***willingness*** to eat out (be *willing to* eat out)
（人々が外食することをいとわないこと）
c. this burning ***ambition to*** start his own business (be *ambitious to* start) （彼自身の商売を始めたいというこの燃えるような野心）
d. the ***ability to*** sing and dance (be *able to* sing and dance)
（歌って踊れる能力）
e. our ***inability to*** control our own destinies (be *unable to* control)
（自分の運命をコントロールできないこと）
f. his ***reluctance to*** get involved in trouble (be *reluctant to* get)
（トラブルに巻き込まれることを彼が望まないこと）
g. his ***anxiety to*** leave Bristol (be *anxious to* leave)
（彼がブリストルを離れることを切望していること）
h. people's ***curiosity to*** study things which previously had not been studied (be *curious to* study)
（以前に研究されたことのないことを研究したいという人々の好奇心）
i. Their long journey was broken several times by the ***necessity to*** make repairs to the car. (it is *necessary to* make)
（彼らの長旅は車を修理する必要があっていく度となく中断させられた）

2.3. 名詞形＋that 節

(**a**) 名詞形が動詞に対応する場合

(1) a. I had no ***feeling that*** I was going to change the world with my music. (I didn't *feel that* …) （私は自分の音楽で世界を変えようという気はなかった）
b. There is no ***doubt*** at all ***that*** smoking can seriously damage your health. (We don't *doubt* at all *that* …) （喫煙が健康に深刻な害を与えることに疑いの余地はない）
c. the ***assumption that*** there is something called 'standard English' (They *assume that* …) （「標準英語」と呼ばれるものがあるという仮定）

- d. the ***knowledge that*** every visitor was photographed and every conversation bugged by the Government (Cf. We *know that* …)
  （政府によってすべての来訪者の写真が撮られ，すべての会話が盗聴されていることを知っていること）
- e. The ***belief that*** those who must live by the rules should help make their rules is basic to American society. (Cf. We *believe that* …)
  （規則に従って生活しなければならない人々がその規則の制定に手を貸すのが義務であるという信念は，アメリカ社会にとって基本的なものです）[live by the rules（規則に従って生活する）]

(**b**) 名詞形が形容詞に対応する場合

(2) a. There was a high ***probability that*** the same thing would happen to other people. (It was highly *probable that* …)（同じことが他の人々にも起こる可能性が大いにあった）
  b. the ***certainty that*** sooner or later winds of hurricane force will hit the islands (It is *certain that* …)（遅かれ早かれハリケーン級の大暴風が島を襲うことが確実であること）
  c. They don't admit the ***possibility that*** the newcomer might win. (It is *possible that* …)（彼らは新参者が勝つかもしれないという可能性を認めていない）

2.4. 同格の場合

2.3 節の (a), (b) の場合も同格関係と見なすことができます．ここでは派生形ではない名詞の同格関係を見ましょう (fact, news, opinion, rumor, idea など)．

(1) a. the ***fact that*** he came to England at the same time as I did
  （彼が私が来たのと同じ時期にイギリスにやって来たという事実）
  b. his ***opinion that*** situation is likely to change within six months
  （状況は6ヶ月以内に変化しそうだという彼の意見）
  c. the ***idea that*** safety can and must be managed
  （安全は管理でき，管理されるべきものであるという考え）
  d. the ***rumor that*** the king is unwell
  （国王の体調がすぐれないといううわさ）

e. My husband gave me the ***news that*** my father had died in the village.（父が村で死んだという知らせを夫が私によこした）

2.5. 疑問節をとる名詞

question, problem, doubt, idea, knowledge などの名詞は同格節として疑問節をとりますが，名詞と節の間に前置詞 of, as to, about, concerning などが介在する場合もあります．

(1) a. the ***question*** (***of***) ***whether*** bees can use information about direction（ミツバチが方向に関する情報を使うことができるかどうかという疑問）
   b. the ***problem*** (***of***) ***whether*** the data collected is a true picture of what he is studying.（集めたデータが彼が現在行っている研究の真の姿を反映しているかどうかという問題）
   c. There can be ***no doubt*** (***as to/about***) ***whether*** one is winning or losing.（勝ち負けがあることについては疑いの余地がない）
   d. This way you will have a better ***idea*** (***of***) ***whether*** the job will suit you.（このようにして，その仕事が君に適しているかどうかについてさらによい考えが得られるでしょう）
   e. She could build up a ***knowledge of who*** he was, piece by piece.（彼女は徐々に彼が何者であるかの知識を築くことができた）

練習問題4　日本語に直しなさい．
1. I have a strong feeling that something has happened to her.
2. There can be little doubt that such examples represent the tip of an iceberg. [represent（示す，象徴する），the tip of an iceberg（氷山の一角）]
3. The probability that what you want to happen actually does take place is increasing. [does（強意），take place（生じる，起こる）increase（増加する）]

練習問題5　口頭で英語に直しなさい．
1. 先生としての彼の役割が彼の学生の成功にとって重要であるという事実 (the fact, his role as a teacher, the success of his students)
2. その戦争がすぐに終わるだろうという仮定 (the assumption)
3. 誰が非難されるべきかは疑いの余地のないことだ．(no doubt, be to blame)

2.6. It is a pity that 節

この型には，a fact, a pity, a problem, a wonder, good news などが用いられます．

(1) a. ***It is a pity that*** you can't come. (君が来ることができないのは残念です)
   b. ***It is a fact that*** we often eat much more than we imagine we do.
      (我々は思っているよりも多く食べていることがよくあるのは事実です)
   c. ***It is a wonder that*** losses are not much greater.
      (損失がそれほど大きくないのは驚きだ)
   d. ***It is a problem that*** youngsters don't have much opportunity to get their work. (若者が仕事を得る機会が多くないのは問題だ)
   e. ***It is good news that*** the increase in unemployment last month was the lowest for a year. (先月の失業率の増加が一年間で最低であったのはよいニュースだ)

(2) a. ***It is a mystery why*** such animals were painted in the cave.
      (なぜそのような動物が洞窟の中に描かれていたかはなぞです)
   b. ***It is a question whether*** they will be able to survive for ten days.
      (彼らが10日間生き延びることができるかどうかが問題だ)

2.7. The fact is that 節

この表現は名詞と that 節が同格関係にあるときに可能です．

the truth, the result, the mystery, the question, the problem, the claim, the hope, the possibility, the suggestion, the assertion など

この型では be 動詞に強勢が置かれるので，The fact's that ... のような短縮形にはできません．また，that 節が重要な新情報となっています．したがって，主節の the fact is がいわば修飾語のような働きをし「実際，実は」のように解釈されます．

(1) a. ***The fact is that*** I had never known it until that day.
      (実際私はあの日までそれについてはまったく知りませんでした)
   b. ***The truth is that*** learning new skills takes a lot of time.
      (実際新技術を習得するのには多くの時間がかかります)
   c. ***The problem is that*** they don't know anything about the fact at all.
      (問題は彼らがその事実についてまったく知らないということです)

d. ***The result is that*** the city environment has worsened.
   (結果的には都市の環境はさらに悪化した)
e. ***The question is when, where and how*** he died.
   (問題は彼が何時，どこで，どのように死んだかです)

練習問題6 日本語に直しなさい．
1. The suggestion is that democracy cannot be imposed by force.
   [the suggestion (それが示していること)，impose (押しつける)]
2. The claim is that the islands had belonged to them at some time in the past.
3. The truth is that even one drink can impair driving performance.
   [impair (害する)，driving performance (運転操作)]

さらなる情報

1. discussion には of, about, on が用いられる．discussion about は会話のような議論，discussion of は本格的な議論，discussion on は講義などにおける議論を指すという違いを指摘する説明がある．いずれにせよ of も正用法である．

2. 基本的な派生名詞の一部をまとめておきます．これらを単語の知識として習得しておくととても役に立ちます．

動詞由来の名詞形	
capture (捕らえる，占領する)	capture (捕獲，占領)
conquer (征服する)	conquest (征服)
examine (検査する，検討する)	examination (検査，検討)
destroy (破壊する)	destruction (破壊)
discover (発見する)	discovery (発見)
invent (発明する)	invention (発明)
exist (存在する)	existence (存在)
grow (成長する，栽培する)	growth (成長，栽培)
arrive (到着する)	arrival (到着)
appear (現れる)	appearance (出現)

第3章 名詞の型

emerge (出現する)	emergence (出現)
criticize (批判／批評する)	criticism (批判／批評)
elect (選挙する)	election (選挙)
discuss (議論する)	discussion (議論)
resist (反抗・抵抗する)	resistance (反抗・抵抗)
love (愛する)	love (愛，愛情)
fail (失敗する)	failure (失敗)
believe (信じる)	belief (信念)
quarrel (口論する)	quarrel (口論)
participate (参加する)	participation (参加)
adhere (固執する)	adherence (固執)
apply (適用・応用する)	application (適用・応用)
compare (比較する)	comparison (比較)
distribute (配分する)	distribution (配分)
decide (決心する)	decision (決心)
refuse (拒否する)	refusal (拒否)
attempt (試みる)	attempt (試み)
plan (計画する)	plan (計画)
persuade (説得する)	persuasion (説得)
promise (約束する)	promise (約束)
claim (主張する)	claim (主張)
doubt (疑う)	doubt (疑い)
know (知っている)	knowledge (知識)
order (命令する)	order (命令)
suggest (示唆する)	suggestion (示唆)
require (要求する)	request (要求)
assume (仮定する)	assumption (仮定)
feel (感じる)	feeling (感じ，気持ち)
形容詞由来の名詞形	
ambitious (大望のある)	ambition (大望)
likely (ありそうな)	likelihood (可能性)
possible (ありそうな)	possibility ((高くない)可能性)
certain (確かな)	certainty (確実性)

eager（切望している）	eagerness（切望）
able（能力のある）	ability（能力）
unable（能力のない）	inability（無能）
curious（好奇心のある）	curiosity（好奇心）
necessary（必要な）	necessity（必要性）
true（真の）	truth（真実）
dissatisfied（不満である）	dissatisfaction（不満）
interested（興味がある）	interest（興味）
anxious（心配である／切望している）	anxiety（心配，切望）
amused（楽しい）	amusement（楽しみ）
concerned（関係している／心配がある）	concern（関係，心配）
pleased（楽しい）	pleasure（楽しみ）

【解　答】

練習問題1　1. Columbus's discovery of America, the discovery of America by Columbus
2. Godzilla's sudden appearance, the sudden appearance of Godzilla
3. their exploration of the Amazon, the exploration of the Amazon by them ［前者が普通］

練習問題2　1. かつて国際空港を建設するという提案があった．
2. 彼女は私がアフリカを旅行するという決断を聞いて驚いた．
3. 彼らは停戦の合意に達した．
4. スウェーデン政府は20年以内に原子力発電所を閉鎖すると再度約束した．

練習問題3　1. his plan to build business world in Afghanistan
2. her promise to take care of Grandma (her grand mother)
3. the/an agreement to continue talking (to talk)
4. Chaplin's crazy attempts to escape his fate

練習問題4　1. 私は彼女の身の上に何か起こったという感じが強くする．
2. そのような事例が氷山の一角を表しているに過ぎないことはほとんど疑いの余地がない．
3. 君が起こってほしいと思っていることが実際に起こる可能性が増している．

練習問題5　1. the fact that his role as a teacher is important (vital) to the success of his students
2. the assumption that the war will (would) soon end

3. There is no doubt who is to blame.

練習問題6　1. それが示していることは民主主義は力で押しつけることはできないということです．
2. その主張によれば，それらの島々は過去のある時期彼らのものであったということです．
3. 事実，(酒を) 一杯飲んだだけでも運転操作に支障が出ることがあります．

第4章　発話型の基本文型，解釈型の5文型

いわゆる5文型が日本のように英語教育に浸透している国はめずらしい．しかしながら，5文型の本質を考えてみると学習文法の基礎として適切であるかどうか疑わしい点があります．基本文型と5文型の違いは，基本文型は文を生成する発話型であるのに対して，5文型はすでに存在する文を解釈する解釈型であるという点です．

5文型はSVOのように規定されますが，ここで用いられているS（主語）やO（目的語）は文法機能と呼ばれるもので，文を構成する要素が文中で果たす役割を表しています．たとえば，The man ate an apple. はSVOと分析されますが，それはこの文が次のように分析されることを前提としています．

(1)　The man — ate — an apple.
　　　　S　　　V　　　O

それではこの文がこのように分析できるのはなぜかと言えば，英語の基本文型がNP–V–NPとなっているからです．もし，SもOも名詞に限定されるのであれば，SVOもNP–V–NPも同じことを述べていることになります．しかしながら，5文型では動詞がとる名詞も不定詞もthat節もすべてOとみなすので，次の文はすべてSVOであることになります．

(2)　a.　The man ate *an apple*.
　　　b.　The man tried *to lift the piano*.
　　　c.　The man thinks *that she is a kind person*.

しかしこれらの文をすべてSVOと分析する文型は，学習者から見るときわめて活用しにくいものです．というのは，SVOのOは単に名詞を指すのではなくて，名詞も不定詞もthat節も指すので，SVOの文型を習得しても直ちにこれを活用して発話を行うことはできないからです．具体例を見ましょう．

第3文型SVOを憶え，O＝名詞，不定詞，that節の関係を習得したとしましょう．そうすると，学習者は次の文をすべてSVOの正しい文とみなします．

(3)　a.　I admire *your punctuality*.　[V＋名詞]
　　　b.　*I admire *that you are punctual*.　[V＋that節]
(4)　a.　I tried *to move the heavy sofa*.　[V＋不定詞]

b. *I tried *that I would move the heavy sofa.*　[V + that 節]
(5) a.　I think *that you are wrong.*　[V + that 節]
　　　b. *I think *your being wrong.*　[V + 動名詞]

これらの文の動詞の直後の要素はすべて O なので，SVO の文型に適合しているからです．このように，SVO と O = 名詞，不定詞，that 節の知識からでは，これらの文はすべて正しい文とされ，正しい文とそうでない文の区別をすることはできません．その区別をするためには，admire は目的語に名詞をとるが that 節はとらないこと，try は不定詞をとるが that 節はとらないこと，think は that 節をとるが動名詞はとらないことを知らなければなりません．これらの情報は5文型とは無関係にどのみち必要な情報です．そして学習者がこの情報を習得してしまうと，SVO という概念はもはや何の役にも立たず，不要な概念となります．
　これに対して，統語範疇（品詞）を用いた基本文型はどうでしょうか．

(6)　NP + V + NP/PP/節

この基本文型は英語の動詞が要素を1つだけ必要とする場合，その要素は名詞句と前置詞句と節の3つだけであると規定しています．その具体例が (7) です．

(7) a.　John likes *apples.*　[V + 名詞句]
　　 b.　John talked *about the politics.*　[V + 前置詞句]
　　 c.　He thinks *that Mary is wise.*　[V + that 節]
　　 d.　He tried *to move the piano.*　[V + 不定詞節]
　　 e.　The soldiers stopped *marching.*　[V + 動名詞節]

それぞれの動詞は，like が名詞句を，talk が前置詞句を，think が that 節を，try が不定詞節を，stop が動名詞節をとるという情報をもっています．この情報はどのような文型を用いるにしても学習しなければなりません．そして，各動詞がもつこのような情報と基本文型 (6) が与えられると，学習者は (7) の文を作り出すことができ，正しくない文を作り出すことはありません．このように基本文型と動詞の性質を学習すると正しい文を発話することができます．そうすると，SVO の文型や O が指す内容の情報はもはや不必要になります．
　もう少し複雑な例でも同様のことが言えます．第4文型 S-V-IO-DO を見ましょう．もし IO = 名詞，DO = 名詞のような単純な関係であれば問題は生

じませんが，5 文型では次のような S-V-O-to 不定詞も第 4 文型として分析し，不定詞を直接目的語 (DO) とみなします．

(8) a. We asked him *to come again*. [S-V-IO-DO]
    b. I taught them *to swim*.

この不定詞は that 節に書き換えることができます．

(9) a. I told them *to keep quiet.* = I told them *that they should be quiet.*
    b. I warned him *to be punctual.* = I warned him *that he should be punctual.*

したがって，第 4 文型の DO は名詞，不定詞，that 節ということになります．そして，学習者がこの第 4 文型 S-V-IO-DO と DO = 名詞，不定詞，that 節の情報を学習すると，この文型に属する offer, give, allocate などの典型的な二重目的語動詞から，次のような不適格な構造を正しい第 4 文型の文として発話する可能性があります．

(10) a. *He offered her to carry her package.
       (彼は彼女に荷物を運ぼうと申し出た)
     b. *They allocated him to clean the bathroom.
       (彼らは彼に浴室の清掃を割り当てた)

これらの文は，意味上不適格な点はないので，5 文型による分析では排除できません．一方，基本文型ではこのようなことは起こりません．offer や allocate は V-NP-NP の文型にしか現れないからです．

　このような違いが生じる理由は，5 文型と基本文型の考え方が根本的に違っているからです．機能範疇（主語，目的語，補語など）に基づく 5 文型は，文の構成要素があらかじめ分かっていて，その要素に目的語や補語などの機能範疇を割り振るものですから，本来解釈的であって発話（生成）的ではありません．すでに英語をよく知っている人が文を解析し整理するのには役に立つかもしれません．英語を知っている人の側に立つ分析方法であると言ってよいでしょう．たとえば，英文法の筆者にとっては，名詞，*that* 節，不定詞を一括して O として表すことができるので（見た目の）一般化を表すことができ，「英語の文型のまとめ」として用いるのには好都合です．しかし学習者から見ると，これはきわめて活用しにくいものです．すでに述べたように，SVO の O は単に名詞を指すのではなくて，名詞も不定詞も that 節も指すので，SVO

の文型を習得しても直ちにこれを活用して発話を行うことはできないからです．
　これに対して，統語範疇（名詞句，前置詞句，that 節など）に基づく文型は，そもそも発話の型を学習するためのもの，つまり文を生成するという観点から提示されたものなので，基本文型と動詞の特性が与えられれば新しい文を作ることができる発話型の文型です．
　2つの文型のこのような性質の違いが明らかになると，発話を中心とするコミュニケーションを目的とする英語教育にとっては，基本文型を用いるのがより効果的であることは明らかであると思われます．（より詳しい議論については「参考文献」の中村捷（2018）を参照）

参考文献

池内正幸・窪薗晴夫・小菅和也（編）(2018)『英語学を英語授業に活かす——市河賞の精神を受け継いで』開拓社，東京．

江川泰一郎 (1964, 1991)『英文法解説』金子書房，東京．

藤田耕司・松本マスミ・児玉一宏・谷口一美（編）(2012)『最新言語理論を英語教育に活用する』開拓社，東京．

長谷川信子（編）(2015)『日本の英語教育の今，そして，これから』開拓社，東京．

細江逸記 (1917)『英文法汎論』文会堂，東京．

伊藤裕道 (1993)「日本における「5 文型」形成の再檢討——ネスフィールド・齋藤秀三郎の再評価——」『英語文学論集』第 15 号，日本大学大学院英語英文学研究室，63-82．

井上義昌（編）(1971)『英米語用法辞典』開拓社，東京．

宮川幸久・林龍次郎（編）(2010)『アルファ英文法』研究社，東京．

宮脇正孝 (2012)「5 文型の源流を遡る——C. T. Onions, *An Advanced English Syntax* (1904) を越えて」『専修人文論集』90, 437-465．

永井典子 (2015)「『中学校指導要領』の検討　新たな英語文法教育を目指して」長谷川信子（編），356-377．

中村捷 (2012)「句構造の重要性」『最新言語理論を英語教育に活用する』，藤田耕司・松本マスミ・児玉一宏・谷口一美（編），2-11，開拓社，東京．

中村捷（編著）(2016)『名著に学ぶ　これからの英語教育と教授法：外山正一・岡倉由三郎・O. イェスペルセン・H. スウィート』開拓社，東京．

中村捷 (2017)『実例解説英文法』(第三刷) 開拓社，東京．

中村捷 (2018)「5 文型は学習上役に立たない」『英語学を英語授業に活かす』，池内正幸・窪薗晴夫・小菅和也（編），開拓社，東京．

Quirk, R., S. Greenbaum, G. N. Leech and J. Svartvik (1985) *A Comprehensive Grammar of the English Language*, Longman, London.

Saito Hidesaburo（齋藤秀三郎）(1893) *English Conversation-Grammar.*［『新版英会話文法』齋藤秀三郎（著），松田福松（編）（吾妻書房）（昭和 28 年初版）］

Saito Hidesaburo（齋藤秀三郎）(1898-1899) *Practical English Grammar, Volumes I-IV*, Kobunsha, Tokyo.［『実用英文典』(2015) 中村捷（訳述），開拓社，東京］

Saito Hidesaburo（齋藤秀三郎）(1899) *New Text-Book of English Grammar.*［『新標準英文典』(1934) 正則英語学校出版部（訳編）］

高橋勝忠 (2017)『英語学を学ぼう——英語学の知見を英語学習に活かす』開拓社，東京．

有働眞理子 (2012)「言語学の知見を学校英語教育に活用するということ」藤田耕司・松本マスミ・児玉一宏・谷口一美（編），24-33，開拓社，東京．

安井稔 (1988)『英語学と英語教育』開拓社，東京．

データベース

British National Corpus（2000）
Corpus of Contemporary American English

教材の出典

『レジェンド英語長文問題集 I』Paul Snowden（1994），開拓社，東京．
　　"The People of Pompeii"（Lesson 10）
　　"Audrey Hepburn：Some Highlights of Her Career"（Lesson 11）
『レジェンド英語長文問題集 II』Paul Snowden（1995，開拓社，東京．
　　"April Fish"（Lesson 1）
　　"Literature and the Brontë Sisters"（Lesson 7）
　　"Two Cheers for Democracy"（Lesson 12）
『ナショナル第四読本研究』（1938）熊本謙二郎，喜安璉太郎（共編），東京研究社発行．
　Volume I
　　"I'm Going to"（Part I）（Lesson I）Vol. I, 1
　　"I'm Going to"（Part II）（Lesson II）Vol. I, 27
　　"The Bean and the Stone"（Lesson III）Vol. I, 64
　　"An Adventure with Dusky Wolves"（Lesson VI）Vol. I, 128
　　"An Adventure with a Shark"（Lesson XV）Vol. I., 257
　　"A Legend of the Northland"（Lesson XVI）Vol. I, 282
　Volume II
　　"Ali, the Boy Camel Driver"（Lesson XXI）Vol. II, 7
　　"A Queer People"（Lesson XXIII）Vol. II, 48
　　"The Hidden Treasure"（Lesson XXVL）Vol. II, 100
　　"Air"（Lesson XXX）Vol. II, 155
　　"Why an Apple Falls"（Lesson XXXV）Vol. II, 259
　　"The Jaguar"（Lesson XXXVII）Vol. II, 285
　　"A Forest on Fire"（Lesson XLII）Vol. II, 381
　　"A Ghost Story"（Lesson XLV）Vol. II, 427
　Volume III
　　"Halbert and His Dog"（Lesson LI）Vol. III, 31
　　"The Caterpillar and Butterfly"（Lesson LIII）Vol. III, 76
　　"Wild Horses of South America"（Lesson LIV）Vol. III, 79
　　"An Emperor's Kindness"（Lesson LV）Vol. III, 106
　　"The Story of Detroit"（Lesson XLVII）Vol. III, 305
　　"Making Maple Sugar"（Lesson LXX）Vol. III., p. 340.
（『第四読本』はかなり古い文献であるので，教材として英文が古くないかと心配される

読者もあるかもしれない．しかしその心配はまったくない．英文法の中核部分は 19 世紀以降まったく変わっていないし，この当時の英文は格調高い名文が多いという大きな利点もある）

索　引

1. 日本語はあいうえお順．英語（で始まるもの）は ABC 順．
2. ～は，事項索引では直前の見出し語を代用し，語句索引では任意の語句を表す．
3. 数字はページ数を表す．ff は次ページ以後に続くの意味．

1．事項索引

［あ行］

移動動詞　231, 235
埋め込み節　13, 14
影響性（の条件）　196, 197, 231
驚き・戸惑いの should　291
重い要素　232
　　～の移動　267

［か行］

獲得動詞　229
過去完了形の用法
　　（完了・結果）　140
　　（経験）　140
　　（継続）　140
　　（前後関係）　141
過去完了進行形　141
活動動詞　254, 255
仮定法　144ff
仮定法過去　145
仮定法過去完了　148
仮定法未来　147
感覚動詞　192
関係節　44
　　～と冠詞　56

　　～の移動　49
　　～の成り立ち　44
　　～の非制限用法　51ff
関係節形成法　54
関係代名詞
　　～が他の要素を伴う場合　53
　　～の種類　45
　　～の省略　48
　　～の長距離移動　46
　　that の性質　54
関係副詞　68ff
　　～としての that　78
間接疑問文縮約　101
完了形　133
完了不定詞（to have＋過去分詞）　22
完了分詞形（having＋過去分詞）　39
祈願文の倒置　83
基本文型
　1（NP-V）　188
　2（NP-V-C）　192
　3（NP-V-NP/PP/Sn）　195
　4（NP-V-NP-XP）　226
　5（NP-V-PP-Sn）　264
　　～のまとめ　186
義務・責務の should　291
疑問文における倒置　83

321

322

旧情報　232
供給・贈与動詞　236
強勢　3, 98, 100, 102, 103, 157, 307
強調構文　2
　〜における that と who　4
　〜の解釈法　3
　〜の成り立ち　2
強調要素　3
空所　44
形容詞
　〜の型　280
　〜の限定用法　279
　〜の叙述用法　279
　〜由来の名詞形　309
結果構文　241
現在完了＋since＋過去形　138
現在完了形
　〜と副詞　136
　〜と状態動詞　135
　〜の用法　134
現在完了形の用法
　（完了・結果）　134
　（経験）　134
　（継続）　135
現在完了進行形　135
行為動詞　96
交換動詞　238
後方照応　57

[さ行]

最上級
　「でさえ」の意味　118
　〜で the を省略　120
　〜の用法　117
支え語　99
差し替え動詞　238
使役動詞　20, 227, 243, 245, 248
　〜のまとめ　247
時制

〜のある文　13
〜のない文　13
時制要素　13, 14, 29
自動詞　188
主語＋be 動詞の省略　105
受動文　85ff
　〜の原則　89, 90
　〜とイディオム　94
　〜と文型　88ff
　〜にならない動詞　96
　〜の意味　93
　〜の使用理由　87
　〜の成り立ち　85
授与動詞　228
条件文　145
状態受動文　93
状態動詞　172, 192, 254, 255
状態変化動詞　96, 188
焦点　4
情報の流れ（順序）　80, 232
省略構文　98ff
省略の基本原則　98
除去動詞　237
叙述用法の最上級　117
助動詞の用法　154
新情報　232
心理動詞　198
数・量の同等比較　110
制限関係節　52
性質の同等性　111
絶対比較級　116
先行詞　44
　〜を含む who　65
　〜を含む関係代名詞（what など）　60ff
前置詞句前置による倒置　83
前置詞を伴う関係代名詞　50
前提　4
創作動詞　229

索　引　　　323

[た行]

態の変換　96
代用の意味の動詞　238
他動詞　188
小さな節　13, 14, 16
知覚動詞　227, 243
　　〜の構造　244
抽象名詞　33
強めの most　120
定形文　17
同格関係　305
同義関係　258
動作受動文　93
動詞
　　〜による前置詞選択　202
　　〜の原形　14
　　〜由来の名詞形　308
　　〜を含む中間部の省略　102
　　〜＋目的語と動詞＋前置詞句の意味の
　　　違い　197
動詞句省略　99
倒置　80
　　〜による仮定表現　150
　　〜の機能　81
　　〜の種類　83
同等比較　108ff
動名詞
　　〜の一般的性質　204
　　〜の完了形　32
　　〜の基本形　29
動名詞節　14, 15, 29ff
　　〜の意味上の主語　31
　　〜の時の表し方　32
　　〜の主語　30
　　〜の否定　32
独立文　13

[な行]

二重目的語　228
能動受動文　95

[は行]

派生名詞　298
判明動詞　192
比較級
　　〜による比較　113ff
　　〜の強調詞　120
比較構文　108ff
　　〜における省略　114
　　〜の基本　113
非制限関係節　52
　　〜が文を先行詞とする場合　53
　　〜の意味　52
非定形文　17
否定
　　〜の基本　123
　　〜の原則　127
否定辞
　　〜前置と倒置　83, 129, 130
　　〜前置による感嘆文　131
　　〜の一般的性質　204
　　〜の位置　127
　　〜の little　131
否定文　123
副詞
　　〜の最上級　118
　　〜の前置に伴う倒置　82
付帯状況の with　41, 42
2つの前置詞をとる動詞　203
普通名詞　33
不定詞関係節　24
不定詞節　14, 18ff
　　（結果）　26
　　（〜するために）　26
　　（判断基準）　26

〜の基本形　18
〜の主語　19
〜の時の表し方　21
〜の否定　21
〜の用法の区分　27
部分否定　124
分詞節　14, 15, 16, 36ff
〜の時の表し方　39
〜の主語　37
〜の being の省略　38
〜の表す意味　40, 42
〜の基本形　36
〜の否定　39
文
〜の種類と形式　14
〜の定義　13
文否定　123
変化動詞　192
補語　192
〜と主語の入れ替え　83
〜や副詞の前置による倒置　83

[ま行]

名詞
〜の型　299
〜＋wh 節　306
名詞句
〜と文の関係　298
〜における省略　103
名詞形＋that 節　304
〜＋前置詞句　300
〜＋不定詞節　303
名詞的動名詞　33
物の移動　234

[や行・ら行]

予備の it　6, 9, 11
料理の動詞　229

[英語]

A is to B what C is to D の構造　65
after, before と過去完了形　142
as 以下の省略　111
believe タイプの受動文　91
be 動詞の3用法　193
can have＋過去分詞　164
cannot have＋過去分詞　164
can の意味と構造　165
can の用法　163
expect の構造と意味　254
get 受動文　93
how の名詞節用法　75
I wish＋仮定法過去　147
I wish＋仮定法過去完了　150
if only＋仮定法過去　147
if only＋仮定法過去完了　150
if S should　147
if S were to　147
if が明示されない仮定法　152
if の省略に伴う倒置　83
it ... that 構文の動詞　273
it ... that 構文の意味　275
It is a pity that 型　307
It is believed that 型　90
it is easy の書き換え　292
it is kind of の書き換え　294
it is likely の書き換え　289
It is true ... と That ... is true の違い　7
it is wonderful の書き換え　293
It is＋形容詞＋that 節　288
It is＋形容詞＋不定詞節　292
John is believed to 型受動文　91
less による比較　115
live の完了形　138
may have＋過去分詞　168
may not の構造　168
may の意味と構造　169
may の用法　166

索 引

must have + 過去分詞　173
must と否定　174
must の用法　170
need not have + 過去分詞　177
need の助動詞用法　176
need の本動詞用法　177
NP-V　188
NP-V-C（補語）　192
NP-V-NP　196
NP-V-PP　201
NP-V-that/wh　205
NP-V-動名詞節　220
NP-V-不定詞節　216
NP-V-NP-NP（call タイプなど）　233
NP-V-NP-NP（二重目的語）　228
NP-V-NP-PP　234
NP-V-NP-that/wh　261
NP-V-NP-動詞要素　243
NP-V-NP-不定詞節（I）　250
NP-V-NP-不定詞節（II）　256
NP-V-NP-不定詞節の構造と根拠　258
NP-V-NP-補語　239
NP-V-NP/PP/Sn　195
NP-V-PP　201
NP-V-PP-that/wh　265
NP-V-PP-不定詞節　266
NP-be-形容詞-前置詞句　281
NP-be-形容詞-that 節　283
NP-be-形容詞-不定詞節　285
pattern practice の欠点　4
say タイプの受動文　92
seem と否定　276
should have + 過去分詞　181
should の用法　181
should を伴う that 節　291

SVO の問題点　313
SVOC　17
SVOC の問題点　242
than 以下の省略　115
The fact is that 型　307
the second 最上級　119
the + 最上級　117
there 構文と情報　271
there 構文の機能　80
there 構文の動詞　269
think タイプの構造　240
think タイプの構造と意味　253
turn out と否定　276
up などの前置による倒置　82
V + PP の受動文　89
What … is A　5
whatever の譲歩の意味　63
what の疑問詞から関係代名詞への推移　66
what の形容詞用法　64
when 節の成り立ち　69
when の叙述用法　71
when の副詞節用法　70
when の名詞節用法　70
when の用法　69
where 節の成り立ち　72
where の叙述用法　74
where の副詞節用法　74
where の名詞節用法　73
why の名詞節用法　76
will と shall　155ff
will の意味と構造　154
would have + 過去分詞　180
would と should　178ff
would の用法　179

2. 語句索引

[A]
a few days ago 136
a lot 120
abhor 200
ability 304, 310
able 286
able タイプ 286
absent from 283
acknowledge 212, 213
acknowledge タイプ 212
adapt to 201
adherence 309
admirable 291
admire 200
admit 212, 213, 223
advance 191
advantage 302
advise 256, 257, 260, 261, 262
affirm 207
afraid of 281
after 142
agree 217
agree タイプ 217
aim at 201
alarming 291
all … not 128
all this was done 85
allow 223, 251, 252, 255
allow タイプ 250, 251
already 136
alter 191
always 136
always … not 127
amaze 198
amazed 285, 294

amazed at/by 199
ambition 304, 309
amuse 198
amused 285
amusement 310
an hour, and 153
anger 198
angry タイプ 285
angry 284, 285
angry at 281
announce 207
annoying 291
anxiety 298, 302, 304
anxious 280, 284, 285, 287
anxious タイプ 285
apparent 290
appeal to 266, 268
appear 193, 270, 273, 277
appear タイプ 270
appearance 302, 308
application 309
apply to 201
appoint 233, 234
appoint タイプ 233
appreciate 223
appropriate for 282
approve of 202
apt 286, 287
apt タイプ 286
argue 207
arise 270, 271
arrange 216
arrange for 201
arrival 299, 302, 308
arrive 270

as 〜 as 109
as 〜 as ever 110
as if about to rise 105
as kind as … honest 111
as many 〜 as 110
as many as 111
as much 〜 as possible 111
as stingy as … rich 111
as thin as … fat 111
ashamed 285
ashamed of 281
ask 214, 215, 228, 256, 257, 260, 262,
ask タイプ 261, 262, 263
ask about 90
ask for 201
assert 208
assertion 307
assume 253
assumption 304, 309
assure 261, 263
astonish 198
astonished 284, 285
attempt 216, 309
attend to 89
attitude 302
attractive 293
avoid 220, 221
awake 191
awaken 191
aware of 281
away 82
awful 291
awkward 291

索 引

[B]
bad　294
bad at　281
bake　190, 229
bake タイプ　229
baptize　233
be　269
be タイプ　192, 269
be/become known to　93
be/get acquainted with　93
be/get hurt　93
be/get kicked　94
be/get married　93
bear　220, 221
bear/avoid タイプ　220
become　96
become タイプ　192
before　136, 142
begin　217, 221, 225
begin タイプ　221
begin by/with　202
begin/continue タイプ　217
belief　301, 305, 309
believe　205, 253
believe タイプ　20, 91
believe in　197, 202
belong to　201
bend　190
bend クラス　190
bitter　293
blacken　191
blind to　282
boast of　202
boil　190, 229
bored　285
boring　293
bother　198
break　189

break クラス　189
break easily　95
brighten　191
bring　228, 229, 235
broaden　191
broil　190
brown　191
build　229
building　33
burn　191
burst　191
but for　153
buy　229

[C]
call　229, 233
call タイプ　226, 233
call for　201
call on　266
can　154, 163, 164, 165
can have p.p.　164
Can I?　167
cannot　163, 173
cannot have p.p.　164
can't help　220
can't help but　221
can't seem　276
capable　286
capture　308
catch　229
catch ... by　198
cause　245, 246, 247
cease　222, 225
certain　7, 284, 289
certainty　305, 309
chance　191, 273
change　191
chip　189
claim　299
claim (n.)　307, 309

clean　191, 238
clear　9, 10, 191, 238, 281, 290
clear タイプ　238, 290
clever　294
close　191
close to　282
collapse　191
come　193, 235, 270
come from　202
come upon　202
comfortable　293
comfortable タイプ　293
comparison　301, 309
compel　251
compete with　202
competent　286
complain　208
complain of　202
concern (n.)　310
confused　285
conquest　308
conscious　284
conscious of　281
consent　217
consider　205, 224, 239, 242, 253, 255
considering　38
contemporaneous with　282
continue　217, 222, 223, 225
contract　191
convince　256, 261, 263
convince タイプ　261, 263
cook　190, 229, 230
cook クラス　190
cool　191
cost　96

count on   202, 266, 268
crack   189
crash   189
crazy   294
crease   190
crimson   191
crinkle   190
criticism   300, 309
crucial to   282
crumple   190
cry for   201
cure   237
curiosity   302, 304
curious   287, 291
custom   302
cut   229

[D]
dampen   191
dangerous   292
darken   191
deal with   201, 202
decide   212, 213, 216
decision   299, 303, 309
declare   208
decrease   191
deepen   191
degrade   191
delay   222
delay/continue タイプ
   222
delete   237
delighted   285
depend on   89, 202, 266
depressing   291
deprive   237, 238
deprive タイプ   237
designate   233, 234
destruction   299, 300, 308
determine   216

detest   200, 220
develop   270
die of   202
different from   283
difficult   10, 292
dirty   191
disallow … from   223
disappoint   198
disappointed with   199
disappointing   291
discouraged   285
discover   210
discovery   300, 308
discussion   300, 301, 309
dislike   200, 220
dissatisfaction   310
dissolve   191
distribution   301, 309
disturbed   286
double   191
doubt   205, 207
doubt (n.)   304, 306, 309
doubtful   8, 10
down   82
drain   237
drawing   33
dream of   202
drive   240, 241
drive easily   95
dry   191
dwell   269

[E]
eager   285, 287, 296
eager タイプ   287
eagerness   304, 310
earn   229
ease   237
easy   10, 292, 296
easy タイプ   292

economical   281, 293
effective   293
eject   237
elect   233, 234
election   300, 309
embarrassed   286
emergence   302, 309
empty   238
encourage   198
end up   222, 225
endure   220, 221
enjoy   223, 224
enlarge   191
entitled   286
envious of   281
equal   96
equal to   282
equivalent to   282
escape   96, 220
essential   291
even   120
even the best/cheapest
   118
ever   136
evident   290
examination   300, 308
exchange   238
excited   286
excuse   223
exile   237
exist   269
existence   302, 308
expand   191
expect   216, 251, 254
expensive   293
explain to   265, 267, 268
explicit   290

[F]
fact   299, 305, 307

索引

fade 191
fail 216, 219
fail in 202
failure 309
false 290
famous for 282
far 120
far from 283
fascinate 198
fear 200
fear to/-ing 224
feed on 202
feel 193, 244, 253
feeling 304, 309
fetch 229
fight 301
fight against ... for ... 203
fight for ... against ... 203
fight with 202
figure 205, 239, 253
find 210, 229, 240, 242, 253
finish 222
fit 96
fit for 282
fix 229
flatten 191
fling 228
flip 228
fond of 281
foolish 294
for 136
force 251, 252
forget 217, 218
forgetful of 281
fracture 189
free from 283
freeze 191

freshen 191
frighten 198
frightened of/at/by/with 199
frightening 291
from where 102
fry 190
full of 281
furious 285
furnish 236

[G]
gain 229
get 193, 194, 229, 240, 243, 249
get acquainted 93
get entangled 94
get hurt 93
get kicked 93
get killed 94
get married 93
get mixed 94
get to 188, 201
get（使役動詞） 245, 246, 247
get タイプ 229
give 228
give タイプ 226, 228, 230, 231, 232
glad at/about 281
go 193, 235
go about 201
go on 222
go on to 223
go through 202
go with 202
go without 202
good 294
good at 281
good for 282

grab ... by 198
grant 212, 213, 228
granting that to be true 38
grasp at 197
gray 191
green 191
grill 190
grow 191, 193, 270
growth 302, 308
guarantee 212
guess 205, 207, 240, 253

[H]
had better 175
had better not 175
had it not been for 150
halt 191, 222
hammer 241
hand 228, 235
happen 218, 219, 274, 277
happen to 195, 201, 203
happen タイプ 273, 274
happy 281, 284, 285
happy タイプ 284
happy at/about 281
hard 281, 292
harden 191
hardly 130, 131
hardly ... when/before 130
hardly ever 130
hasten 191
hate 96, 200, 217, 220, 250
have 96, 243, 249
have（使役動詞） 243, 245, 246, 247, 248, 249
have been 138

He shall   155, 158
He will   155, 156
hear   243, 244, 245, 248
hear about   201
hear of   90, 202, 203
help   245, 246, 247
helpful   8
here   82
hesitant   217, 285, 287
hesitate   217
higher education   116
hire   229
hit … on   198
hope   217
hope (*n.*)   307
horrified   285
horrify   199
how   75
hunting   300
hurtful to   282

[I]
I don't think   206, 276
I shall   155, 157
I think I know   206
I think I will   206
I will   155, 156
I wish   147, 150
idea   305, 306
identical with/to   282
if   145
if any   105, 106
if necessary   105, 106
if only   147, 150
if possible   105, 106
if S should   147
if S were to   147
ignorant of   281
imagine   205, 207, 224, 240, 253

impatient   286
imperative   291
implicit   290
impossible   289, 292
improbable   289
improve   191
improvement   300
inability   304, 310
inclined   286, 287
increase   191
indicate to   265, 267
indifferent to   282
indignant at   281
infamous for   282
inferior to   283
inform   261, 262
inquire   214
insist   208
install   235
intend   216, 250, 251
interest   199
interest (*n.*)   310
interested in   199
interesting   10
invention   298, 300, 308
investigation   298
investigate   214
ironic   8
it is argued that   209
it is believed that   90
it is insisted that   209
it is reported that   209
it is said that   208
it is stated that   209
it is true   6

[J]
John is believed to   91
judging from   38
just   136, 137

just now   136

[K]
keep   193, 194, 222
keep from   202
kick   228, 235
kind   281, 294, 295, 296
kind タイプ   294
kiss her cheek   198
kiss her on the cheek   198
knit   229
know   210, 215, 253
know タイプ   209
know about   201
know of   202
knowledge   305, 306, 309

[L]
lack   96
late for   282
lately   136
laugh at   89, 195, 201, 203
lead to   201
learn   210, 216, 219
learning   33
lease   228
leave   229
leave for   201
lend   228
lengthen   191
less   112, 115
let   243, 245, 246, 247
liable   286
lighten   191
like   96, 200, 217, 220, 250, 251, 255
like タイプ   200, 220
like to/-ing   224

索　引

likelihood　309
likely　289
likely タイプ　289
listen to　201, 244, 248
little　129
live　138, 269
live on　202
load　236
load タイプ　236
loan　228
loath　285
long for　201
look　193
look after　89
look at　201, 244
look for　201
look to　89, 266, 268
loose　191
loosen　191
love　200, 217, 220, 301, 309

[M]

mad at　281
mail　228, 235
make　229, 240, 241, 242, 243, 245, 246, 247, 249
make タイプ　9, 229, 240
make efforts to　95
make it a rule to　10
make it clear　9, 10, 11
make it possible　9
make much of　95
make up one's mind　216
make use of　95
manage　219
manage タイプ　218
matter　8
mature　191
may　154, 166, 167, 168, 169
may have p.p.　168
May I?　167
may not　166, 167, 168, 169, 170
may not have p.p.　169
mean　216
meet with　197, 202
melt　191
mind　220
miss　220
mistake　7
most　120
much　120
must　154, 171, 172, 173, 174, 175, 177, 182
must have p.p.　173
Must I?　172
must not　167, 172, 173, 174, 175
mystery　307

[N]

name　233
narrow　191
necessary　291
necessary タイプ　291
necessity　304, 310
need　176, 177
Need I?　176
need not　171, 172, 176, 177
need not have p.p.　177
need to　177
neither　125
never　123, 130, 131, 136
never before　129
never in my life　130
news　306, 307
nice　293, 294

nice ～ ing　8
nickname　233, 234
no　123, 124
no one　124
no sooner ... than　130, 131
no use ～ ing　8
nobody　124
nominate　233, 234
none　126, 128
not ... anything　124
not ... at all　123, 125
not a word　129
not all　126, 127
not always　124, 125, 126, 127
not both　125
not completely　126
not entirely　126
not every　126
not exactly　127
not have to　172, 174, 175
not need to　177
not really　126, 127
not so often　127
not totally　125
not until now　131
not very much　127
note　210, 211
nothing　124
notice　210, 211, 244
now　136
nowhere　130

[O]

object to　90
observation　300
observe　210, 244
obvious　290
of late　136

332

of which   45
offer   228
often   136
omit   237
on no account   129, 130, 131
one more such loss, and   153
only in this way   130
only rarely   130
only recently   130, 131
open   189, 191
operate on   202
opinion   305
order   251, 252
order (n.)   309
ought not to   175
ought to   175

[P]

painting   33
participation   301, 309
pass   228, 235
pay   228
pay attention to   95
pay for   201
permit   223, 251, 255
permit/prohibit タイプ   223
perplexed   286
persuade   256, 257, 261
persuade タイプ   227
persuasion   309
pile   236
pitch   235
pity   299, 307
place   235
plain   290
plan   216, 303, 309
plead with   266, 268

pleasant   285, 293
please   199
pleased   284, 285
pleased at/about   281
pleased with   199
pleasure   302, 310
polite   294
position   235
possess   96
possibility   305, 307
possible   9, 289, 292
postpone   222
pour   229
practice   223, 224
prefer   96, 217, 220, 250
prepare   229
prepare for   195, 197
prevent   223, 236
prevent … from   223
probability   305
probable   7, 289
problem   306, 307
prohibit   223
prohibit … from   223
promise   228, 256, 257, 258, 260, 303
promise (n.)   309
prone   286
proper for   282
proposal   303
propose   216
propose to   265
proud of   281
prove   193, 194, 275, 277
prove タイプ   193, 273, 275
prove not   276
provide   236
provide タイプ   226, 236
provision   301

purple   191
push   241
put   235
put タイプ   226, 235
put off   222, 225
put up with   90
putting it simply   38

[Q]

qualified   286
qualified for   282
quarrel   301, 309
question   214, 215
question (n.)   306, 307, 308
quickness   304
quit   222

[R]

raise   189
rarely   130
reach   188
reach for   201
read   228
read easily   95
reading   33
ready for   282
realize   210, 211
reason   302
reasonable   293
recall   210
recently   136
recommend   223, 224
redden   191
refrain from   202
refusal   217, 303, 309
regrettable   293
relate to   201
relevant to   282
relieve   237

reluctance 304
reluctant 285, 287
rely on 89, 202, 266
remain 193, 269, 271
remember 210, 217, 218, 219
remember タイプ 217
remember to/-ing 224
remind 261
remove 237
remove タイプ 237
render 240, 241, 243
rent 228, 229
replace 238
report 208
request 256, 261
request (*n.*) 309
require 251
resemble 96
reside 269
resistance 301, 309
resolve 216
rest on 202
result 270, 307
result (*n.*) 308
result in 202
return 228
rid 237, 238
ring 189
rip 190
ripen 191
rise 189
roast 190
rob 237
rumor 305
rumple 190

[S]
sad at/about 281
satisfied with 199

satisfy 198, 199
say 208, 230, 231
say タイプ 91, 207
say to 265
scarcely ... when/before 130
scare 199
scared of 199
search for 197
seat 96
see 210, 211, 243, 244
see fit 218
seem 193, 273, 277
seem タイプ 192, 273
seem not 276
seldom 130
sell 228
send 228, 229, 231, 235
send タイプ 228, 230, 231, 235
separable from 283
separate from 283
set 240
shall 157, 158, 159, 160
Shall he? 160
Shall I? 159
Shall you? 159
sharpen 191
shatter 190
ship 228
shocked 284, 285
shocking 291
shoot 189, 228
shoot at 189, 197
shorten 191
should 175, 177, 180, 181, 182
should have p.p. 181
should not 175
shout to/at 266, 268

show 228, 261, 262, 263
shrink 191
shut 191
similar to 282
similarity 302
since 136, 138, 139
sink 191
slap ... on 198
slow 191
smart 294
smash 190
smell 193, 244
smooth 191
snap 190
soak 191
soften 191
sometimes 136
sorry 284
sound 193, 194
speak about 89
speak well/ill of 90
speaking of 38
splash 236
splinter 190
split 190
spray 236
sprout 191
stand 220, 221
stand for 201
stare at 89
start 217, 221, 225,
start by/with 202
start on 202
startle 199
state 208
steepen 191
stiffen 191
still 120
stop 222, 225
stop タイプ 222

straighten 191
strange 7
strengthen 191
stretch 191
strictly speaking 38
strip 237
struggle with 202
stun 199
stupid 294, 295
subject to 282
subside 191
substitute 238
suffer from 201, 202
sufficient for 282
suggest タイプ 265
suggest to 265, 268
suggestion 307, 309
suit 96
suitable for 282
suited for 282
superior to 283
supply 236, 239
suppose 205, 207, 240, 253
sure 284, 286, 287
sure タイプ 284
surprise 199
surprise タイプ 198
surprised 284, 285
surprised at 199
surprising 281, 291
surprising タイプ 291
suspect 205
synonymous with 282

[T]
take 228, 235
take advantage of 94
take care of 95
take it for granted 10

take notice of 94
taking into consideration 38
talk about 90, 201
talk about/to/with 195
talk to ... about ... 203
talking of 38
tan 191
taste 193
teach 228, 231, 262
tell 228, 231, 256, 257, 259, 260, 261, 262, 263
tell タイプ 227, 230, 256
terminate 222
that (*relative*) 54ff
thaw 191
the greater part 116
the place that 78
the poorer developing country 116
the reason that 78
The reason that ... is because ... 79
The reason that ... is that ... 79
the second/third largest 119
the time that 78
the upper/lower class 116
the upper/lower lip 116
the way that 76, 78
the younger/older generation 116
there is 272
thicken 191
thin 191
think 205, 207, 240, 242, 253, 255, 258, 259, 260
think タイプ 9, 205, 227,

239, 242, 250, 253
think about 201
think fit 218
think of 90, 202
This is how 75
This is the reason 79
This is the reason why 79
This is why 79
this morning/week/month/year 136
though young 105
thoughtful 294
throw 228, 229, 231, 235
throw タイプ 230, 235
tilt 191
toast 190
topple 191
toss 228, 235
tough 292
true 7, 290
truth 307, 310
try タイプ 216
try to/-ing 216, 224
turn 193, 240, 241
turn out 193, 194, 275, 277
turn out not 276
twice 136

[U]
unclear 10
under no circumstances 130, 131
unfortunate 7
unlikely 289, 290
up 82
up she went 82
up went the lady 82
upsetting 291

索　引　335

urgent　291
used to　180, 282
useful for　282

[V]
very often … not　127
very rarely　129
very seldom　130

[W]
wait for　89, 201, 266
wait for タイプ　266, 268
want　96, 217, 250, 251, 255, 258, 259, 260
want タイプ　20, 217, 227, 250
warm　191
warn　261, 263
watch　244, 248
weaken　191
weigh　96
well-known for　282
were it not for　150
what (*relative*)　60ff
whatever　60, 62
when　137, 141, 142
when (*question*)　102

when (*relative*)　69ff
when a child　136
when asked　105
when going to Nagoya　42
where (*relative*)　72ff
whichever　60, 64
while obviously pleased with　42
whisper to　265, 266, 267
whiten　191
whoever　60, 64
whose　45
why　76
why (*question*)　101
wicked　294
widen　191
will　154, 156, 157, 160, 161, 182
Will he?　161
Will I?　160
Will you?　160
willing　285, 287
willingness　304
wipe　241
wise　294, 295
wish　217, 250, 255

with whom　102
wonder　214, 215
wonder (*n.*)　307
wonder タイプ　214
wonder at　89
wonderful　293
work at　201
work for　201
work on　202
worsen　191
would　178, 179, 180, 182
would have p.p.　180
would not　178, 179
wrinkle　190
write　208, 228
write about … to …　203
write to　201
write to … about …　203
writing　33
wrong　7, 10

[Y]
yellow　191
yet　136, 139
You shall　155, 157
You will　155, 156

著者紹介

中村　捷　（なかむら　まさる）

1945 年　島根県生まれ.
現在：東北大学名誉教授．博士（文学）
職歴：東京学芸大学，東北大学大学院文学研究科，東洋英和女学院大学を経て，現在．マサチューセッツ工科大学研究員（フルブライト若手研究員）．カリフォルニア大学（アーバイン校）客員教授（文部省在外研究員）．

著書：『形容詞』（現代の英文法 7，共著，研究社，1976：1977 年度市河賞受賞）『生成文法の基礎――原理とパラミターの理論――』（共著，研究社，1989），『束縛関係――代用表現と移動――』（ひつじ書房，1996），『ことばの核と周縁――日本語と英語の間』（共編著，くろしお出版，1999），『ことばの仕組みを探る――生成文法と認知文法――』（共著，研究社，2000），『生成文法の新展開――ミニマリスト・プログラム――』（共著，研究社，2001），『英語の主要構文』（共編著，研究社，2002），『意味論――動的意味論――』（開拓社，2003），『英文法研究と学習文法のインターフェイス』（共編著，東北大学大学院文学研究科，2007），『英語学モノグラフシリーズ』全 21 巻（共編，研究社），『実例解説英文法』（開拓社，2009），『実用英文典』（齋藤秀三郎著，訳述，開拓社，2015），『名著に学ぶ これからの英語教育と教授法』（開拓社，2016），など．

発話型英文法の教え方・学び方

© 2018 Masaru Nakamura
ISBN978-4-7589-2262-3　C0082

著作者	中村　捷	
発行者	武村哲司	
印刷所	日之出印刷株式会社	

2018 年 9 月 25 日　第 1 版第 1 刷発行

発行所　株式会社　開拓社

〒113-0023　東京都文京区向丘 1-5-2
電話　（03）5842-8900（代表）
振替　00160-8-39587
http://www.kaitakusha.co.jp

JCOPY ＜出版者著作権管理機構 委託出版物＞
本書の無断複製は，著作権法上での例外を除き禁じられています．複製される場合は，そのつど事前に，出版者著作権管理機構（電話 03-3513-6969，FAX 03-3513-6979，e-mail: info@jcopy.or.jp）の許諾を得てください．